더 센
파시즘

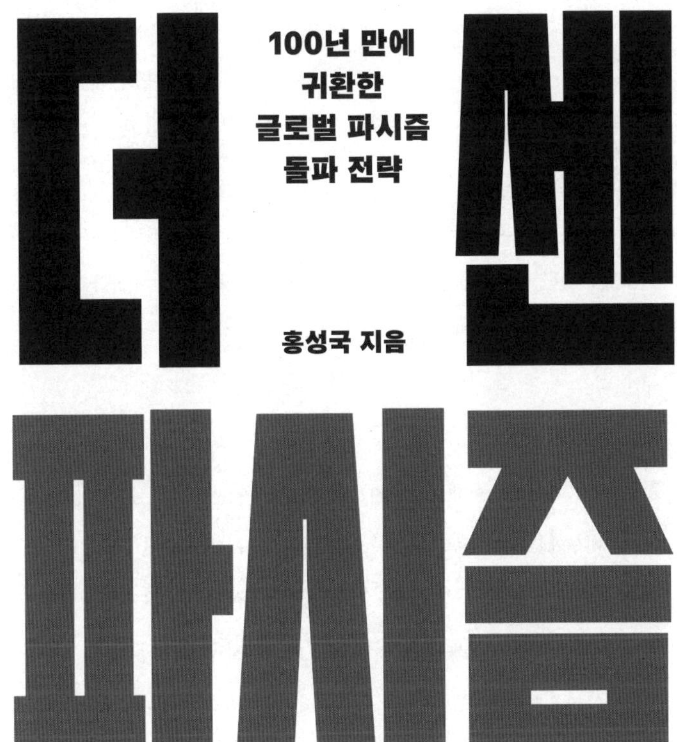

더 센 파시즘

100년 만에
귀환한
글로벌 파시즘
돌파 전략

홍성국 지음

메디치

1. 국가를 통째로 탈취하려 했던 윤석열 등 내란 세력과 그 변호인단은 재판 내내 당당한 태도와 자신감을 보였다. 때로는 재판관을 조롱하기도 했다. '윤 어게인'은 오늘도 극우 세력의 주요 구호다.

2. "유령 회사를 통해 (중국의) 불법 자금이 주식시장뿐 아니라 (한국 내부에) 많이 흘러 들어오고 있습니다." 2025년 10월, 주가가 4,000포인트에 육박하자 야당 최고위원이 한 말이다. 한편, 미국인의 16%와 밀레니얼 세대의 34%가 지구가 둥글다는 사실을 확신하지 못한다고 한다. 그럼 지구는 직육면체나 정육면체, 원뿔형인가? 온갖 가짜뉴스가 온라인을 도배하고 있다.

3. 2026년 CES(국제전자제품박람회)에서 소개된 중국 유니트리 로보틱스Unitree Robotics의 차세대 휴머노이드 로봇 가격은 5,900달러, 한화(1달러당 1,450원 가정)로 약 850만 원에 불과했다. 이 로봇에게 기관총을 들려주고 '로봇 100만 대군'을 양성하는 데 드는 비용은 60억 달러, 한화로 약 8조 7,000억 원이면 충분하다.

4. 미국의 트럼프 대통령은 베네수엘라를 침공하고 이란을 폭격했다. 그린란드까지 넘보며 여러 차례 "덴마크의 그린란드 방어 수단은 개썰매 두 대뿐"이라고 조롱했다. 민주주의와 경제 논리는 뒷전이고, 오직 미국, 더 정확히 얘기하면 미국 대통령의 정치적 이해관계에 따라서 국제질서가 요동치고 있다.

위의 네 가지 현상은 불과 몇 년 전까지만 해도 상상할 수 없던 충격적인 것들이다. 익숙했던 과거는 그저 지나간 일일 뿐, 지금 세계는 과거와 완벽하게 단절되고 있다. 이대로 가면 세계 각국 정치의 독재적 경향은 더욱 공고해지면서 닫힌 세상이 될 것이다. 저성장 구조에 빠진 세계 경제는 성장의 실마리를 찾지 못하고 있지만, 우크라이나 전쟁과 이란 전쟁 같은 위기마저 상시화되면서 경제의 동맥경화 현상은 강해지고 있다.

어느 나라나 4불不 현상(不평등, 不공정, 不확실, 不안정)은 일상이 되면서 제2차 세계대전 이후 가장 심각한 양극화가 세계를 갈등 사회로 만들고 있다. 2026년 현재 얻을 수 있는 최신 통계로 보면, 전 세계 인구 중 자산 상위 10%가 전체 부의 75%를 점유하고 있다. 반면, 하위 50%가 보유한 비중은 2%에 불과하다. 양극화가 견고해지면서 사회 계급 간의 '장벽' 또한 선명해지고 있다. 끝은 어디인가? 지금 벌어지고 있는 현상은 지금이 최악이 아니라고 말하고 있다.

100년 전의 상반된 교훈, 부국과 부민

100년 전 세계는 지금과 유사했다. 유럽, 특히 독일에서는 제1차 세계대전 패전과 왕정이 해체되면서 과거와 완전히 단절되는 혼란기에 진입한다. 정치와 경제가 동시에 무너져 무정부 상태에 가까워지자 사람들은 집단적 무력감에 빠졌다. 당시 만들어진 바이마르 체제는 환상이었다. 절망 속에서 대중은 무질서를 종식할 대안으로 히틀러를 선택했다. 이탈리아는 그보다 10여 년 전 무솔리니를 선택해놓고 있었다. 소비에트 러시아는 스탈린에게 철권통치를 위임했다. 각국은 강대강強對強의 국가주의를 선택했고, 유럽을 비롯한 세계는 전쟁으로 달려갔다.

그렇다면 왜 당시 사람들은 자발적으로 파시즘을 선택했을까? 주로 농촌 지역의 소외된 농부, 가톨릭과 개신교도, 중산층과 기득권 계층 등 다양한 세력이 파시즘을 받아들였다. 파시스트가 지긋지긋한 혼란을 단칼에 해결해주리라 믿었기 때문이다. 민주주의는 거추장스러웠다. "독재라도 좋다. 잘 살게만 해다오." 어디서 많이 듣던 소리다. 그러나 파시스트는 새 세상을 밝히는 메시아가 아니라 파멸의 길로 이끄는 집단 광기의 조종자였을 뿐이다.

이와 유사한 상황은 당시 미국에서도 있었다. 미국 또한 독일만큼이나 혼란 그 자체였다. 그러나 미국은 독일과는 다른 선택을 했다. 그로 인해 두 국가와 국민의 운명은 완전히 다른 길을 가게 된다. 100년 전 무질서 세상의 최종 승자는 미국이었다.

당시 미국은 세계의 패권국이 되었지만, 내부에서는 19세기 말부터 이어진 불균형 성장으로 4不이 만연하고 정치적으로 심각하게 분열되어 있었다. 물론 과학기술의 발전을 주도하면서 1920년대 후반부에는 '광란의 20년대'라는 경기 호황이 발생하기도 했지만, 1929년 대공황이 발생하면서 경제와 사회가 동시에 무너져 내린다. 그러나 미국은 뉴딜New Deal 혁명을 통해 사회 분열과 경제적 양극화를 정면으로 돌파했다. 제1차 세계대전 이후 대혼란과 대공황이라는 전대미문의 위기를 대개혁의 기회로 활용한 것이다.

그렇다면 루스벨트와 히틀러, 무솔리니, 스탈린과의 차이는 무엇일까? 파시스트들은 강한 민족국가(for the nation state)를 건설해서 1인 독재 기반의 부국富國만을 추구했다. 반면 루스벨트는 부국을 목표로 하지만, 그 방법은 부민富民에서 찾았다. 국민을 위한(for the people), 국민에 의한(by the people) 번영을 만들어내면 자연스럽게 부국이 되는 흐름으로 정책을 시행했다. 루스벨트는 공평한 사회를 만들기 위해 기득권 계층의 헌신을 유도하고, 사회적 약자를 북돋우는 억강부약抑强扶弱 사회를 만들어냈다.

일자리를 만들고, 사회간접자본을 구축하고, 대중을 위한 소비정책을 만든 건 독일이나 미국이나 비슷했다. 히틀러는 폭스바겐Volkswagen(국민차)을 만들어 아우토반을 달리게 했고 군대를 키웠다. 군수산업 중심으로 산업 부흥에 나서 경제를 부활시켰다. 루스벨트는 지금도 사용하고 있는 다양한 사회 인프라 투자에 나섰다. 실업자의 일자리를 마련하고 농촌 지원, 주택난 문제 등을 해결하면서 대공황에 빠져 있던 국민들을 구제했다.

그러나 루스벨트는 국민 구제(Relief)와 경제 회복(Recovery)에만 그치지 않았다. 독점 자본가를 규제하기 위해 기업의 재무 상태나 투자 정보를 의무적으로 공개했다. 금융시장에 대한 상시 감독 체계를 마련하면서 예금자 보호제도를 도입했다. 상업은행과 투자은행을 분리 경영하도록 해서 경제 위기 발생을 원천 봉쇄했다. 특히 노동자의 최저임금, 최대 노동시간, 노동자 단결권, 단체교섭권을 인정하고, 사용자의 부당노동행위를 금지했다. 노령연금, 실업보험, 장애·유족 급여제도 등을 도입해서 사회보장제도를 실질적으로 가동시켰다. 최고 소득세율을 무려 94%까지 끌어올리는 등 다양한 시스템 개혁으로 '대압착시대The Great Compression'를 열면서 양극화를 완화했다.

우리는 지금도 뉴딜로 만들어진 제도 속에서 살아가고 있다. 이처럼 뉴딜은 이전의 자유방임형 자본주의 체제를 완벽하게 바꾸었다. 사회 시스템을 근본적으로 치유하고자 했기 때문에 뉴딜은 '정책'이 아닌 '혁명'이었다.

다시 도래한 '더 센 파시즘' 시대

1920년대 이후 파시즘 시대는 정치·경제적 혼선과 새로운 변화가 공존하던 시기였다. 당시에는 전기, 통신, 내연기관 자동차가 대량 보급되던 과학기술 혁신의 시대였다. 21세기 우리는 AI 혁명을 마주하고 있다. 이제는 AI에게 영혼과 인간의 역할마저 빼앗길지도 모른다. 손정의 소프트뱅크 회장은 AI가 사람보다 1만 배나 똑똑하다고 했다. 일자리는 로봇으로 대체되고 AI는 우리가 알고 있는 모든 것을 지배하기 시작했다. 우리는 AI의 노예가 되고 있는 것일까?

지금 세계는 인구구조 변화가 사회 시스템을 전환시키는 특이점에 진입하고 있다. 인류 역사상 최초로 역파라미드 인구구조가 완성되면서 사회 시스템이 서서히 무너져 내리고 있다. 많은 산업이 공급 과잉인 상태에서 수십 넌 된 부채(debt) 기반의 경제 구조는 성장의 한계를 맞고 있다. 이 장면에서 사람들은 온라인 가상세계로 숨어들어 오직 자신의 '생존'에만 집착하고 있다. 아무런 개혁 없이 지금의 상태가 이어진다면 파시즘 사회로의 귀결은 불가피하다. 파시즘이 통치하는 세계는 모두가 행복한 사회가 아니다. 견고한 양극화를 기반으로 많은 국민이 '노예'와 같은 삶을 살아가는 사회다.

역사의 반복을 믿든 아니든, 지금 세상은 100년 전의 파시즘이 다시 부활하고 있다. 그런데 오늘날의 파시즘은 100년 전 파시즘의 단순 귀환이 아니다. AI 시대의 변화에 발맞추어진화한 '더 센 파시즘'이다. 그 양상은 거의 모든 나라에서 현재진행형으로 발생하고 있다.

글로벌 파시즘 전성시대에 사람들은 문제를 한 방에 해결해줄 '메시아'를 찾는다. 그러나 메시아는 과거에도 없었고, 앞으로도 오기 힘들 것이다. 그럼에도 지금은 메시아라고 주장하는 파시스트가 등장하기에 가장 좋은 환경이다. 그렇다면 21세기 파시즘 전성시대를 돌파할 수 있는 길은 과연 요원한 것일까?

이러한 형국에서 한국이 맨 먼저 정답 답안지를 써내는 나라가 되면 어떨까? 우리는 제2차 세계대전 이후 유일하게 민주주의와 시장 경제를 동시에 발전시켜 선진국에 진입한 나라다. 우리에게는 '부당함에 저항하는 개인'이 있고, 이를 묶을 줄 아는 시민사회 역량이 있다. 우리에게는 세계적 수준의 제조업 역량이 있다. 변화와 개혁의 80년을 살아와 위기 극복이 취미인 나라다. 이런 우리만의 특징을 잘 조합하면 한국은 세계에서 유일하게 수축사회의 '문제풀이 머신'이 될 수 있다.

2026년 이후 이재명 정부의 과제는 '구조 전환'이다. 구조 전환 과정은 얼핏 제로섬Zero-sum 게임과 유사하다. 구조 전환에 성공하면 모두에게 혜택이 돌아가지만, 정치·경제·사회 등 각 분야의 엘리트 계층은 기득권 상실을 우려해서 저항한다. 이 계층은 대안 없이 분노에 기반하는 파시즘적 해법에 끌리기 십상이다. 우리 앞의 구조 전환이 녹록치 않은 이유다.

경제의 3대 주체인 국가, 기업, 가계는 개발독재 시대 이후 처음으로 '성장'과 '구조 전환'의 필요성에 대해 같은 목소리를 내고 있다. 이런 염원을 담아 사회 모든 계층이 한국을 바꾸는 구조 전환에 동참해야 한다. 만일 구조 전환에 실패하면 파시즘 사회가 우리를 기다릴 것이다. 중간 단계의 다른 선택지는 없다. 따라서 과감한 개혁에 나서는 것만이 유일한 해법이다.

과거에 우리는 문제가 발생할 때마다 '어떻게든 되겠지…'라고 안일하게 생각했다. 실제로 '어떻게든 해결'되곤 했다. 또한 사회 개혁을 자신과는 무관한 남의 일로 치부했다. 그러나 지금 발생하는 모든 문제는 우리 사회와 모든 사람의 생존을 위협하는 당면 과제가 되었다. 물론 과거에 발생했던 문제와 같이 저절로 해결되지도 않을 것이다. 그래서 국민 모두의 적극적인 참여로 새로운 시스템을 만들어내야 한다. 시간도 많지 않다. 앞으로 2~3년이 구조 전환의 마지막 골든타임일지 모른다.

다시 파시즘을 돌아본다

이 책의 1부에서는 파시즘의 본질과 100년 전 파시즘이 확산하던 시기와 현재를 비교한다. 파시스트의 생각과 행위 방식을 분석해보면 그 실체를 이해하기 쉽다. 중요한 점은 지금 우리가 무심결에 접하는 많은 사건과 뉴스가 이미 파시즘을 가리키고 있다는 사실이다. 100년 전 독일 등 유럽에서 발생한 파시즘이 지금 우리 사회를 빠르고 강력하게 접수하고 있음을 확인할 수 있다.

나는 이 책에서 파시즘을 폭넓게 정의하고자 한다. 학술적인 엄밀함보다는 우리가 일상에서 접하는 현상 속에서 파시즘의 징후를 찾고 그 위험성을 알리는 데 집중했다. 이 책에서 규정하는 파시즘은 극우주의, 민족주의, 인종주의, 전체주의, 뉴라이트 등을 통해 소수가 권력을 독점하고 경제적 착취를 일삼으며, 인권과 민주주의가 무너진 정치·사회·경제 구조를 의미한다.

파시즘은 소수 엘리트의 독재 체제이며 불평등을 일반화하는 사회 체제다. 인권도, 민주주의도, 자비도 없는 무한 생존경쟁을 추구하고, 사회의 어두운 구석을 철저히 가리면서 대중을 억압하는 계급사회를 지향한다.

이 정의로 보면 오늘날의 파시즘은, 그 원조였던 독일의 동쪽에서부터 한국에 이르기까지 유라시아 대륙 전역과 아프리카, 그리고 캐나다를 제외한 아메리카 대륙으로 확산하며 세계 곳곳을 '파쇼의 땅'으로 바꾸고 있다. 지구촌의 많은 나라가 자발적으로 파시즘을 받아들이는 지금, 우리는 어디에 있으며 무엇을 바로잡아야 하는지 근본적인 질문을 던져야 한다.

파시즘은 세상을 약육강식弱肉强食의 정글형 세계로 가정하며 모든 것에 무조건 반대한다. 전체주의를 앞세워 사회를 단일대오로 만들면서 무수한 '적敵'을 만들어낸다. 인종주의로 분노를 조직화하면서 그들의 지도자를 오류 없는 신神의 반열에 올려놓는다.

파시스트들은 민주적 선거제도를 이용해 정권을 잡는다. 법률 전쟁lawfare을 통해 독재를 합법화하면서 공포와 감시 장치로 저항을 원천 차단한다. 정권을 잡은 후에는 거짓과 음모론, 선전·선동으로 대중을 세뇌시킨다. 또한 저항에 대비하고 자발적인 충성을 유도하기 위해 집단 폭력으로 불안한 사회 분위기를 조장한다.

100년 전 파시즘 시대와 현재를 비교하다 보면 섬뜩할 정도로 유사한 점들을 발견하게 될 뿐 아니라 더 강력해졌음을 깨달을 수 있을 것이다. 특히 우리가 파시즘을 무의식적, 자발적으로 받아들이고 있다는 점에 주목하기 바란다.

왜 우리는 자발적으로 파시즘을 받아들이고 있나

2부에서는 냉혹한 파시즘을 자발적으로 받아들이는 심리와 사회 구조를 분석했다. 보수의 유전자가 파시즘을 선호하는 경향이 있다는 것을 과학이 밝혀내고 있다. 세상을 자연 상태의 '만인에 대한 만인의 투쟁'으로 인식하는 보수의 뇌와 독립된 개인으로 구별하는 진보의 뇌를 분석하는 학문적 조류를 소개한다.

더 중요한 것은 4不 현상이다. 세상이 불평등, 불공정, 불확실해지면서 모든 것이 불안정해지고 있다. 사람들은 이제 무엇 하나 안정적으로 붙잡지 못한 채, 지면에 발을 단단히 딛고 있다는 감각마저 잃어가고 있다.

4不 현상은 수축사회의 전형적인 모습이다. 파이가 줄면서 성장이 정체되는 제로섬 사회가 되면 사람들은 인권, 민주주의, 평등보다는 생존에만 집착한다. 생존이 최우선 과제가 될 때 사람들은 공동체의 안녕, 미래의 발전 같은 사회의 핵심 가치보다는 개인의 이기심만 극대화된다. 동시에 모든 문제를 일거에 해결해 줄 것으로 믿는 파시스트에게 자신을 의탁하려고 한다.

우리는 압축 성장으로 선진국에 진입한 경험 때문에 과거 개발독재의 성공스토리에 대한 향수가 있다. 한국은 강력한 독재자가 경제적 번영을 이끌었다는 확신이 가장 강한 나라일지도 모른다. 그러나 당시는 1인당 국민 소득이 100달러에 불과한 '생존'이 최우선 과제였던 시대였다. 지금과는 비교 자체가 불가하다. 객관적인 상황 비교 없이 개발독재에 대한 향수로 파시스트를 받아들이는 자충수를 두어서는 안 된다.

100년 전과 유사하지만 나는 오히려 지금이 더 위험하다고 본다. 우리는 AI라는 인류 역사상 최대의 난적을 만났기 때문이다. 게다가 급격한 고령화로 인해 기존의 사회 시스템은 이제 지속 가능하지 않다. 세상은 위험해졌고, 우리는 늘 감시받는 환경에 노출되어 있다. 지금이 100년 전보다 더 위험한 이유다.

쇼트트랙의 코너 추월 전략이 필요하다

3부에서는 미래 전망과 도래하는 파시즘 세상을 연결해서 대안을 일부 제시했다. 아무런 개혁 없이 관성적으로 미래로 나아갔을 때 어떤 세상이 펼쳐질지 20년 후를 상상해봤다. 연금, 의료보험 등 복지 체계뿐 아니라 종교, 혈연, 사회단체 또한 이제 유지하기 어려워지고 있다. 패권 전쟁을 비롯한 국제질서의 재편과 AI가 주도하는 세계가 다가오고 있지만 지금 우리는 아무런 준비도 하지 못하고 있다.

나는 구조 전환의 원칙과 핵심으로 일곱 가지를 제시한다. 1) 어떤 사회를 만들 것인지 국가의 장기 성장 모델을 만들어야 한다. 2) 민주주의를 다시 민주화하는 강력한 민주주의를 재구축해야 한다. 경제 위기에 대응해서 3) 성장 중심 사회, 4) 미래형 제조 강국으로 한국 경제의 방향을 제시한다. 파시즘에 맞서는 면역 체계 수립을 위해서는 5) 강력한 가짜정보와의 전쟁으로 탈진실 사회에서 벗어나고, 6) 미래의 성장판인 교육 체계 개편을 촉구한다. 7) 궁극적으로 따뜻한 사회를 위한 사회적 자본의 축적과 리더, 엘리트의 역할을 재조명해봤다.

이 책의 결론은 100년 전보다 더 센 파시즘의 확산에 맞서 번영을 지속하기 위한 방안을 제시하는 것이다. 100년 전 무질서 속에서 독일은 히틀러를 선택해 제2차 세계대전이라는 자멸의 길로 들어섰다. 반면 미국은 루스벨트의 뉴딜 혁명을 발판 삼아 세계 패권을 완벽하게 거머쥐었다.

빙상 쇼트트랙 경기의 승패는 주로 곡선의 코너에서 발생한다. 코너를 도는 순간 후발 주자의 빠른 판단과 전략적 과감성으로 선두를 추격하는 경우가 많다.¹ 지금 세계는 평탄한 직선 코스를 지나 코너에 진입했다. 거의 모든 것이 불확실해지면서 세계는 변곡점에 위치하고 있다.

그렇다면 쇼트트랙의 '코너 추월 전략'을 국가 차원에서 실행하면 어떨까? 100년 전 루스벨트가 단행했던 뉴딜 혁명 이상의 대전환을 과감하게 제안한다. 우리 국민은 세계에서 가장 역동적이다. 모든 영역에서 'K'를 붙이고 노력하면 세계 최고 수준을 만들어낸다. 그렇다면 이번에는 'K-구조 전환'을 시행해보면 어떨까?

물론 현재 한국의 여건상 뉴딜과 같은 과감한 개혁을 단행하기란 쉽지 않다. 그러나 지금 구조 전환하지 못한다면 우리는 역사적 변곡점에서 결국 파시즘을 선택하게 될지도 모른다. 구조 전환에 대한 두려움과 저항을 떨쳐내고, 사회적으로 구조 전환 방안에 대한 활발한 논의와 정책이 마련되기를 소망한다.

수축사회란?

수축사회의 논리를 간단히 소개하면 다음과 같다. 우리는 역사상 처음으로 기후위기에 막대한 자금을 투자하고 있다. 안전도 마찬가지다. 과학기술의 발전이 역설적으로 세상을 보다 위험하게 만들고 있기 때문이다. 고층화된 도시, 더 빨라진 운송수단 등은 사고가 발생하면 가늠조차 어려운 피해를 초래한다. 사이버 보안 비용도 빠른 속도로 증가하고 있다. 역사적으로 단 한 번도 지불하지 않았던 분야에 엄청난 자금을 투자하고 있다. 반면 인구는 줄어들고 있다. AI를 비롯한 과학기술은 생산성을 기하급수적으로 증대시키고 있다. 역사상 한 번 일어나기도 어려운 전환이 동시에 발생하고 있는 것이다.

이를 경제적으로 풀어보면, 기후위기나 안전 비용처럼 과거에 지불하지 않던 지출 부담은 커진 반면, 소비 인구는 줄고 생산성은 급증하면서 공급이 늘어 모든 것이 공급 과잉 상태가 된 것이다. 이러한 현상은 21세기에 들어서면서 일상화되었지만, 그동안은 부채를 늘리면서 가수요를 유발해서 버텨왔다. 그러나 코로나를 계기로 부채가 너무 많이 증가했다. 더 이상 부채를 늘리기 어려운 상황인데 물가 상승으로 금리가 높아졌다.

수축사회로 진입함에 따라 사회 갈등은 증폭되고 있다. 저성장이 고착화되면서 우리 사회의 작동 원리가 정글과 같은 '제로섬 사회'로 빠르게 전환하고 있다.

차례

2부 수축사회와 파시즘의 만남

3부 21세기 파시즘 돌파 전략

1부

파시즘이 온다

1장

우리 안의
파시즘

파시즘 세상 속으로

지축이 흔들렸나? 이해하기도, 적응하기도 어려운 세상이다. 사람들은 서로 싸우고, 서로 지배하려 든다. 인류가 세상에 나온 후 이어지던 발전은 이제 멈춘 것인가? 살림살이는 점점 어려워지고 있지만 뾰족한 대안도 없다.

지금 우리 앞에는 오랜 시간 형성된 상식을 넘어서는 미지의 세상이 기다리고 있다. 특히 정치 체제는 100년 만에 다시 파시즘을 향해 치닫고 있다. 이제 우리는 모든 수단을 동원해 타인의 파이(이익)를 빼앗거나 혹은 적을 제거해야만 살아갈 수 있다고 믿기에 이르렀다. 나라 사이의 관계를 넘어 우리 사회의 모든 영역이 그렇게 되었다. 폭력, 혐오, 거짓이 도처에서 활개 치고 있다.

르네상스, 종교개혁, 산업혁명을 거치면서 수백 년간 일궈온 민주주의와 자본주의가 동시에 부정당하면서 우리는 지금 정체를 알 수 없는 불확실한 미래로 속수무책 끌려가고 있다.

민주주의와 자본주의의 공멸

폭력이 일상화되었다. 법치주의는 슬며시 자취를 감추었고, 많은 사회적 문제의 해결을 폭력에 의존하기 시작했다. 지금도 우크라이나와 가자지구 등지에서는 인종학살genocide이 자행되고 있다. 이는 비단 미개발국에서만 벌어지는 사건이 아니다. 미국에서도 밀려오는 난민들을 방치하거나 이민자를 통제하는 과정에서 희생자가 늘고 있다.

민주주의의 상징인 미국의 국회의사당이 2021년 1월 6일 역사상 최초로 폭도들에게 점령당했다. 한국도 12·3 비상계엄으로 국회에 군대가 난입하는 사태를 겪었다. 2025년 1월 18일 밤에는 윤석열 전 대통령에 대한 구속영장 발부에 반발한 폭도들이 서부지원을 점령하기도 했다. 인도네시아 국회의사당도 공격받았다. 대만과 헝가리 국회의사당은 최루탄 연기에 휩싸이기도 했다.

세계 각국의 정치는 극우 독재가 일반화되고 있다. 아르헨티나의 하비에르 밀레이Javier Milei 대통령은 살인적인 물가를 때려잡겠다고 '전기톱'을 들고 선거판에 나섰다. 이웃 나라인 에콰도르의 다니엘 노보아Daniel Noboa 대통령은 '마체테(정글도)'를 휘두르며 국민들을 위협한다. 중남미와 동유럽을 넘어 미국, 중국, 러시아에 이르기까지 세계는 극우 파시스트들이 정권을 장악해가고 있다.

트럼프 대통령은 캐나다와 그린란드를 미국 영토에 편입하겠다고 공공연히 얘기하면서 국제질서에 도전하고 있다. 그럼에도 2026년 1월 기준, 그의 지지율은 40%대 초반이라는 비교적 견고한 수치를 유지하고 있다. 캄보디아와 멕시코는 범죄 세력에게 나라가 끌려가고 있으며, 아프리카와 중남미에서는 군부의 폭정이 이어지고 있다. 이제 지구촌에서 민주주의가 제대로 작동하는 나라는 소수로 전락했으며, 그 빈 자리를 약육강식의 정글이 대체하고 있다.

최악의 경기침체와 양극화

코로나가 물러가면서 전 세계는 깊은 경기침체에 시달리고 있다. 미국만 AI 붐으로 성장을 이어갈 뿐, 여타 국가의 경제는 지속 가능하지 못할 정도로 악화되고 있다. 21세기 초반 20년간 세계 경제는 연평균 3.3%라는 고성장을 이어왔다. 이런 고성장은 중국의 비약적인 발전 덕분이었다. 그러나 중국의 성장률이 5%대를 하회하기 시작하면서 세계 경제의 성장 추세도 꺾일 것으로 보인다. 프랑스와 영국은 국가 부도에 이를 지경으로 재정이 악화되었다. 유럽의 모범생이었던 독일은 IT와 재생에너지 정책 실패로 경기침체가 계속되면서 나치즘 성향의 정당이 20%대의 지지율을 차지하고 있다.

아프리카는 제대로 가동하는 나라가 없을 정도로 유명무실해졌다. 중동은 오랜 전쟁으로 사우디아라비아와 몇몇 석유 부국을 제외하면 국가의 존립마저 흔들릴 지경이다. 2025년 한국은 역사상 처음으로 외부 요인 없이 경제성장률이 1%대에 머물렀다(1980년 2차 오일쇼크와 광주민주화운동, 1997년 IMF 외환위기, 2008년 글로벌 금융위기, 2020년 코로나 시기 제외). 인간을 능가하는 기계가 나오고 있지만 우리의 미래는 점점 어두워지고 있다.

정부가 경제와 시장에 개입을 줄이는 것이 자본주의의 중요한 원칙이다. 다만 불평등이 심화되고 경제가 구조적으로 어려워질 때마다 자본주의는 냉혹한 자본의 원리를 순화해왔다. 특히 전쟁, 경제위기, 대규모 질병의 유행 등과 같은 상황이 발생하면, 국가는 시장에 적극적으로 개입해서 빈민을 구제하고 민주주의와 자본주의 체제를 지켜왔다. 그러나 지금은 국가 재정이 말라가면서 위기를 맞고 있지만 국가의 역할은 오히려 점점 줄어들고 있다.

경기침체가 장기간 이어지면서 이제 세계는 국가총력전, 국가대항전의 양상으로 바뀌고 있다. 국가는 선두에 서서 대기업과의 협력을 통해 다른 국가와 경제 전쟁을 벌이고 있다. 대규모 국제회의는 시장 장터와 같이 행정부 수반들과 대기업 관계자들이 뒤섞여 거래하는 장으로 변질되었다. 2025년 10월 말 경주 APEC 회의는 전통시장처럼 왁자지껄한 모습이었다.

미국의 양극화 수준은 1850년대 남북전쟁 이전이나 대공황 직후인 1930년대 초반과 맞먹을 정도로 심화되고 있다. 다른 국가들 역시 제2차 세계대전 이후 최고 수준의 양극화 현상으로 차별과 계급사회가 정착되고 있다.

지금 우리 유전자에 각인된 성취 욕구와 생존 본능을 충족하는 길은 타인의 재화를 빼앗는 것이 거의 유일한 방법처럼 되어버렸다. 미국이 동맹국에서 자본과 기술을 탈취하듯 기업 간 혹은 개인 사이에서도 비슷한 현상이 굳어지고 있다. 흔히 제로섬 사회라고 부르는 상황이 사회의 중심 구도가 되었다. 내가 이익을 얻는 것만큼 타인도 똑같은 비율로 손실을 보는 사회다.

인류의 번영을 이끈 자본주의를 진화시키지 못한 채 지금 세계는 다양한 전투에 참전하고 있다. '만인 대 만인의 투쟁'에만 몰두하면서 생존만을 추구하고 있지만 상황은 점점 나빠지고 있다. 이 대결의 종착역은 아무도 모른다. 이런 갈등의 세계를 정치 용어인 '파시즘'으로 설명하려고 한다.

제로섬 사회가 만드는 파시즘

독일의 법학자인 카를 슈미트Carl Schmitt는 '적과 동지의 실존적 구별The Friend-Enemy Distinction'이라는 개념을 주장했다. 그는 정치의 본질은 경제·도덕·미학이 아닌, '적과 동지의 구별'에 있다고 보면서 이 구별은 단순한 감정이 아니라 생존의 문제, 즉 '적은 나를 죽일 수 있는 존재'라는 전제에서 비롯된다고 본다.[1] 바꿔 말하면 적을 죽여야 내가 살 수 있다는 것이다. 이제 정치뿐 아니라 경제적 제로섬 현상은 지구촌 공통의 현상이 되었다. 어디에서나, 늘, 모든 영역에서 생존하기 위해, 혹은 더 많은 파이를 차지하기 위해 누구나 제로섬 전투에 참여하고 있다.

제2차 세계대전 후 전범 재판에 회부된 독일인 21명 중 정신이상자는 단 한 명도 없었다고 한다.[2] 패전 2년 후 실시된 독일 시민 대상 여론조사 결과도 비슷했다. 응답자의 55%가 민족사회주의(파시즘)에 대해 '실행 방법이 잘못되었을 뿐 좋은 이념'이었다는 설문에 동의했다.[3] 즉, 독일의 정상적인 사람들이 나치즘을 받아들였고 전쟁을 일으켰던 것이다. 제2차 세계대전으로 무려 7,000만 명 이상 사망했고, 유대인은 약 600만 명이 학살되었다. 그러니 평범한 독일인들 중 사신늘이 저지른 비인간적 행위에 대해 반성하거나 죄책감을 느낀 사람은 절반도 되지 않았다.

지금도 비슷하다. 제로섬 사회의 해결책으로 파시즘을 적극적으로 받아들이거나 혹은 소극적으로 동의하는 사람들이 늘어나고 있다. 왜 그럴까? 이것이 바로 이 책의 핵심 논점 중 하나다. 나치 및 제2차 세계대전 연구자인 로런스 리스Laurence Rees의 저서《나치 마인드The Nazi Mind》의 표지에는 다음과 같은 문구가 적혀 있다. "그들이 나치에 동조한 것은 독일인이어서가 아니라 인간이기 때문이다."[4] 인간이기 때문에 히틀러와 파시즘을 받아들였다는 분석은 현재 우리에게도 유효하다. 지금 사람들은 자발적으로 파시즘에 빠져들고 있다.

파시즘의 어원

파시즘의 어원은 라틴어 '파시스fascis(묶음, 다발)'에서 유래했다. 고대 로마에서 권력과 단결의 상징을 일컫는 말이 파시스였다. 하나로 묶인 막대기 뭉치는 결속에 의한 힘을 의미했다. 로마 시대 군인들이 전투에 나설 때 단결을 강조하기 위해 사용하던 용어였다. 생존이 위협받는 환경 속에서 단결하자는 의미이기 때문에 파시즘에는 '전시와 같이 비정상적 상황에서의 생존 방식'이라는 함의가 내포되어 있다.

100년 전 이탈리아의 베니토 무솔리니Benito Mussolini는 파시즘을 정치적 구호로 사용한다. 이탈리아어 '파쇼Fascio'는 묶음, 동맹, 결사체를 의미한다. 무솔리니의 파시스트당Partito Nazionale Fascista, PNF은 1922년에 집권에 성공했지만, 1924년 총선을 통해 '의회 다수 정당'으로 정권을 완전히 장악하면서 파시즘은 전 세계로 확산하기 시작한다.

다양한 이념 중 이 책에서 '파시즘'이라는 용어를 사용한 이유는 두 가지다. 첫째, 파시즘이 거의 모든 극우파의 정치적 이념을 함축하는 상징적 용어이기 때문이다. 둘째, 전간기戰間期인 제1차 세계대전 종전 이후부터 제2차 세계대전 발발 전까지(1918~1939년) 유럽을 비롯한 다양한 국가에서 벌어진 광적인 파시즘 열풍이 현재와 너무나도 닮아 있기 때문이다.

혁명적 상황의 다양한 이데올로기 지형

새로운 이념은 사회가 과거와 단절되는 혁명적 상황에서 탄생한다. 기존에 있었던 사상들이 급진화되고, 조직화되어 행동으로 구현될 때 역사는 비로소 전환점을 맞이한다. 여기서 핵심 키워드는 '과거와의 단절'이다. 익숙한 과거가 물러가고 새로운 시대가 다가올 때 사람들은 변화에 적응하지 못한다. 오히려 집단적으로 저항하는 경우가 더 많다.

변화에 대항하는 우파 이념은 대개 과거의 질서가 파괴되고 아직 새로운 시대가 도래하지 않은 과도기에 유행한다. 다양한 우파 이념은 국가별로 약간의 차이가 있지만 사회적 혼란의 강도가 강할수록 극우적 성격이 강해신다. 파시즘과 유사한 과거 지향의 우파 이념들을 살펴보자!

보수주의Conservatism, 민족주의Nationalism, 제국주의Imperialism, 권위주의Authoritarianism, 전체주의Totalitarianism, 군국주의Militarism 등은 대표적인 극우 성향의 이념들이다. 공통적으로 국가와 민족을 중심으로 단결하자는 독재 체제다. 다만 무엇을 더 강조하는지의 차이만 있을 뿐이다. 제국주의는 식민지 팽창, 군국주의는 군부 중심의 통치를 우선시한다. 때로는 몇 가지 이념이 섞여 나타나기도 한다. 특히 파시즘은 이런 극우 이념을 모두 함축하고 있다.

파시즘은 강력한 지도자 중심의 전체주의, 국가주의, 민족주의 체제를 지향하며, 개인의 자유보다 국가의 힘과 통일을 강조한다. 파시즘의 골격을 유지하면서 인종주의 성향이 특별히 강한 극단의 파시즘을 따로 분류해서 '나치즘Nazism'이라고 한다. 우파 이념의 핵심 가치는 질서·전통·국가·권위·시장의 자유 등으로 요약된다.

반면 좌파 이념은 평등·사회 개혁·복지·노동을 중심 가치로 삼는다. 사회주의Socialism와 공산주의Communism는 계급 없는 사회, 사유재산 폐지, 노동자 혁명 등을 추구한다. 사회민주주의Social Democracy와 민주사회주의Democratic Socialism는 자본주의와 민주주의는 용인하되 복지에 대한 약간의 시각 차이만 있다.

'A'이면서 'A'가 아닌 파시즘

파시스트들은 현재 상황을 완전히 부정한다. 좌파와 우파를 막론하고 기존 시스템이 완전히 잘못되어 현재가 어려워졌다는 가정에서 출발한다. 따라서 새로운 엘리트(파시스트)의 독재를 통해 위험하고 어려운 상황을 헤쳐가야 한다고 주장한다.

그럼에도 파시즘에 대한 구체적 설명과 행동 방식은 애매모호하다. 학자들 간에도 견해차가 크다. 파시즘 해석이 얼마나 난해한지는 파시즘 전문가인 오르테가 이 가세트José Or-tega y Gasset의 저서 《파시즘에 대하여》에서도 잘 드러난다. 그는 파시즘을 다음과 같이 묘사했다.

파시즘은 수수께끼 같은 얼굴을 하고 있다. 파시즘은 권위주의를 주장하는 한편, 반역을 조장한다. 민주주의에 맞서 싸우면서도, 과거 지배 체제의 복권을 옹호하지 않는다. 강국을 만들고자 하지만, 그 수단이 도리어 국가의 와해를 촉진하므로, 파괴적 당파나 비밀 결사에 견줄 만하다. 어느 방향에서 바라보건, 파시즘은 어떤 것이면서 동시에 그와 반대되는 것이다. 'A이면서 동시에 A가 아니다.'[5]

히틀러 나치당의 정식 명칭은 '민족사회주의독일노동자당(NS-DAP: Nationalsozialistische Deutsche Arbeiterpartei, 줄여서 NAZIs)'이다. 민족주의, 사회주의, 국가주의, 노동자를 모두 포함하는 정당이라는 의미다. 도대체 뭘 하겠다는 것인지 혼란스럽다. 차라리 인물로 살펴보면 이해가 쉽다.

누가 파시스트인가?

파시즘을 정의하기 어려운 것은 국가와 시대별로 다양하게 변용되기 때문이다. 가장 강력한 나치즘부터 한국의 박정희, 대만의 장징궈蔣經國, 싱가포르의 리콴유李光耀의 개발독재도 파시즘으로 볼 수 있다. 이 책에서는 강력한 독재 체제를 갖추고, 특정 집단의 이해관계만을 추구하는 모든 정치 세력으로 파시즘의 의미를 확장하고자 한다.

확장된 파시즘 개념을 적용하면, 제2차 세계대전 종전 후 식민지 시대를 마감하면서 나타났던 제3세계의 지도자들은 파시즘적 성향이 짙었다. 인권이나 민주적 절차보다는 민족적 단결을 강조하는 전체주의를 기반으로 발전을 꾀했다. 이집트의 나세르Gamal Nasser, 튀르키예의 아타튀르크Mustafa Kemal Atatürk, 소련의 스탈린도 해당된다. 그들은 독립운동의 지도자였거나 왕정 체제를 중단시킨 공로가 있다. 그러나 정권 유지를 위해서 반대파를 무자비하게 숙청하고 독재 체제로 통치했다.

아시아를 비롯한 개발도상국들의 파시즘 정권은 지금도 계속 이어지고 있다. 인도네시아는 수카르노Sukarno와 수하르토Suharto, 필리핀은 마르코스Ferdinand Marcos, 미얀마는 네윈Ne Win이 그러했으며, 태국은 주기적인 군부 쿠데타로 정권이 바뀌고 있다. 아메리카 대륙은 캐나다를 제외하고 라틴아메리카 전역은 거의 파시스트가 장악했다. 아프리카는 더 이상 논의할 필요가 없을 정도로 파시즘 세상이다.

1991년 냉전 종식 후 등장한 동유럽 정권들은 대부분 파시즘 독재를 이어오고 있다. 헝가리의 오르반Viktor Orbán, 벨라루스의 루카셴코Alexander Lukashenko, 세르비아의 부치치Aleksandar Vučić, 러시아의 푸틴Vladimir Putin 등이 주요 인물이다. 인도 모디 총리의 통치 스타일도 파시즘 경향이 강하다. 최근 베트남에서 권력을 장악한 또럼Tô Lâm 총서기는 약 40년간 공안기관에서 근무했다. 베트남 역사에서 경찰 출신이 당·국가·군부를 동시에 장악한 것은 처음인데, 견제와 균형이 유지되던 베트남에서 권력을 집중하는 중국식 모델로 전환했다. 좀 더넓게 보면 독일 동쪽부터 한국에 이르는 유라시아 대륙 전체와 아프리카, 그리고 캐나다를 제외한 중남미 대륙이 파쇼의 땅으로 변하고 있다고 봐도 무방하다.

이 책은 어렵게 민주주의를 쟁취했던 나라들이 왜 다시 파시즘 독재로 돌아가려고 하는지, 더군다나 쿠데타와 같은 외부 변수의 개입 없이 자발적으로 파시즘을 받아들이는지를 규명하고자 한다. 또한 미래의 사회 변화와 파시즘을 연결해서 어떤 개혁을 해야 하는지를 모색하는 데 집필 의도가 있다.

따라서 파시즘이 태동하는 사회경제적 조건을 파악하기 위해 미국의 루스벨트나 트럼프 대통령도 파시스트로 규정하면서 서술할 예정이다. 이 두 명의 미국 대통령은 정책 수행 속도가 빠르고 독재적 성격이 강하다는 공통점이 있다. 루스벨트도 집권 당시에는 독재 체제라는 비판을 끊임없이 받았다.

독재적인 지도자나 정당 전체를 파시스트로 간주하는 것은 논란이 있을 수 있지만, 최근의 민주주의 파괴와 전체주의 확산에 대한 경고 의미임을 미리 밝힌다.

우파 파시즘, 좌파 파시즘

조란 맘다니Zohran Mamdani 뉴욕 시장 당선인과 트럼프 대통령이 만난 2025년 11월 말, 말발굽horseshoe 이론이 유행했다. 서로를 공산주의자와 파시스트라며 비난하다가 정작 만남에서는 친근한 모습을 보였다. '극과 극은 서로 통한다'는 말이 있듯이, 이들은 서로 극단적 반대편에 있는 것이 아니라 실상은 유사하다는 것이 말발굽 이론이다.

홍기빈 글로벌정치경제연구소장은 좌우 양극단 체제가 안정적일 때는 자신들의 권력을 고착화시키기 위해 격렬하게 싸우지만, 위기 국면이 닥쳐 '현상 타파'가 과제가 될 경우에는 서로 유사한 행태를 보인다고 분석한다. 트럼프 대통령과 맘다니 뉴욕 시장은 불균형 성장이 장기간 이어지면서 고용 불안과 물가가 급등하자 정책이 유사해졌다. 2025년 하반기 뉴욕과 미국 전체의 최대 과제는 저소득층의 생활고 해결이었기 때문이다.[6]

극좌와 극우는 서로 지향점만 다를 뿐, 행태와 성향 면에선 놀랄 만큼 닮아 있다. 이들은 모두 자신들이 '진리의 편'에서 있다고 믿으며, 상대를 '악惡'으로 여기고 제거해야 할 대상으로 본다. 관용은 용납되지 않는다. 음모론과 도덕적 절대주의에 의존하면서 문제를 획일화해 대중의 분노를 동원하는 방식은 사실상 같다. 이들 모두 지도자 숭배를 지향하며, 폭력을 정당화함으로써 민주주의의 정치 규범을 빠르게 붕괴시킨다.[7]

파시즘은 본질적으로 보수 우파의 이데올로기다. 통상 좌파가 우파를 공격할 때 사용한다. 그러나 좌파에서도 우파 파시즘과 유사한 행태가 발견된다. 좌우 이념에 극단적으로 함몰할 경우 파시즘적 성향이 강해진다. 이 책에서는 극단적인 좌파도 파시즘으로 규정한다.

파시즘과 포퓰리즘의 차이

포퓰리즘populism은 우파가 좌파를 공격할 때 사용하는 주요 용어였다. 이는 직접 민주주의를 강조하면서 의회와 언론 등 간접 민주주의 제도를 부정한다. 장기적인 비전보다는 즉각적인 인기 정책을 선호한다. 특히 국가 재정을 무시한 선심성 정책을 펼 때 포퓰리즘이라고 공격한다. 또한 카리스마적 지도자를 숭배하고 이성보다는 감정을 앞세운다.

파시즘은 국가의 비전과 같은 나름 거대 담론을 하향식으로 강요하는 특징이 있다. 반면 포퓰리즘은 국민 개개인의 집단화되지 않은 생각들이 일시적으로 표출되는 성향이 상하며, 상향식 정치사회 운동에 가깝다.

포퓰리즘은 '부패한 엘리트 vs 순수한 국민'의 대립을 강조하며, 국민의 직접적 의지를 구현해야 한다고 주장한다. 따라서 포퓰리즘은 사회가 도달하고자 하는 어떤 목표라기보다는 그 목표에 다가서는 '방식'으로 이해하는 것이 적절하다. 이 책에서 포퓰리즘 대신 파시즘이라는 용어를 사용한 이유는, 목표가 모호한 포퓰리즘과 비교해서 파시즘은 상대적으로 지향점이 있기 때문이다.

포퓰리즘이 발생하는 초기에는 지도자가 명확하지 않다

가 세력이 확대되면서 지도자가 등장하기도 한다. 과거에는 주로 대중 집회에 의존했는데, 최근에는 SNS 소통이 활발해지면서 온라인상으로 숨어들어서 잘 보이지 않는다. 그렇지만 포퓰리스트는 온라인에서 담론을 주도하면서 전체 흐름을 이끌어간다.

파시즘은 명확한 지도자가 있다. 반면 포퓰리즘은 명확한 지도자가 없기 때문에 아무도 책임을 지지 않는다. 포퓰리즘은 과정 관리가 안 되기 때문에 어떤 결론에도 도달하지도 못하고 책임지는 사람이나 세력이 없다. 그러나 파시즘과 포퓰리즘이 실제 작동하는 과정은 구별하기 어려울 정도로 유사하다.

1. 파시즘의 중요 특징

다음에 기술하는 파시즘의 여덟 가지 특징은 학문적 측면과 실제 특성을 종합하여 정리했다. 물론 이외에도 더 많은 특징이 있겠지만 대표적인 것만 나열했다. 파시즘으로 향하고 있는 지금 세계와 비교해보면 놀랍도록 유사하다.

1) 약육강식의 정글형 세계를 가정한다

파시즘은 세상을 자연 상태에서 벌어지는 무한 투쟁의 장으로 파악한다. 약육강식, 각자도생 등 강한 자만 살아남는 정글로 이해한다. 따라서 강한 사람이 나머지 약한 무리를 지배해야 한다고 믿는다. 히틀러는 파시스트의 권력욕이 강자가 독식하는 '자연법'에 입각한 것이므로 자신들은 자연법을 인정하고 따를 뿐이라고 주장한다. 자신들은 더 높은 힘이나 신, 운명, 역사, 자연의 명령에 따라 행동하고 있다는 것이다.[8] 우수한 사람만이 평화와 자유, 그리고 번영을 이끌고 세상을 바꿀 수 있다고 주장한다. 이런 생각은 자연스럽게 폭력 사용과 타국에 대한 침략을 정당화하는 근거가 된다.

히틀러는 저서 《나의 투쟁Mein Kampf》에서 "독일의 세계 지배는 세계가 한층 더 높은 문화에 이바지할 수 있게 하는 지배 민족의 승리에 기반을 둔 평화로 이끌어갈 것이다"라고 자기 합리화를 시도했다. 파시스트의 집권욕을 '자연법'에 근거한다고 합리화하면서 약육강식, 적자생존의 논리를 설파했다.[9]

트럼프 정부의 제국주의적 정책의 사상적 기반을 만든 정치전략가인 피터 자이한Peter Zeihan의 주장은 히틀러의 생각에서 한 발 더 나아간다. 《각자도생의 세계와 지정학Disunited Nations》 등 다수의 연작을 통해 그는 미국의 풍부한 자원, 지리적 유리함, 미국인의 우수성을 설파하면서 미국이 세계 문제에 개입하지 말자고 한다. 미국 이외 세계는 미국 없이 살 수 없다는 자연법적 우월성에 기반한 논리다. 미국이 세계 문제에 개입하지 않는 고립주의로 돌아서면 다른 국가들은 자연스럽게 고개를 숙일 것이라는 주장인데, 이는 강자가 공격뿐 아니라 방치를 통해서도 지배할 수 있다는 오만함의 극치다.

2) 뭐든지 무조건 반대한다

파시즘은 모든 사안에 대해 무조건 '반대'를 표방하면서 등장한다. 이들은 인간을 '이성적 존재'가 아니라 '민족적 본능'을 가진 존재라고 규정한다. 18세기부터 이어진 계몽주의, 즉 이성과 보편주의도 거부한다. 자유·평등과 관련해서는 민주주의를 '퇴폐적'이라고 비판하면서 강력한 지도자와 질서를 요구한다. 동시에 사회주의도 반대한다. 산업화, 계급투쟁, 민주주의를 사회 질서를 파괴한 주범으로 몰아세우며 적대시한다.

　위대한 경영철학자인 피터 드러커Peter Drucker는 다음과 같이 평가했다. "파시즘은 자본주의뿐 아니라 사회주의에 대한 신념도 잃어버린 분위기 속에서 자라났다. 어떤 사회 문제도 건설적인 해답을 찾을 수 없어서 나치 사상은 그저 모든 것에 반대할 수밖에 없었다. 심지어 상반되는 것을 동시에 반대하기까지 했다. 자유주의와 보수주의를 모두 반대하고, 신앙심이 깊은 사람과 무신론자를 동시에 배척했다."[10]

　출현 당시 상대적으로 약한 세력이었던 파시스트는 반대를 통해 사회 불만 세력을 흡수하면서 세력을 확장한다. 제1차 세계대전 이후 전쟁의 참화와 사회 혼란 속에서 모든 것이 잘못되었다는 주장은 불만에 가득 차고 생활고에 시달리는 대중들에게 아주 잘 먹히는 선전 수단이었다.

파시스트 세력은 기존의 정치권이나 기득권 세력이 얘기하지 못하는 것을 극우의 입장에서 주장하기도 한다. 최근 한국과 미국 등에서 논란이 되는 동성애, 페미니즘, 낙태, 능력주의, 중국 혐오 등은 기득권 세력이 다루기 까다로운 주제들이다. 그러나 파시스트들은 이러한 쟁점들에 대해 자신들의 주장을 강력히 주장하면서 불만에 찬 지지 세력을 결집한다. 특정 이슈에 빠져 있는 소외된 사람일수록 파시즘에 빠질 가능성이 높은 이유이기도 하다.

3) 원대한 민족적 이상을 제시한다

파시즘이 단지 반대만 하는 것은 아니다. 민족과 국가의 미래를 위해 거의 실현 불가능한 원대한 비전을 제시하기도 한다. 나치가 주장한 개념 중 '폴크스게마인샤프트Volksgemeinschaft(민족공동사회)'라는 사회 비전이 있다. 독일인들의 정서적·자연적 유대를 강조하면서 모든 독일인이 공동체로 결집해야 하며, 그 공동체는 개인보다 중요해야 한다는 논리다.[11]

나치는 종족적 순수함과 인종주의적 편견을 자극하는 것을 주요 전략으로 삼았다. 동시에 독일인들을 통합하기 위한 슬로건을 만들어 '누가 적敵인지'를 판단하는 기준으로 활용했다. 제1차 세계대전 패전 이후 신성로마제국과 프로이센에 이어 세 번째 제국을 만들기 위해 폴크스게마인샤프트를 주장한 나치의 전략은 성공적이었다. 패전으로부터의 자존심을 회복하고, 민족의 단결을 통해 영광을 재현하자는 구호를 누가 거부할 수 있을까?

무솔리니의 이탈리아는 과거 로마제국의 재현을 목표로 내걸었다. 같은 시기 일본은 만주를 침략하면서 동아시아 전체를 자신들의 세력권에 편입시키기 위해 대동아공영권大東亞共榮圈이라는 구호를 내걸었다. 100년 전 대혼란의 시대에서 이러한 담론들은 대중을 동원하는 데 효과적인 전략이었던 것은 분명하다.

이러한 양상은 최근에도 유사하다. 러시아 독재자인 푸틴은 19세기 제정 러시아의 영광과 과거 소련의 영토 회복을 목표로 내걸었다. 무자비한 통치에도 불구하고 푸틴의 인기가 높아서 보도에 따르면 2025년 하반기 지지율이 80%를 상회하고 있다. 중국 시진핑 주석의 '중국몽中國夢' 전략도 히틀러, 무솔리니, 푸틴과 비슷한 의도로 만든 슬로건으로 볼 수 있다. 트럼프 대통령의 'MAGA Make America Great Again' 역시 미국을 다시 위대하게 만들어서 소외된 미국 백인 중산층의 자존심을 되찾고 발전을 도모하자는 구호다.

이처럼 파시즘은 민족과 원대한 국가적 야망을 제시하면서 이를 수행할 주체로 파시스트 중심 국가를 제시하는 것이다. 자신들의 권력 독점과 폭력 사용을 국가 비전 수행을 위해 불가피한 것으로 정당화한다.

여기에서 내란을 일으켰던 한국의 보수 파시즘 세력이

비교된다. 이들은 어떤 국가를 꿈꾸는지 전혀 언급이 없다. 2026년 현재 이들은 오직 반대에만 열중하고 있다. 늘 애국을 강조하지만 사실은 애국이 아니라 자신들(극우 파시스트)에게 만 충성하라고 선동하는 것이다. 한국의 극우 보수는 파시스트 축에도 끼지 못하는 별종 집단인가?

4) 전체주의를 통해 사회를 단일대오로 만든다

"모든 것은 국가 안에 있고, 국가 밖에는 아무것도 없다", "국가는 전부이고, 개인은 무無다", "하나의 국가, 하나의 국민, 하나의 지도자", "믿어라, 복종하라, 싸워라." 이는 1920년대 무솔리니 파시스트당의 슬로건이었다. 국가가 국민보다 우위에 있고 모든 국민의 삶은 국가에 종속된다는 전체주의적 원칙이다.

전체주의를 기반으로 자신들이 모든 것을 통제하려는 욕구는 파시즘의 본성이다. 전체주의는 대중을 국가의 필요에 봉사하는 상명하복 식의 군사화된 공동체로 통합하려고 이탈리아 파시스트가 고안한 용어다.

미국의 정치학자 칼 프리드리히Carl Friedrich는 전체주의를 "한 사람이 이끄는 유일한 대중 정당이고, 정부 관료 조직 위에 군림하며, 경찰 및 비밀 경찰을 조직해서 체제의 적을 제거한다. 대중매체와 경제를 독점적으로 통제하면서 천년왕국의 도래와 같은 메시아의 출현, 종교적 순간을 강조한다"고 설명한다.[12] 사람의 행동을 국가가 완전히 통제함으로써 개인은 사라지고 전체(국가)만 존재하게 하는 체제라서 파시스트의 모든 행위는 정당화된다.

독일의 정치학자 한나 아렌트Hannah Arendt는《전체주의의 기원》에서 "조직되지 않고, 구조화되지 않은 대중, 절망적이고 증오에 가득 찬 개인들로 구성된 대중이 지도자에게서 구원을 기대하는 상황하에서 전체주의는 탄생한다"라고 했다.

5) 적을 통해 단결한다

파시즘이 제대로 가동되려면 '적'이 필요하다. 사회를 망친 적을 찾아내서 제거하는 것이 그들의 소명이다. 전체주의 기반에서 자신들이 국민의 99%를 차지하는 절대다수이기 때문에 파시즘에 반대하는 것은 적이 될 수밖에 없다는 논리다. 혹시 적이 생존할 경우 자신들을 공격할 수 있기 때문에 완전히 제거해야 할 대상으로 간주한다.

히틀러는 "적을 보면 기뻤다. 국민을 결속시키는 가장 쉬운 방법 중 하나는 적이 누구인지 깨닫게 하는 것"이라고 했다. 적이 없으면 만들기도 한다.[13] 파시스트는 '적'이 있어야만 존재할 수 있다. 요즘 용어로 설명하면, 만들어진 적과 '적대적 공범' 관계를 유지한다. 사람들은 적이 있을 때 단결한다. 운동 경기나 전쟁 같은 모든 투쟁에서 적이 강할수록 단결력은 높아진다. 파시스트들은 늘 적을 만들고, 적을 제거하기 위해 끊임

없이 단결을 요구한다.

100년 전이나 지금이나 파시스트에게는 공통의 적이 있다. 바로 공산주의다. 100년 전 유럽에서 파시즘이 등장한 직접적 도화선은 1917년 러시아혁명이었다. 러시아혁명은 서유럽 입장에서는 새로운 위협이었다. 개인의 재산을 몰수한다는 점에서 현실적인 위협과 공포 그 자체였다. 더군다나 생존의 한계에 도달한 노동자들 사이에서 공산주의 성향이 강해지고 있었다. 따라서 산업 자본가와 중산층은 자연스럽게 공산당을 적으로 지목하는 주장에 동조했다. 기독교도들은 무신론을 주장하는 공산주의를 용인하기 어려운 '적그리스도'로 볼 수밖에 없었다.

제2차 세계대전 당시 루스벨트조차 적을 분명히 함으로써 국내적 단결을 꾀했다. 당시 미국은 일본계 미국인 약 12만 명(이 중 62%가 미국 시민권자)을 강제로 추방하거나 감금했다. FBI는 약 5,500명이 일본계 남성들을 법무부가 운영하는 수용소로 보냈다. 40여 년이 지난 1988년에야 미국은 공식 사과와 함께 배상금을 지불했다. 물론 전시 상황에서 일본계 첩자에 대응하겠다는 논리였지만, 미국 본토 안에서 적을 만들고 탄압한 것은 역사적인 오점으로 기록된 사건이다.

제2차 세계대전 당시 독일군의 비인도적 행위는 알려진 대로 참혹했다. 특히 소련을 공격한 독일군은 러시아인들을 한낱 들짐승 무리로 취급하며 무자비한 학살을 감행하는 '절멸 전쟁'을 벌였다. 독일군은 소련과의 전투를 인간과의 싸움이 아니라 짐승과의 싸움으로 간주했다. 소련 군인을 포로로

잡지 말고 사살하라는 명령이 내려지기도 했다.[14] 유대인 학살도 이와 비슷한 생각의 결과다.

때로는 적에 대한 공포를 과대 포장해서 자신들의 공격을 정당방위로 합리화하기도 한다. 자신들이 오히려 약자라는 프레임을 만들어낸다. 히틀러는 "게르만족은 항상 무고하고, 적은 항상 가학적인 짐승들이다"라며 일종의 피학증을 합리화하기도 했다.[15]

실체가 있든 없든, 허구로라도 적을 만들고 혐오의 낙인을 찍어 적을 파괴하는 과정에서 파시스트들은 단결한다. 그러나 이 과정에서 도덕과 민주주의는 해체되고 폭력은 정당화된다. 적의 존재를 통해 '우리'와 '그들'의 이분법의 경계는 확정된다.

6) 인종주의로 분노를 조직화한다

"유대인은 기생충이며 인류의 재앙이다. 유럽에서 반드시 제거해야 한다", "우리는 감정 없이, 필요한 모든 조치를 취해야 한다." 히틀러의 선전·선동 총책이었던 요제프 괴벨스Joseph Goebbels의 말이다. "우리는 이 생물학적 폐기물을 제거해 독일을 청정하게 한다", "유대인은 남녀노소 구분할 필요가 없다"라는 말은 친위대(SS) 책임자로 강제수용소를 담당하며 학살 작전을 지휘했던 하인리히 힘러Heinrich Himmler가 남긴 기록이다. 유대인을 사람이 아닌 기생충으로 간주한 것이다.

"우리 선조들은 피와 땀, 굴하지 않는 자유에 대한 사랑으로 이 나라를 세웠다", "외국인 침략자들이 우리의 영웅들을 학살하고, 우리가 힘들게 번 세금을 빨아먹고, 혜택을 가로채라고 세운 것이 아니다"라는 언급 역시 외국인을 기생충으로 몰아가고 있다. 이 말은 100년 전 히틀러의 핵심 참모의 발언일까? 아니다. 2025년 12월 1일 미국 국토안보부장관인 크리스티 놈Kristi Noem이 한 말이다.[16]

히틀러는 채식주의자이자 굉장한 애견가였으며, 현대적인 동물보호법을 최초로 만든 인물이기도 하다. 동물보호법은 동물을 이용한 생체 실험을 금지했다. 그러나 나치는 유대인을 대상으로 인체 실험을 자행했다.[17] 히틀러에게 유대인을 비롯한 다른 인종은 인간이 아니라 도구이거나 처단해야 할 적일 뿐이었다.

인종주의는 다른 민족을 대상으로 시행되었지만, 자국민을 대상으로도 자행되었다. 위대한 아리안족의 혈통을 보존하고 때로는 인간을 개조해서 더 우수한 인종으로 만들기 위한 작업이 있었다. 스탈린 시대 소련에서도 자국민을 개조하기 위한 강력한 시도가 있었다. 파시스트들은 사람이 근본적으로 개조가 가능한 존재라고 믿었다.

히틀러는 우수한 인종의 지배와 파시스트에게 충성하는 사람들을 길러내기 위해 유전자를 조작하려는 다양한 조치를 시행했다. 소위 '생물정치biopolitics'다. 히틀러는 1936년 10월 '생식 명령procreation order'을 내린다. 인종주의 이념에 입각해,

혈통이 우수한 인종의 아이들을 증식하자면서 출산을 장려한 것이다. 전시 상황이었음에도 SS 같은 친위대나 경찰 등 파시즘에 투철한 우수하고 충성스러운 혈통을 중심으로 독일인을 개조하려 했다.

이 과정에서 후방에 머물며 정권을 사수하고 있던 소위 우수 인력들이 전장에 나간 전우의 아내에게 수작을 걸어 혼외 출산을 유도하는 것이 사회 문제가 될 지경이었다. 또한 북유럽 등지에 흩어져 살던 독일계 인종을 독일로 데려오기도 했다. '종족 시험(광대뼈, 머리카락과 눈 색깔 검사를 포함한 신체 조건 검사)'을 통과한 사람만 독일인으로 간주해 귀국을 허용하기도 했다.[18]

우수 종족의 보존이라는 명목하에, 제2차 세계대전이 가까워지자 장애인을 안락사시키기도 했다. 장애인을 '인간의 모습을 한 짐승'으로 치부하며 죄의식 없이 제거했다. 당시 동쪽의 일본이 아시아 민족을 상대로 홀로코스트 수준의 생체 실험을 자행한 것도 같은 맥락이다.

유럽에서 인종주의는 갈등의 원천으로 오랜 기간 역사와 함께 존재하고 있었다. 접경 지역의 국경이 수시로 바뀌고, 잦은 전쟁으로 어제의 이웃이 오늘의 적이 되기도 했다. 경제적으로는 동일한 생활권이기 때문에 일자리를 찾아 국경을 넘는 일이 빈번한데, 이는 한국과 같이 지리적으로 고립된 나라에서는 이해하기 어렵다. 그러나 인류 역사에서 이민과 인종주의는 전쟁의 중요한 원인이었다.

현대에도 이민 문제는 사회 갈등의 주요 쟁점이 되면서 인종주의가 부활하고 있다. 인종주의에 기반한 사회적 폭력은 이제 미국 등 선진국에서 일반화되고 있다. 현대의 파시스트들은 100년 전과 마찬가지로 인종주의를 통해 정치적 입지를 강화하는 경향이 늘어나고 있다. 정치 폭력 전문가인 바버라 월터Barbara F. Walter는 트럼프 대통령을 '종족 사업가ethnic entrepreneur'로 명명했다.[19]

7) 지도자는 영웅이다

집권 후 파시스트 지도자는 자신만이 국민을 대변하기 때문에 권력 역시 자신이 독점해야 한다고 생각한다. 국가는 다양한 이해관계와 의견을 지닌 개인들의 집합이 아니라, '국민의 뜻'이라는 하나의 의사를 지닌 통합체라는 확신에서 비롯되는 것이다. 나치의 슬로건은 '하나의 국민, 하나의 국가, 하나의 지도자Ein Volk, ein Reich, ein Führer'였다. 즉 국가와 지도자는 같은 비중을 차지하는 무오류 지도자인 영웅으로 격상된다.

베네수엘라의 우고 차베스Hugo Chávez는 "차베스가 곧 국민이다"라고 했다. 튀르키예의 레제프 에르도안Recep Erdogan은 반대파를 향해 "우리가 국민이다. 당신들은 누구인가?"라고 묻는다.[20] 온라인에서는 트럼프 대통령을 '신황제神皇帝, God Emperor'로 부르기도 한다.[21] 파시스트 지도자를 창조주와 연관 짓기도 한다. "신은 트럼프가 대통령이 되기를 바랐다"는 언급과 같이 히틀러나 무솔리니도 100년 전에는 거의 신의 반열에 올랐었다.

무솔리니에 대한 우상 숭배는 유명했다. 수천 명이 그의 기적을 찬양하는 편지를 썼고, 그의 아이를 갖고 싶다는 편지도 상당수 있었다. 그는 20세기의 카이사르였다. 나치는 히틀러를 '독일을 구할 구세주', '전능한 지도자'로 묘사하면서 그의 이미지를 신화적·초인적 수준으로 끌어올렸다. 연간 수만 통의 찬양·지지 편지가 배달될 정도로 대중은 열광했다. 히틀러는 부하들에게 선거에 개입하지 말도록 지시를 내리기까지 했다. 그 이유는 1934년 대통령 선거에서 90%에 가까운 득표를 했기 때문이다. 당시 변방에 살던 한 미용사는 히틀러의 머리를 잘라주기 위해 베를린까지 걸어서 '순례'해도 되느냐고 허락을 구한 적도 있다.[22]

미국에서 공화당에 투표한 사람들은 트럼프 대통령이 종교지도자나 자기 가족보다 더 자신에게 진실을 말해줄 것이라고 믿는다고 한다. 한국에서도 비슷한 일이 많았다. 1980년 개신교의 구국기도회에서는 전두환을 '모세 같은 지도자'가 되게 해달라며 축복하고 안수했다. 당시 또 다른 목사는 전두환이 '사회 구석구석에 존재하는 악을 제거하고 정화'한다고 찬양했다.[23]

2025년 6월부터 열리고 있는 반反트럼프 시위 명칭은 'No Kings Day'다. 현재의 미국인들은 트럼프 대통령을 왕으로 보고 있는 것이다. 트럼프 대통령은 2025년 12월, "내 경제

점수는 A+++++"라고 자평했다. 물가가 안정되고 생활비 부담이 줄어들어서 "집권 10개월 동안 해낸 일이 정말 놀랍다"라고 자화자찬했으나, 여론조사 결과는 33%만 긍정적으로 평가했다. 트럼프 대통령은 밴스 부통령과 루비오 국무장관을 지칭할 때 'kids(애들)'라고 부른다고 한다. 그도 무오류의 영웅이 된 것이다.

8) 엘리트를 철저히 배격한다

영웅이자 메시아인 파시스트 지도자가 보기에 반대자들은 국민이 아니라 국민과 괴리된 반국가 세력일 것이다. 특히 엘리트는 거짓을 밝혀내고 진실을 추구하기 때문에 매우 위험한 적이다. 파시스트는 엘리트의 진실 추구를 권력을 찬탈하기 위해 사용하는 연막작전으로 왜곡하면서 철지히 배격한다. 어느 국가나 엘리트 계층에 민주주의자의 비중이 높다는 측면도 작용했을 것이다.

파시스트들은 현재의 어려움을 엘리트들이 특권을 유지하기 위해 꾸민 모략으로 간주하면서 모든 문제의 원인을 엘리트에게서 찾는다. 다수의 분노한 일반 국민들은 파시스트의 음모론에 빠져 엘리트를 처단해야 할 대상으로 여기게 된다.

엘리트는 자연의 법칙을 극복하고 사회를 개혁하려는 성향이 강하다. 반면 파시스트들은 자연법에 충실하다는 명분으로 과거의 권위적인 질서를 지키려 하기 때문에 둘 간의 관계는 상극이다. 새로운 사회를 개척하는 것은 늘 소수의 엘리트였다. 새로운 과학기술이나 예술을 개척하는 사람들은 기존 질서를 거부하는 소수였고, 이들이 역사 발전을 이끌었다.

새로운 생각은 민주주의가 기반이 되어야 가능하다. 자유로운 생각과 행동이 용인되는 민주주의 체제에서만 새로운 엘리트가 세상을 바꿀 수 있다. 혁신의 요람인 캘리포니아가 미국에서 민주주의의 심장 같은 역할을 하는 것도 같은 이유다. 당연히 미국 공화당 입장에서는 눈엣가시로 보이는 엘리트 밀집 지역이다. 최근 게리맨더링gerrymandering(특정 정당이 유리하게 선거구 조정)을 통해 캘리포니아, 뉴욕 등 민주주의 핵심 지역의 의회 의석수를 줄이려는 시도는 파시즘적 발상이다.

반대의 경우도 있다. 개척자 정신이 투철한 엘리트도 있지만, 현상 유지를 선호하는 엘리트 세력은 파시스트의 조종을 받는 앞잡이로 이용되기도 한다. 엘리트가 가진 권력과 부를 유지시켜주는 대가로 파시즘의 호위 세력으로 둔갑시키는 것이다. 이렇게 전향한 엘리트들이 파시즘 확산의 중요한 발화 물질이 된다는 사실은 세계 여러 나라의 역사에서 공통으로 발견되는 현상이다.

2. 파시즘의 전략과 전술

파시즘은 앞서 살펴본 여덟 가지 특성을 토대로 다양한 융복합

전략을 구사한다. 파시스트들은 입법·사법·행정 등 3권을 모두 장악하고 독점하는 것이 목표이기에 명분, 인권, 관습 등 제약 요인을 완전히 무시한다. 원칙에 따른 통일된 전략 없이 목표 달성을 위해서라면 어떤 전략도 서슴없이 사용한다. 파시즘을 하나의 고정된 개념으로 명확하게 규정하기 어려운 이유다.

100년 전 히틀러와 무솔리니의 전략과 전술은 이후에도 파시즘을 지향하는 독재 정권들의 교과서 같은 역할을 했다. 교활하기까지 한 파시스트들의 궁극적인 목표는 국민이 자발적으로 파시즘에 동조하도록 만들어서 그들만의 독재 체제를 유지하는 것이다. 최근 거의 모든 국가에서 파시즘적 행태가 점점 노골화되고 있다. 과거 파시즘이 사용했던 전략과 전술은 지금 우리가 매일 접하는 세상의 모습이기도 하다.

1) 민주 선거를 이용해서 정권을 잡는다

군사 쿠데타와 파시즘의 가장 큰 차이는 '절차적 정당성'에 있다. 일반적으로 특정 세력이 일거에 정권을 획득하는 방법은 군사 쿠데타다. 폭력을 사용하기 때문에 가장 신속하게 나라 전체를 접수할 수 있다. 프랑코(스페인), 피노체트(칠레), 박정희(한국), 수하르토(인도네시아), 나세르(이집트), 카다피(리비아) 등 제3세계 국가에서 쿠데타는 정권 획득의 일반적인 수단이었다.

반면 파시스트들은 선거라는 민주적 제도를 통해 정권을

잡는다. 물론 선거 과정에서는 파시즘 성향을 철저히 숨긴다. 히틀러는 10여 년간 선거를 통해 의석수를 늘리면서 영향력을 서서히 끌어올렸다. 무솔리니 역시 공식 선거를 통해 집권했다. 당시 파시스트당은 야당이었지만, 공산주의 세력에게 정권을 내줄 수 없다는 부유층·중산층·기독교 세력 등의 암묵적 동의와 내란을 두려워한 군부의 소극적 태도가 결합되어 파시즘 정당은 소수파였지만 집권에 성공했다.

파시스트들이 민주적 절차를 통해 집권하는 이유는 초기에 지지 기반이 미약하기 때문이다. 돌격대와 같은 준군사조직으로는 잘 조직되고 강력하게 무장한 군대와는 애초부터 상대가 되지 않았다. 쿠데타로 정권을 탈취할 능력이 없었기 때문에 민주적 선거를 통할 수밖에 없었던 것이다.

통상 독재 정권들이 집권할 때 의회나 법원의 승인을 받으려는 것은 절차적 정당성을 확보하기 위함이다. 세계 곳곳의 파시스트들은 지금도 선거를 통한 국민의 동의를 바탕으로 민주적 절차를 거쳐 정권을 잡는다. 집권 후에는 법률 개정 등 다양한 전략과 전술로 파시즘 국가를 완성해간다.

계속 강조하지만 중요한 점은 국민의 동의 여부다. 민주적 절차인 선거를 통해 집권했기 때문에 국민들은 파시스트 정권을 암묵적으로 인정하게 된다. 독일과 같이 준법정신이 강한 국민들이 오히려 파시즘에 투철하게 복종하는 역설적 상황이 발생했던 이유이기도 하다.

2) 법률 전쟁으로 독재를 합법화한다

1930년대 페루의 독재자였던 오스카르 베나비데스Oscar Bena-
vides는 "친구에게는 모든 것을, 적에게는 법을"이라는 유명한
말을 남겼다. 일단 민주적 절차로 정권을 잡은 파시스트는 헌
법 등 법률을 빠르게 개정해서 독재 정권을 공고히 한다.

　스티븐 레비츠키Steven R. Levitsky와 대니얼 지블랫Daniel Zi-
blatt은 《어떻게 극단적 소수가 다수를 지배하는가》에서 파시
스트의 법률 장악 과정을 자세히 설명하고 있다. 이들에 따르
면 파시스트는 헌법을 거시적인 차원에서는 따르는 듯 보이
지만, 실제로는 헌법 정신을 교묘하게 훼손하며 다음의 네 가
지 전략을 구사한다고 한다.

> ① 법률의 허점을 이용한다. 어떤 법률도 모든 우발적인 사건을 다루
> 　지 못한다는 점을 악용하여 법령을 회피한다.
> ② 과도하거나 부당하게 법률을 사용한다.
> ③ 법률을 선택적으로 적용해서 정적을 제거하기도 한다.
> ④ 정적을 겨냥한 '새로운 법'을 만든다.

이른바 법률 전쟁 혹은 사법 전쟁을 통해 정권을 강화하는 것
이다.[24] 이는 현재 미국과 한국에서 벌어지고 있는 사법적 상
황과 거의 유사하다. 무솔리니는 선거법 개정을 통해 1924년

의회에서 다수당이 되고 정권을 접수했다. 1922년 10월 총리에 취임한 그는 1년 만에 선거법을 개정해서 합법적으로 의회를 장악했다. 수정 선거법은 25% 이상 득표한 정당(또는 연합)에게 전체 의석의 3분의 2(66%)를 자동 배분하고, 잔여 33%는 나머지 정당에게 비례로 배분하는 방식이다. 흔히 '아체르보Legge Acerbo' 법안으로 불린다. 결과적으로 소수 득표라도 가장 많은 표를 얻은 당이 절대다수 의석을 확보할 수 있게 된다. 이 선거법으로 이탈리아 파시스트당은 전체 의석의 약 70%를 차지하게 되면서 독재 체제를 완성한다.

히틀러도 비슷하다. 집권 직후 수권법을 통과시켜 파시스트 일당 독재를 확립한다. 현재 태국은 하원 500석은 선거를 통해 선출하지만, 상원 250석은 군부가 임명한다. 총리 선출을 위해서는 상·하원 합계 750석 중 과반인 376표를 얻어야 한다. 그러나 상원 250석을 군부가 임명하기 때문에 500석의 하원에서 126석만 차지해도 총리 임명이 가능하다.[25]

한국의 유신헌법은 무솔리니, 히틀러, 태국, 칠레의 파시즘 정권과 거의 같은 의도로 만들어졌다. 대통령이 국회의원의 3분의 1을 임명하는 '유신정우회維新政友會, 약칭 유정회'라는 사이비 정당이 기억나는가? 바로 무솔리니의 전략을 본떠온 것이다. 이런 노골적인 조치가 불가능한 미국에서 공화당이 게리맨더링에 몰두하는 것 역시 의석수를 늘려 법률을 자신들의 의도대로 운용하겠다는 속셈이다.

3) 공포와 감시 장치로 저항을 원천 차단한다

법률과 절차적 정당성을 통해 집권한 파시스트들은 폭력이라는 본연의 모습을 드러낸다. 반대파 숙청은 기본이다. 이들은 공포 통치로 자발적인 복종을 유도한다.

스탈린은 1930년대에 사상이 의심스러운 장교들을 대규모로 숙청했다. 스탈린의 대숙청 기간에 14만 4,000명의 적군赤軍 장교 중 10%가 총살되거나 투옥되었다. 사단장 186명 중 154명, 제독 9명 중 8명, 원수 5명 중 3명이 포함된다.[26]

독재 파시스트 정권들은 공포정치로 국민을 통제한다. 이러한 양상은 최근에도 북한, 중국, 미국 등 많은 나라에서 발견된다. 중국은 2012년 말 이래 거의 300만 명에 이르는 관리들을 조사해서 이 중 10여 명의 정치국원급 고위 지도자와 20여 명의 군 장성을 포함해 150만 명 이상을 처벌했다고 한다.[27] 지금도 중국의 숙청은 상시적으로 이어지고 있다.

이와 동시에 모든 사회조직을 촘촘히 감시한다. 1933년 3월 나치는 일명 '통합법'을 통과시켰다. 모든 단체(지자체, 축구클럽, 합창단 등)는 나치 이념에 따라 국가 기관으로 운영되어야 한다는 법이다. 모든 조직이 국가 기관으로 바뀌면 개인의 자율적 행동과 유연성은 사라진다. 내가 속한 배드민턴 클럽이 국가 기관이 되고, 이 모임에서 파시스트를 비판하거나 반사회적 대화를 나눴을 때 처벌받는 상황이라면 어떤 기분일까?

다양한 형태의 감시는 국가마다 변형되어 운영된다. 파

시즘 공산주의 국가에서는 공산당원을 통한 인적 통제가 일반적이다. 중국의 공산당원은 무려 1억 명에 육박한다. 최근에는 과학기술의 도움까지 받는다. 전 세계 CCTV는 약 10억 대 이상 설치된 것으로 추정될 정도로 이미 우리를 촘촘히 감시하고 있다. 언제 어디서나 감시받게 된 것이다. 이런 상황이라면 파시즘에 대한 저항은 애초부터 불가능하다. 현대에 와서 파시즘 정권의 권력이 공고해지고 독재자의 수명이 길어지는 것은 강력한 감시 체제 덕분이기도 하다.

공포정치는 파시스트에 대한 자발적인 추종을 유도한다. 요즘 식으로 표현하면 국민들이 자발적으로 '필터 버블Filter Bubble'을 만들고 작동하게 하는 것이다. 정권에 부정적인 생각을 사전에 '자기검열'하게 하면 파시즘 정권은 자동 보호 장치를 완성하는 셈이다.

4) 가짜정보와 음모론 사회를 만든다

"유령 회사를 통해 (중국의) 불법 자금이 주식시장뿐 아니라 (한국 내부에) 많이 흘러 들어오고 있습니다." 2025년 10월, 주가가 4,000포인트에 육박하자 야당 최고위원이 한 말이다.[28] 12·3 비상계엄 선포 이후, 윤석열 탄핵을 촉구한 연예인과 유명인을 미국 중앙정보국(CIA)에 신고하면, 이들의 미국 입국이 어려워질 것이라면서 'CIA 신고 운동'이 유행하기도 했다.

히틀러는 거짓말을 할 때조차도 진정성이 넘쳐흘렀다고

한다. 그는 거짓이 너무 몸에 배어서 거짓과 진실의 차이를 스스로 깨달을 수 없을 정도였다고 전해진다. 트럼프 대통령은 첫 임기 4년 동안 3만 573건의 거짓 주장 또는 오해의 소지가 있는 발언을 했다고 한다.[29] 이는 하루 평균 21건에 달하는데, 시간이 지날수록 빈도가 늘어나서 임기 마지막 해에는 하루에 무려 39건이나 되었다고 한다.

나는 정확한 통계 파악을 위해서 챗GPT에 유사한 질문을 해봤다. 그러나 놀랍게도 인공지능은 답변을 회피하거나 지연시키고 정확한 통계가 없다며 발뺌했다. 《뉴스위크》 보도에 따르면, 구글은 트럼프 대통령의 치매 관련 검색을 사실상 차단한 반면, 전임 바이든의 치매 정보와 관련된 질문에는 "인지 능력과 치매 징후에 대한 우려가 계속되고 있다"고 자세히 답했다고 한다.[30] AI마저 파시즘에 점령당한 것인가? (확인되지는 않았지만, AI 관련 빅테크 기업들이 트럼프 정부와의 갈등을 방지하기 위해 의도적으로 이런 류의 질문에 답변을 하지 않는다는 시각도 있다.)

파시즘은 음모론과 가짜정보로 사람들이 정상적인 판단을 하지 못하도록 만든다. 가짜정보나 음모론을 자신들의 행위를 정당화하는 근거로 활용하기도 한다. 나치는 공산주의에 두려움을 느끼고 있던 독일인들에게 러시아혁명의 배후에 유대인이 있다는 음모론을 퍼뜨려 유대인 학살의 발판을 마련했다. 또한 유대인들이 종교 의식에 사용하기 위해 기독교도 어린이를 살해한다는 주장까지 유포했다. 이러한 나치의 음모

론에 순진한 독일인들은 경악을 금치 못하고, 결국 나치에 협
조하게 된다. 나치의 유대인 음모론은 주변 국가로 확산되어
더 처참한 결과를 가져왔다. 특히 역사적으로 러시아의 핍박에
시달렸던 동유럽과 발트해 연안 국가들이 반유대주의의 선봉
에 서게 되는 계기가 되었다.

　　때로는 가짜정보와 음모론이 파시스트를 위험에 빠뜨리
기도 한다. 의사의 상당수가 유대인이었던 소련에서는 유대인
의사들이 소련 지도자들을 살해하고, 병원의 아이들까지 죽
인다는 괴담이 퍼지기도 했다. 당시 소련 사람들은 의사 집단
을 두려워했다. 이런 음모론은 어처구니없는 상황을 만들기도
했다. 1953년 3월, 스탈린이 뇌졸중으로 별장에서 쓰러졌다.
밤 10시 30분경 경호원이 발견했지만, '위험한' 유대인 의사에
게 스탈린 치료를 맡길 수는 없었다. 병원으로 옮기지 못한 채
다음 날 새벽 3시경 정치국원이 도착해서야 의료 전문가를 부
르기로 결정했지만, 이미 골든타임을 놓친 뒤였다. 당시 스탈
린의 주치의는 스탈린에게 휴식이 필요하다고 조언했다가 감
옥에서 고문을 받고 있었다.[31]

　　파시즘에 기반한 음모론자들은 과학적 사실을 신뢰하지
않는 경향이 강하다. 대표적인 것이 백신 음모론이다. 이는 코
로나 당시 백신의 안전성에 대한 불신이 음모론과 결합된 것
이다. 트럼프 대통령은 임신 중 타이레놀을 복용하면 아이에
게 자폐증 위험이 있다고 주장하기도 했다. 여기에 저항한 수
잔 모나레즈Susan Monarez 미국 질병통제예방센터(CDC) 수장

은 임명된 지 한 달 만에 해임되기도 했다.

때로는 음모론을 기반으로 타국과 전쟁을 일으켜서 국내적 단결을 호소하기도 한다. 과거 일본의 대륙 침략은 당시의 정치적 혼란을 중국 침략을 통해 타개하려는 시도였다. 1931년 일본이 만주를 침략한 '만주사변'은 완전히 조작된 사건이다. 일본 관동군이 철도를 폭파한 후 이를 중국군 소행으로 조작하면서 전면적인 침략을 개시했다. 격동의 해인 1932년에는 일본인이 중국인에게 공격당했다는 음모론을 내세워 제1차 상하이사변을 일으켰다. 일본 내 여론은 중국을 제압해야 하고, 강력하고 단호한 리더십이 필요하다는 분위기를 만들어냈다. 이후는 우리가 알다시피 파시즘의 변종인 군국주의로 향한다.

5) 선전·선동으로 대중의 눈을 멀게 한다

파시스트는 선전·선동의 전문가들이다. 자신들의 허술한 독재 논리를 은폐 혹은 왜곡하기 위해 선전·선동을 적극적으로 활용한다. 이는 파시스트 지도자를 영웅으로 만들기 위해서도 필요하다. 무솔리니의 패션 감각은 유명했다. 연예인과 같은 화려한 치장으로 국민들이 닮고 싶어 하는 감정을 불러일으키기 위해서다. 히틀러는 음모론을 체계적으로 선전·선동해서 통치 기반을 강화했다. 앞서 살펴본 파시즘의 다양한 특징과 전략·전술은 효과적인 선전이 없었다면 불가능했다.

독일이 제1차 세계대전에서 패한 뒤 널리 퍼진 "등에 칼을 맞았다"는 신화는 패전 책임을 군사적 패배가 아닌 독일 내부 배신 탓으로 돌린 중요한 선전이었다. 군사적으로는 패배하지 않았는데 좌파, 혁명가, 유대인 정치인들이 국내에서 나라를 배신한 것으로 몰아갔다. 굴욕적인 베르사유조약 체결도 이들의 책임으로 돌리면서 독일인의 분노를 자극했다. 패전이 독일 국민의 책임이 아니라는 면책과 엘리트 원죄론을 주입한 것이다.

히틀러와 그의 참모 괴벨스는 최고의 선동가였다. 이들의 선동술로 1만 명으로 시작한 나치당의 당원은 1933년 권력을 잡은 직후에는 800만 명까지 증가한다. 나치당원과 나치당의 나팔수인 언론들은 실제를 과장하거나 왜곡하면서 파시즘 바이러스를 퍼뜨렸다.

괴벨스는 총검보다는 선전을 통해 독일인의 일부가 아니라 전체의 마음을 사로잡아야 한다면서 선동에 나섰다. 그는 특히 라디오와 영화 활용을 선호했다. 영화는 반드시 지루함을 피해야 한다고 강조했다. 재미있어서 빠져들어야만 효과가 나온다고 믿었다. 요즘 유행하는 유튜브, 숏폼 등에 활용되는 마케팅 기법을 100년 전 괴벨스는 적극적으로 사용했다. 패전의 징후가 서서히 나타나던 1943년 봄에는 독일 역사상 가장 많은 비용을 들인 판타지 오락 영화 〈뮌히하우젠Münch-hausen〉을 공개했다. 가공의 독일 남작이 펼치는 모험이 주제인 컬러 장편 영화였다.[32] 이렇게 선전은 괴로운 현실에서 도피하게 만드는 수단으로 활용되었다.

히틀러는 정치를 시작한 이래 죽을 때까지 독일 국민이 무식하고, 나약하고, 어리석다고 생각했다. 그의 선전 전략은 보통 사람들의 마음 깊숙이 파고들려면 메시지가 간단해야 한다고 믿었다. 지적이지 않고 감정적이어야 증오심이 잘 먹힐 것으로 봤다. 그리고 끊임없이 반복해서 말했다.[33]

선전에서 중요한 것이 새로운 매체의 사용이다. 유발 하라리Yuval Harari는 전신, 라디오 등 현대 정보기술이 발명되기 전에는 대규모 전체주의가 불가능했다고 주장한다.[34] 과학기술의 발전이 파시즘을 가능하게 했다는 역설적 상황을 지적한 것이다. 히틀러 시대 라디오 보급은 비약적으로 증가했다. 사람들은 라디오를 통해 히틀러의 연설을 누구나 들을 수 있게 되었다. 나치는 라디오를 '사치품'에서 필수 '공공재'로 규정을 바꾸고 초저가 라디오(국민수신기, Volksempfänger)를 개발해서 보급을 지원했다 나치 집권 초기 25% 정도였던 라디오 보급률은 1940년에는 약 70%까지 확대된다. 라디오 보급이 확대되자 옥외 연설보다 훨씬 빠르게 나치즘을 선전할 수 있었다. 라디오 보급이 부족했을 때 히틀러는 1주일에 20여 차례나 연설을 했다는 기록도 있다. 라디오를 통해 나치는 자신들의 선전·선동을 동시간대에 독일 전역으로 전파할 수 있게 되었다.

같은 시기 미국에서도 유사한 상황이 발생했다. 라디오 보급이 빠르게 늘자 루스벨트 대통령도 라디오를 활용했다. 하루 일과를 끝낸 저녁 시간대 난로 옆에서 가족이 모여 루스벨트의 라디오 담화를 듣도록 유도했다. 루스벨트는 뉴딜 정책이 왜 필요한지 늘 친절하게 설명해줬다. '노변담화fireside chat, 爐邊談話'라고 불리는 라디오 담화는 루스벨트의 영향력을 강화하고, 뉴딜을 성공적으로 이끄는 중요한 선전 수단이었다. 1930년대의 라디오의 보급은 파시즘의 전파 수단이 되기도 하고(독일), 반대로 새로운 사회를 만들기 위해 국민을 통합하는 상반된 역할을 했다(미국).

라디오를 중심으로 사람들이 모여들었다. 라디오는 사람들을 하나로 만들었다. 라디오는 상호작용은 불가능하고 한 방향으로만 퍼져나가기 때문에 수신자는 숙명적으로 수동적 위치에 놓인다.[35] 수동적이기 때문에 선전·선동이 잘 먹힌다. 히틀러와 루스벨트가 라디오 활용의 달인이라면, 트럼프 대통령은 SNS를 정치에 활용하는 전문가다.

6) 세뇌 교육으로 정신을 파괴한다

1928년이 되자 독일에서는 가난, 열차 사고, 자살, 반파시스트 살해사건, 은행 도산, 부정부패와 같은 주제는 논의 자체가 금지되었다. 1931년부터는 매일 정부에서 보도지침이 내려와 언론인들에게 무슨 말을 할지, 어떤 주제와 어떤 인물을 주시해야 할지를 전달했다.[36] 거의 모든 정보를 정부가 통제하면서 조작하면 사람들의 인식의 폭은 좁아진다. 오랜 기간 정보 통제로 사람들의 뇌 구조는 편향적인 정보에만 반응하도록 세뇌당한다. 정신이 파괴되는 것이다.

선전·선동이 잘 먹히는 가장 좋은 방법은 어린 시절부터 교육으로 뇌 구조를 파시즘에 최적으로 바꿔놓는 것이다. 나치 체제에서 성장한 독일인들은 다른 시기에 성장한 사람들보다 훨씬 더 유대인에 대해 적대적이었다고 한다. 이는 나치 집권 기간의 집중적인 교육 효과를 설명해준다. 교육을 통한 선전은 기존의 편견을 활용할 때 특별히 더 성공적이다. '확증편향confirmation bias'을 집단 전체가 공유할 수 있기 때문이다. '독일인은 특별하다', '독일인은 순수 민족이 되어야 한다', '다른 민족들보다 위에 서야 한다'는[37] 식의 교육은 어떤 선전보다 강력한 효과를 발휘했다.

소련은 오랜 기간 파시즘 정권이 지배하면서 세뇌 교육이 보편적 교육으로 자리 잡았다. 스탈린은 개인 소유의 가족 농장을 폐지하면서 동시에 세뇌 교육을 통해 가족까지 해체했다. 스탈린 시대부터 1960년대 초반까지 농업생물학자였던 리센코Trofim D. Lysenko의 이론이 득세한다. 유전학에 반대하면서 사회주의 교육으로 새로운 인간을 만들 수 있다는 것이 그의 주장이다. 재교육으로 모든 것을 바꿀 수 있다는 믿음은 인간개조사상으로 확장된다. '생물도 환경을 통해 변한다면, 인간도 사회주의 교육으로 새로 태어날 수 있다'는 논리로 확장시킨 것이다. 스탈린 시대의 새로운 소련인인 '호모 소비에티쿠스Homo Sovieticus'를 창조하려 한 것이다.[38] 2018년 시진핑 주석은 중국의 교사들이 영혼을 관리하고 개발하는 주체라고 찬양했다. 공산당과 국가에 대한 사랑과 충성심은 어릴 때부

터 시작되어야 한다고 강조했다.[39]

　이런 사상과 시도는 파시즘 국가에서만 일반화되는 것은 아니다. 최근 한국의 근본주의 계열의 사이비 개신교에서도 비슷한 시도가 이어지고 있다. 이들은 대안학교로 위장한 교육기관을 만들어서 청소년을 사회와 격리시킨다. 교육 내용은 근본주의 종교, 극우 이념이 중심이다. 때로는 유사 군사훈련도 시킨다고 한다. 국가관리망 밖에서 부적절한 교육으로 미성숙한 청소년을 세뇌하려는 것이다.[40] 중장년층 비중이 높은 파시즘 옹호 세대를 젊은 파시스트로 교체해서 그 체제를 영구화하려는 시도다.

7) 조직화된 집단 폭력으로 불안 사회를 조장한다

100년 전 파시즘 시대 정당들은 준군사조직을 보유하고 있었다. 이 조직은 각 정파 행사에 동원돼 안전을 유지하는 것을 넘어 상대 당파에 대한 물리적 공격을 수시로 감행했다. 마치 조직폭력배 간의 집단 패싸움과 유사할 정도로 정치는 폭력적이었다.

　준군사조직의 출발은 이탈리아의 무솔리니였다. 제1차 세계대전 직후 그는 질서 회복을 내세워 퇴역 군인, 중산층, 반反공산 세력을 규합한 조직을 만들었다. 이들은 검은색 셔츠를 입고 다녀서 '검은셔츠단Blackshirts'이라고 불렸다. 검은색은 죽음·결의·혁명적 단결을 상징하고, '국가를 위해 죽을 준비가 된 전사'라는 이미지를 강조한 것이다. 이들은 질서를 지킨다는 명분으로 사회주의자와 노동조합을 폭력으로 진압하다가 파시스트당 출범 이후에는 정권의 핵심 세력으로 성장한다.

나치는 '돌격대SA: Sturmabteilung'라는 준군사조직이 있었다. 이탈리아의 검은셔츠단과 비교해서 '갈색셔츠단Brownshirts'이라고도 불렸다. 이에 대항해 독일 국가인민당은 참전 용사 조직인 '철모단Der Stahlhelm'을 운영했다. 사회민주당은 나치의 돌격대에 대항할 '무쇠 전선Eiserne Front'과 실행 세력인 '흑적금국기단Reichsbanner Schwarz-Rot-Gold'을 만들었다. 인접한 루마니아에서는 '철위대Iron Guard', 스페인은 '팔랑헤Falange', 오스트리아에서는 '하임 베어Heimwehr' 등 준군사조직은 파시즘을 지키는 전위대 역할을 했다.

정당 소속의 준군사조직들은 자신들의 정당을 지키거나 정치적 목적으로 활용되었다. 때로는 준군사조직 간에 인명 피해를 유발하는 충돌이 발생하기도 했다. 당시 베를린은 마피아 알 카포네가 활동하던 시카고와 비슷했다. 그럼에도 법을 준수하던 독일 중산층은 돌격대원들을 가리켜 방식이 다소 거칠지만, 공산주의자들을 막을 만한 배짱을 가진 선량하고 애국적인 청년들이라고 생각했다.[41]

돌격대는 히틀러 집권 초기인 1934년 초반에 약 300만 명을 돌파하면서 체제 위협이 될 정도로 성장한다. 조직 수뇌부에 대한 통제도 어려워졌다. 또한 민족주의에서 민족사회주의로 노선 전환을 꾀하는 기미마저 보이자 히틀러는 소위 '장검의 밤Night of the Long Knives'에 돌격대 지도부를 일거에 제거한다. 이어 준군사조직을 해체하고, 그 역할은 정부 조직인 '친위대Schutzstaffel'(일명 SS)로 대체한다.

8) 파시스트 간의 글로벌 연대를 추구한다

원래 파시즘은 세계화에 반대하는 보수적 이념이다. 대문을 열어 놓으면 민주주의라는 바이러스가 침투할 수 있기 때문이다. 따라서 글로벌 연대나 세계화를 철저히 저지하려 한다. 다만 자신들의 체제 결속을 위해서 파시즘 국가 간에는 활발히 연대하는 특성이 있다. 독일과 이탈리아는 서로 영향을 주고받으면서 파시즘을 강화했다.

파시즘 종주국인 이탈리아와 독일은 파시즘을 확산시키기 위해 많은 노력을 기울였다. 공산주의에 맞선다는 명분도 있었다. 스페인 내전 당시 파시스트인 프랑코를 독일이 지원한 것과 같이 파시즘 세력 간의 글로벌 연대는 파시스트 체제를 유지하는 데 도움이 되었다.

제2차 세계대전에 참전한 독일, 이탈리아, 일본 등은 모두 파시즘 국가로 유대감이 깊었다. 독일과 일본은 긴밀한 유대로 미국을 유럽과 태평양에서의 전쟁에 동시 참전하도록 유도했다. 미국의 전력을 분산시켜야 승산이 있다고 판단했기 때문이다. 여기서 히틀러가 유사 파시스트 체제인 소련과의 연대를 스스로 파괴하고 일본하고만 제휴한 것은 가장 큰 패착이었다. 만일 독일이 소련과의 불가침협정을 유지하고,

소련에게 일부 영토를 이양했으면 제2차 세계대전이 어떤 결말로 갔을지 예측 불가능하다.

제2차 세계대전 이후에도 파시즘 국가들은 늘 연대했다. 세계의 주도 세력이 되지 못했기 때문에 타국과의 연대는 현실적으로 절실했다. 또한 자국 국민들에게 파시즘 국가가 많다는 왜곡된 정보를 제공함으로써 독재를 정당화하는 수단으로 삼기도 했다. 때로는 경제적 지원도 마다하지 않는다. 왕조 파시즘 국가인 사우디아라비아는 지금도 중동 및 이슬람 국가에 원조를 제공하고 있다. 과거 베네수엘라의 차베스도 반미 성향의 중남미 독재 세력을 지원하기 위해 파시즘 국가에 원유를 지원했다.

최근 미국 트럼프 대통령은 파시즘을 추구하는 아르헨티나의 하비에르 밀레이 대통령을 지원하기 위해 200억 달러에 달하는 대규모 금융 지원을 약속했다. 2025년 10월 말 중산선거 전에는 "밀레이가 이겨야 약속한 돈을 준다"라면서 밀레이 대통령을 공개적으로 지지했다. 또한 일본의 2026년 2월 8일 중의원 선거에서는 노골적으로 다카이치 사나에高市부苗 총리를 지원했다.

중국의 '일대일로一帶一路' 정책으로 경제적 지원을 받은 개발도상국 독재자들은 중국에 우호적인 시각을 가지고 있다. 자신들의 독재 권력에 대해 중국이 지지를 보내는 것도 중요한 이유다. 또한 중국은 빅데이터 기반의 안면인식 기술 등을 파시즘 국가에 수출하고 있다. 2020년 현재 중국은 80개 이상의 국가에 감시 시스템을 판매해 운영하고 있다. 마이크로소프트(MS)에 따르면 중국의 AI 기술은 주로 파시즘 국가에 수출되고 있다고 한다. 중국의 AI인 딥시크는 벨라루스에서 56%, 쿠바 49%, 러시아에서는 43%의 점유율을 보이고 있다. 시민혁명을 원천적으로 차단하는 기술을 중국에 의존하면서 파시즘 글로벌 연대는 확산하고 있다.

최근 파시즘의 글로벌 연대는 과거보다 진화했다. 국가 중심의 파시즘 연대에서 정당, 사회조직, 시민단체 등 민간 차원에서도 연대가 활발해지고 있다. 미국의 극우 세력이 한국의 극우 세력과 깊은 관계를 맺으면서 재정 지원을 하기도 한다. 때로는 미국 정치권에 영향을 행사해서 한국의 민주 정부를 압박하기도 한다.

A이면서 A가 아닌 모호한 파시즘을 학문적으로 정의하는 것은 대중의 입장에서 중요하지 않다. 나는 파시즘을 극우, 민족주의, 인종주의, 전체주의 등을 통해 '소수의 권력 독점과 경제적 착취, 그리고 인권과 민주주의가 무너진 정치·사회·경제 구조'로 이해한다. 이대로 개혁 없이 나아간다면 우리는 그런 세상을 피할 수 없다.

2장

100년 전 파시즘 VS.
오늘날의 파시즘

파시즘은 1920년대 중반부터 급속히 확산된다. 당시 유럽에서는 도대체 무슨 일이 벌어지고 있었을까? 간단히 정리하면, 과거와 단절되는 급격한 변화 속에서 개인과 사회, 국가 등 세상을 구성하는 모든 주체가 길을 잃고 있었다. 혼란과 무질서에 대한 대안으로 파시즘이 부각된 것이다.

1장에서 파시즘의 실체를 살펴봤다면, 2장에서는 파시즘을 받아들이는 사회문화적 구조를 현재와 비교한다. 놀랍게도 파시즘의 특성과 전략뿐만 아니라, 이를 둘러싼 사회 환경까지도 당시와 현재는 너무 유사하다.

세 사람의 인생 이야기

100년 전 파시즘 시기에 살았던 독일, 미국의 국민과 현재 한국의 평범한 사람의 마음을 들여다보자. 당시 독일, 미국의 고령층과 현재 한국의 80대 중반의 삶을 비교해보면 많은 공통점이 발견된다.

1930년대 초반의 독일인 A씨: 독일이 다시 부활해야 한다

아리안족 계열의 평범한 독일인이었던 A씨는 통일(1871년)되기 이전인 1860년에 태어났다. 70세를 넘겨 고령이었지만 여전히 건강했다. 그가 열 살 무렵, 독일은 통일 전쟁을 거쳐 제국으로 출범했다. '철혈 재상' 비스마르크는 분열되었던 독일을 통일했고, 숙적 프랑스와 싸워 승리하면서 독일인의 국가의식을 드높였다.

청년 시절 독일(프로이센)은 군사력 기반의 중공업을 중심으로 경제가 고속 성장을 이룩했다. 일자리는 풍부했고, 세계 최초로 사회복지제도를 마련했다. 노동자와 고령자를 보호하기 위한 시스템도 갖췄다. 의료보험제도가 도입되어 노년에 대해 큰 걱정은 없었다.

A씨가 스물다섯 살에 얻은 아들은 제1차 세계대전에 참전해 무공훈장을 받을 정도로 용맹했다. 그러나 패전과 인플레이션, 이어서 발생한 대공황으로 일자리를 얻지 못했다. 그

의 아들이 서른 살이 되던 1925년, 희망 없는 삶에서 탈출하고 자 나치 전위대인 돌격대에 가입했다. 그러나 히틀러의 돌격 대 숙청에 휘말려 1934년 처형되었다. 비록 아들이 숙청당했 지만, 그는 아들을 독일을 바로 세우려 한 애국자로 생각한다. 정부 보조금으로 라디오를 구입한 뒤에는 히틀러의 연설을 듣 는 것이 유일한 즐거움이었다.

1930년대 들어서면서 경제가 더욱 어려워지자 그는 일자 리를 빼앗은 이민자, 특히 유대인을 제거해야 한다고 생각 했다. 또한 파업을 일삼는 공산주의에 물든 노동자들을 처단 하고, 막대한 전쟁배상금을 요구한 프랑스, 영국, 미국에 대항 해야 한다고 생각했다. 오직 국가와 아리안족을 중심으로 결 속할 때만이 독일은 다시 찬란한 영광을 되찾을 수 있다고 생 각했다. 1934년 8월 힌덴부르크 대통령 사망하고 두 달 뒤 치 러진 대통령 선거에서 그는 주저 없이, 그리고 자랑스럽게(?) 나치당의 히틀러에 투표했다.

1930년대 초반의 미국인 B씨: 내 재산을 지켜야 한다

미국인 B씨는 동년배인 독일인 A씨보다는 다소 순탄한 19세 기를 살았다. B씨는 남북전쟁(1861~1865년) 직후 태어난 덕분 에 내전의 피해를 직접 입지는 않았다. 그가 성장하는 동안 미 국은 철도 건설과 유전 개발 등 기술 혁신으로 경제는 고성장 이 이어졌다. 다만 주기적으로 찾아오는 심각한 경기침체로 돈을 모으기는 쉽지 않았다.

독실한 기독교인이었던 B씨가 참을 수 없었던 것은 미국에서 기독교적 가치에 기반한 도덕적 토대가 무너지고 있는 것이었다. 기존의 사회 관념을 허무는 영화가 나오고, 초현실주의 등과 같은 난해하고 이해할 수 없는 문화운동, 정치권과 엘리트 계층에 의해 저질러지는 부정부패에 분노했다. 1908년 포드 자동차가 '모델 T'를 출시한 후 제조업 전반에 자동화가 급진전되자, 기술 변화에 뒤처진 B씨는 직장에서 해고되었다.

다행히 60대 때인 1920년대에는 역사적 차원의 호경기에 힘입어 주식투자로 큰돈을 벌었지만, 1929년 대공황으로 모든 재산을 날리고 말았다. 대공황으로 실업자가 속출하는 가운데 러시아에서 발생한 공산주의가 미국까지 넘어올지 모른다는 두려움에 불안해했다. 얼마 남지 않은 재산마저 공산주의 세력에게 모두 빼앗길지 모른다는 생각까지 들었다. B씨는 1932년 선거에서 새로운 미국을 표방한 루스벨트와 민주당을 선택했다.

2026년 한국인 C씨: 내 인생을 돌려주세요

2026년 현재 87세인 한국인 C씨도 드라마 같은 삶을 살았다. C씨는 1930년대 후반부 일제강점기에 태어났다. 그가 중학교에 들어갈 즈음 6·25 전쟁이 발생했다. 나이가 어려서 참전은 못했지만 철저한 반공교육을 받으면서 성장했다. 광복 이후 토지 개혁으로 약간의 땅을 마련했던 부친의 도움으로 6·25 전쟁 후 고등학교까지 진학했다. 제1차 경제개발 5개년 계획(1962년)이 시작되던 시기에 사회에 진출한 그는 쉽게 일자리를 얻을 수 있었다. 그가 취업했던 회사가 이후에도 성장을 이어가자 어느 정도 재산을 모을 수 있었다.

중동 건설 붐과 3저 호황 등으로 그의 인생은 비교적 순탄했다. 그러나 60세에 육박한 1997년, IMF 외환위기가 닥치자 다니던 회사가 부도나면서 그는 사회에서 완전히 퇴출됐다. 이후 거의 30여 년간 특별한 직업 없이 소일하며 지내고 있다.

최근에는 친구들과 카카오톡 단체방을 통해 세상 돌아가는 소식을 듣고 있다. 유튜브 시청 시간이 긴 C씨는 지금 한국 사회가 완전히 비정상적이라고 여긴다. 자신이 평생을 바쳐 지켜온 대한민국을 북한이나 중국 같은 공산국가가 침략할지 모른다고 두려워한다. 요즘 젊은이들은 어른을 공경하지 않고, 여성들의 권리 주장도 과도하다고 생각한다. 세상이 말세라서 취업도, 결혼도, 출산도 하지 않는다고 한탄한다.

베이비부머인 C씨의 아들은 1990년대 초반 사회에 진출해 회사에서 승진을 거듭했지만, 50대 중반을 넘기면서 임금피크제에 들어간 상태다. 이제 정년까지는 채 1년도 남지 않은 나이가 되었다. C씨의 아들은 아버지와 비슷한 생각이지만 아버지보다는 덜 심각하게 세상을 바라본다. 다만 노후 준비 부족으로 고민이 많다. 100세까지 살려면 국민연금, 건강보험을 개혁해야 하는데 정부는 돈을 마구 쓰고 있다고 우려한다.

100년 전 글로벌 파시즘 전성시대

20세기는 19세기의 연장선에서 출발하지 않았다. 오히려 통제나 적응이 불가능할 정도로 과거 체제가 빠르게 해체되면서 시작되었다. 100년 전 세계는 국제질서, 정치사상, 민주주의, 자본주의 등 사회 모든 영역이 극심한 몸살을 앓던 시기였다. 동시대를 살던 사람들은 엄청난 대전환에 심각하게 부적응했다. 평범한 시민이었던 독일인 A씨, 미국인 B씨를 사례로 든 것은 당시 세상의 변화가 특정인이 아니라 모든 사람에게 예외 없이 해당되었다는 점을 강조하려는 의도다.

1924년 파시즘 정권이 본색을 드러내기 시작하면서 본격적인 파시즘 세상이 열렸다. 당시 파시즘은 이탈리아나 독일에만 국한되지 않고 전 세계로 확산되었다. 서유럽 국가들의 파시즘은 정당 수준에만 머물렀으나 그 기세는 상당했다. 프랑스에는 '국민 연합National Bloc', 영국에서는 1925년 '파시스트단British Fascists'이 결성되기도 했다. 물론 이들 국가의 파시즘은 나치와는 다소 차이가 있었다. 어려운 경제와 혼란한 국내 정치 상황을 극복하는 수단으로 파시즘의 일부 내용을 차용한 것뿐이다. 서구 민주주의 국가의 파시즘은 대공황으로 체제가 처참하게 무너질 때까지 끈질긴 생명력을 유지했다.[1]

1930년대의 파시즘은 소련과 인접한 동유럽을 중심으로 공산주의를 막는 이념으로 급속히 확산되었다. 동유럽은 유대인 등 다양한 민족이 섞여 살면서 정치·경제적으로 취약했다. 루마니아, 폴란드, 헝가리, 유고슬라비아, 발트 3국 등은 소련 공산주의의 위협과 유대인과의 일자리 경쟁을 명분으로 파시즘을 빠르게 받아들였다.

유럽 밖에서도 파시즘은 확산되었다. 미국에서는 'KKK단'이라는 인종주의 단체가 결성되어 1920년대에만 약 200만~800만 명의 회원을 보유했던 것으로 추정된다. 이들은 미국 사회를 무질서로 몰아넣는 결정적인 역할을 했다. 독일계 이민자 사회가 결집하여 독일식 국가주의와 반유대주의 사상을 미국식 애국주의로 포장해서 확산하려는 시도도 있었다. 제2차 세계대전이 임박한 1939년 2월, 뉴욕에서는 7만 명이 참여한 재미 독일인협회의 대규모 행사가 열려서 '하일 히틀러' 구호를 외치기도 했다.

1930년대 초반을 지나면서 세력이 커진 독일, 이탈리아는 영국, 프랑스 등 많은 식민지를 보유한 국가를 견제하기 시작했다. 이때 제3세계 국가들은 식민주의에 저항하면서 민족국가 설립을 위한 정치 체제로 파시즘을 차용한다. 이집트, 시리아, 인도 등에서도 파시즘 정당이 출현했다. 특이하게 공산주의라는 위협이 없었던 라틴아메리카는 견고한 독재 체제만 있었지만, 전체 흐름은 유럽의 파시즘과 대동소이했다.[2]

일본은 민주주의 성향이 강했던 '다이쇼大正' 체제에서 파시즘 침략 국가로 빠르게 전환되었다. 해군 청년 장교들은 1932년 5·15 사건을 일으켜 부패와 사회적 혼란을 해소하자는 구호를 내걸고 총리를 암살한다. '정치를 군이 바로잡자昭

和維新'는 구호였다. 유럽 파시스트 구호와 거의 유사한 구호에 당시 일본 국민들은 환영했다. 이후 일본은 정당 정치가 붕괴되고, 군부 영향력이 커지면서 국제연맹에서 탈퇴하고 대륙 침략에 나선다.

100년 전 세계는 혼돈 자체였다. 엄청난 변화와 혼란이 사회를 강타하자 대안으로 파시즘을 별 고민 없이 받아들인다. 당시의 거대한 전환에 대해 사람들은 잘 이해하지 못했다. 이를 수습할 리더도, 능력도 없었다. 오히려 현상을 완화하거나 과거로 돌아가고 싶어 하는 회피적 성향이 강했다. 이러지도 저러지도 못하는 상황에서 파시즘도 해결책을 제시하지 못했지만, 안정을 바라는 사람들의 마음을 훔치는 데는 성공했다.

사회 각 영역에서 발생한 혼돈을 유럽, 특히 독일 중장년층의 입장에서 살펴보자! 왜냐하면 이들이 히틀러를 선택한 장본인이기 때문이다. 나는 파시즘 출현의 원인으로 정서적 불안정, 과학기술의 발전과 자본주의의 한계, 그리고 시간적으로 절묘한 우연이 겹친 것으로 파악한다.

1. 정서적 불안정: 오직 안정만을 추구

1920년대 유럽은 오랜 전쟁, 스페인 독감, 인플레이션, 대공황 등으로 한 치 앞을 내다보기 어려운 상태였다. 심리적으로 무너지고 있었다는 표현이 맞을 듯하다. 장기간 이어진 혼돈으로 민주주의보다는 사회 안정을 더 갈망하는 분위기였다. 무솔리니와 히틀러가 위험한 존재라는 것을 알고는 있었다. 그러나 이들이 혼란을 수습할 강력한 리더십을 보유했고, 공산주의의 위협으로부터 자신들을 지켜줄 수 있다고 믿었다.

적어도 프로이센이 독일을 통일하기 이전까지만 해도 유럽에서 제대로 된 국가의 모습을 갖춘 나라는 영국, 프랑스 등 소수에 불과했다. 그러나 독일 통일을 계기로 새로운 국가가 탄생하고 국경이 확정되면서, 민족을 중심으로 단결하려는 시도가 다양한 형태로 나타났다. 수천 년간 이어진 왕정이 사라지거나 약화되면서 통치의 중심축이 흔들린 것이다. 새로 출현한 국민국가들은 '국가의 이익이 곧 국민의 이익'이라는 슬로건으로 국가의 정체성을 확립해 나가고 있었다.

기존 강대국들은 식민지 확보를 위한 경쟁으로 갈등이 끊이지 않았다. 국민 경제적 차원에서 보면 산업혁명 이후 발생한 잉여 생산물을 소화시킬 시장이 필요했다. 식민지를 통해 새로운 부富도 창출할 수 있으니 식민지 개척은 선택이 아닌 필수였다. 자국 이익만을 우선하는 '중상주의' 혹은 '근린궁핍화정책beggar-thy-neighbor policy'의 시대였다. 관세 장벽, 수입 제한 등을 통해 수입을 억제하고 수출을 늘리려는 정책이 일반적이었다. 그러나 이런 폐쇄형 정책은 효과가 없었고 오히려 서민들의 삶을 고통스럽게 했다.

19세기 말 보불전쟁(프로이센과 프랑스의 전쟁, 1870~1871년) 이후 유럽 대륙은 비교적 조용했지만, 20세기에 들어서면서 발칸전쟁이 1912~1913년에 발생했다. 1914년에는 제1차 세계대전이 발생했다. 특히 독일은 주기적으로 큰 전쟁을 치러야 했고, 전쟁이 남긴 상처는 치유되지 못한 채 악화되고 있었다. 지긋지긋한 전쟁, 더군다나 패전국이었으니 설움도 컸을 것이다.

새로운 민족국가의 출현과 보호주의, 끊임없이 이어지는 전쟁으로 유럽인들은 장기간 정서적으로 불안한 상태에 놓여 있었다. 안정을 희구하는 사람들의 마음을 파시스트들은 교묘히 파고들었다. "우리가 한 방에 해결해드릴게요!" 파시스트의 화려한 미사여구 선전에 넘어갈 수밖에 없는 심리 상태였다.

1) 자유주의에 대한 회의

[과거 상황: 100년 전]

독일은 제1차 세계대전 패전으로 신흥 강국의 지위에서 일거에 무너졌다. 이후 닥쳐온 엄청난 인플레이션과 대공황으로 대중은 무력감과 상실감에 빠져 있었다. 당시 확산하던 영국식 자유방임형 정치 체제는 독일을 무질서 사회로 향하게 한다. 이런 무질서가 사회주의 혁명을 낳고, 무정부 상태가 불가피할 것이라는 비관적 여론도 확산됐다. 1870년 통일 후 독일의 이념은 자유주의 사상이 아니라 국가 중심의 강력한 개발독재형 성장이었다. 이런 역사적 경험 때문에 고성장 시대였던 비스마르크 시대를 그리워하면서 자본주의나 사회주의가 아닌 국가

중심 체제로 돌아가고 싶어 하는 강한 열망이 사회 저변에 깔려 있었다.[3]

기성세대 사이에서는 자유주의와 그에 따른 새로운 문화적 실험에 대해서도 회의감이 커지고 있었다. 엄청난 희생을 치른 전쟁 후, 기존 체제에 대한 비관론과 위기의식이 고조되었다. 이런 위기의식을 기반으로 극단적인 실험 모더니즘이 탄생하고 새로운 철학이 등장했다. 19세기 말 니체는 '신은 죽었다'라는 명제를 통해 2,000년간 이어진 기독교 문명의 한계를 지적했다. 유럽 문명의 기초가 흔들리기 시작한 것이다. 포드 자동차의 시장 독점과 인간을 기계화하는 과학적 사고를 쉽게 받아들이기 어려웠다. 무신론과 무정부주의가 확산되고, 심리학이 널리 퍼지기 시작했다.[4]

저항의식이 자라나면서 전통적인 권위를 철저하게 부정하는 예술운동인 다다이즘Dadaism도 확산된다. 미술계에서는 인상파, 입체파, 추상화, 초현실주의, 전위예술 등이 다양하게 시도되었다. 음악도 불협화음, 12음계 기법 등 보통 사람들이 이해하기 어려운 작품들이 쏟아져 나왔다.[5]

솔직히 21세기를 살고 있는 나조차도 이런 문화를 이해하기 어렵다. 하물며 사회 안정이 절실했던 당시 사람들은 자유주의 문화를 이해하거나 받아들이기가 쉽지 않았을 것이다. 오히려 이런 시도를 하는 새로운 지식인 계층에 반감만 커졌을 것이다. 결국 당시 사람들은 자유주의를 질서 파괴의 핵심 원인으로 지목하면서 이해하기 쉽고 안정적인 과거로 돌아가고 싶어 했다. 에리히 프롬Erich Fromm은 저서 《자유로부터의 도피Escape From Freedom》에서 자유주의가 주는 불확실성에 위협을 느낀 사람들이 강력한 권위인 파시즘을 도피처로 받아들이게 되는 심리적 동기가 되었다고 분석했다.

[현재 상황: 2026년]

현대 세계는 역사 시대 이후 이어진 사회의 근간이 허물어지면서 방향성을 상실하고 있다. 역피라미드형 인구구조, 기후위기, 인간을 대체하는 AI의 등장과 SNS를 통한 파편화된 소통으로 과거와 단절되고 있다. 페미니즘, 동성애, 새로운 예술의 등장 등 구세대 입장에서는 적응은커녕 이해도 어렵다. 자유주의 기반에서 벌어지는 엄청난 전환으로 사람들은 안정적이었던 과거로 돌아가고 싶은 충동을 느낀다. 알 수 없는 미래로 떠밀려가는 세상을 어떤 식으로든지 고쳐야 한다는 생각이 커지고 있다.

2) 민주주의에 대한 반감

[과거 상황: 100년 전]

20세기 초반은 민주주의가 크게 진전된 시기였다. 제1차 세계대전의 결과로 대부분의 나라에서 왕권은 후퇴하고 민주정이 도입되었다. 여성에게도 참정권이 부여되기 시작했는데, 영국과 독일은 1918년, 미국은 1920년에 이를 시행했다. 여성에게 참정권이 부여되자 수천 년간 기득권을 누려온 남성 엘리트 계층의 반감이 꽤 컸을 것이다.

조금씩 전진하던 민주주의는 1919년 독일의 바이마르공화국 출범으로 법률과 제도로서 완성되는 듯했다. 그러나 바이마르공화국의 이상적인 제도는 현실에서 정치적 무질서만 유발했다. 독일뿐 아니라 거의 모든 국가에서 극단적인 정치 투쟁이 발생하면서 내란 수준의 폭력이 난무하고, 총기 사용이 빈번했지만, 처벌은 미약했다. 거의 무정부 상태였다.

바이마르공화국 시기인 1919년부터 1933년까지 14년 동안 독일의 총리와 내각의 교체가 20회 이상 있었다. 이 짧은 기간 동안 12명의 총리가 재임했다. 행정부와 의회 권력이 수시로 바뀌면서 장기 비전을 세울 수 없었다. 프랑스도 1932년부터 4년간 11번이나 내각이 바뀌었다. 왕정 체제에서 성장했던 당시 대중들은 혼란한 민주주의에 반감이 거실 수밖에 없었다.

독일뿐 아니라 많은 국가에서 민주주의 도입과 적용 과정에서의 혼란, 이를 이용하려는 정치 세력들 간의 극한 투쟁이 일상화되고 있었다. 완벽한 민주주의 국가를 추구했던 바이마르공화국은 반대로 폭력이 난무하는 절망적인 국가가 되었다. 정치적 무질서는 서유럽을 넘어 전 세계로 퍼져나갔다. 민주주의의 확산기라는 시간적 특성을 감안할 때, 당시 사람들은 무질서의 원인으로 민주주의를 지목했다.

[현재 상황: 2026년]

1990년 버블 붕괴 후 일본은 총리 18명, 내각은 31회나 교체되었다. 최근 영국과 프랑스 등 전통적인 민주주의 선진국에서도 정치 투쟁은 극한으로 치닫고 있다. 미국은 트럼프 대통령 1기부터 자국 이익만 우선하는 제국주의적 행태로 돌아섰다.

한국도 민주주의는 제도로만 존재할 뿐 제대로 작동하지 않는다. 파시즘을 추구했던 계엄 세력을 옹호하는 국민의 비중도 상당하다. 민주주의에 대한 신념이 지구촌에서 사라지고 있는 것이다. 만일 12·3 계엄이 성공했다면 한국의 미래는 1930년대 독일과 별반 다르지 않은 후진적 파시즘 국가로 전락했을 것이다.

3) 종교의 정치 참여: 파시스트와의 제휴

[과거 상황: 100년 전]

바이마르공화국은 개신교도들이 싫어할 만한 모든 요소를 갖추고 있었다. 개신교도들은 국민 생활을 지배하던 도덕이 사라졌다고 믿었다. 개신교도가 많은 피폐한 농촌에 비해 베를린 인근은 현대적이고 세속적이었다. 이에 따라 농촌의 개신교도들 사이에서는 도시적이고 물질주의적인 소수의 도시민에 대한 적대감도 컸었다.

바로 이 지점에서 개신교와 나치가 만난다. 현재 사회를 부정하는 개신교도들과 나치즘에 존재하는 현대 문화의 타락에 분노하는 요소는 쉽게 결합되었다. 나치즘과 개신교의 결합은 "그리스도가 타락한 세상을 구원하기 위해 전체주의 제도를 요구했다"라고 믿게 만들었다.[6]

낙후된 농촌에 머물던 개신교도들은 1920년대 초반의 하이퍼인플레이션으로 극심한 생활고에 시달렸다. 뒤이어 1929년에는 대공황이 발생하자 농민들은 가진 재산을 거의 날려버린다. 당연히 반사회적 경향을 가질 수밖에 없었고 히틀러는 이 빈틈을 노렸다. 기독교적 창조론을 부정하는 공산주의 세력과 공산주의를 지원하는 유대인들을 주적으로 낙인찍는 나치의 전략은 자연스럽게 개신교도들의 자발적 지지 혹은 소극적 용인을 이끌어냈다. 다른 파시즘 국가에서도 유사했다. 1936년 프랑코가 스페인에서 군사 정변을 일으켰을 때 가톨릭 교도 대부분은 그를 지지했다.

19세기 제국주의 시대 이후 종교적 근본주의는 세계적 차원의 보편적 현상으로 자리 잡았다. 개신교, 이슬람, 유대교, 힌두교, 불교 등에서 공통적으로 발견된다. 이슬람권은 오스만튀르크의 쇠퇴, 민족주의 발호 등으로 체제 위협을 느끼고 있었다. 대안으로 종교적 근본주의를 강화하면서 정치는 파시즘 경향을 띠게 되었다.[7] 19세기 말 중국 청나라 시대에도 태평천국의 난, 의화단의 난과 같이 체제를 부정하는 극단주의적인 종교가 등장했다.

당시 기득권 세력이었던 기독교인들 사이에서는 종교적 위기감이 높아졌다. 일부 가톨릭 신자들은 무솔리니를 '신을 부정하는 공산주의와의 싸움에 앞장선 선봉장'으로 보기도 했다.[8] 신정神政 국가를 지향하는 개신교 근본주의와 강력한 전체주의를 추구하는 극우파는 공산주의라는 공동의 적을 공유하며 결속했다. 사회적 아노미 현상이 깊어질수록 종교적 근본주의와 파시스트 세력 사이의 제휴는 더욱 강화되었다.

[현재 상황: 2026년]

1979년 제리 폴웰Jerry Falwell 목사가 이끄는 미국의 복음주의 지도자들이 정치 싸움에 뛰어들면서 '도덕적 다수Moral Majority'를 결성했다. 이들은 종교적 근본주의로 무장한 후 파시즘 지향의 강경한 정치 세력과 제휴했다.

최근 한국에서도 개신교 일부와 보수 세력의 결탁이 사회 문제화되고 있다. 정치에 직접 참여하는 개신교 교파가 증가하고 있다. 이들의 사회 인식은 1920년대 독일과 유사하다. 한국은 다양한 종교가 공존하고 있기 때문에 특정 종교의 정치 참여는 사회를 위험하게 만든다.

탁지원 국제종교문제연구소장에 따르면 한국의 소수 종파 지도자 중에 자신을 '하나님'이라고 주장하는 사람만 20여 명, '재림 예수'를 자처하는 사람은 50명이 넘는다고 한다. 하나님의 부인이나 혹은 성서 속 인물인 엘리야나 다윗을 자처하는 사람도 많다고 한다.[9] 샤머니즘의 영향력 또한 여전하여, 1만여 명 이상이 무당(명리학인)으로 신고 접수되어 있다. 운세, 사주 등 서비스를 제공하는 앱 '점신'의 월간 방문자는 70만 명, 타로 서비스를 제공하는 '포스텔러'도 월간 약 60만 명이 방문하는데, 이 중 2030 청년층이 절반 이상이라고 한다.[10]

　빠르게 수축사회로 진입하는 한국에서 사이비 종교가 범람하고 있다. 통일교는 정치인을 대규모로 포섭해서 2027년 대선까지 도전하려는 계획을 세웠다고 한다.[11] 신정 국가를 꿈꿨던 것이다. 사이비 종교와 파시스트들은 상호 연대해서 사회 분열을 틈타 세력 확산을 꾀하고 있다.

4) 부패 사회: 불공정 사회의 정착

[과거 상황: 100년 전]

100년 전에는 부패나 정의롭지 못한 행태를 규제하는 자정 기구가 없었다. 있었다고 해도 기능을 발휘할 수 없는 상황이었다. 군부와 경제계라는 양대 집단은 늘 부패의 중심에 있었나. 파시스트들은 자신들이 집권하면 부패를 척결하겠다고 공언했으나, 실상은 정반대였다. 국가·정당·경제가 밀접하게 결탁한 파시즘 체제는 부패가 만연할 수밖에 없는 모든 조건을 갖추고 있었다.

　무솔리니는 파시스트 당원의 상징이었던 검은 셔츠의 공급 계약을 사촌이 운영하던 섬유회사에 몰아주었다. 이 회사는 품질 낮은 천을 고가로 납품해 막대한 이득을 챙겼다. 또한 '모든 마을에 철도를'이라는 구호를 내걸고 남부 낙후 지역에 수십 개의 철도 노선 건설을 승인했다. 그러나 그중 일부는 지도에만 존재하는 가짜 노선이었음에도 정부 보조금이 지급되었다. 당시 국토부장관이 파시스트당 고위 간부의 친구였고, 그 돈은 스위스 계좌로 흘러 들어갔다고 한다.

독일에서는 1928년 '베를린 건축 허가 친당 헌금Berlin Bauamt Affäre'사건이 발생했다. 건축허가증을 '당 기부영수증'과 세트로 팔았다. 베를린 시청은 공사 인허가를 지연시키고 정당 후원금을 낸 업체에게만 신속히 허가를 내주었다. 또한 담당 공무원들은 후원금의 20%를 '관리비' 명목으로 나눠 갖기도 했다. 당시 한 풍자 잡지는 "베를린의 모든 건물은 투표함 위에 세워졌다"라고 비꼬기도 했다.

미국에서는 금주법 시대에 알 카포네와 같은 조직폭력배들이 공직자들과 결탁해서 이권을 독점하는 일이 비일비재했다. 약 250명을 살해한 것으로 알려진 알 카포네의 최종 죄목은 살인이 아닌 '연방 소득세법 위반'이라는 매우 가벼운 죄목이었다.[12]

부정부패는 경쟁을 왜곡하고 민주주의를 파괴한다. 자정장치 없이 법치주의가 실종된 사회가 된다. 당연히 불공정한 부패에 국민들은 분노한다. 파시스트들은 자신들이 부패를 척결하겠다고 떠들지만, 부패 척결은 반대파 숙청의 명분으로만 존재했다.

[현재 상황: 2026년]

2025년 태국, 인도네시아, 필리핀, 네팔 등에서 발생한 시민 저항운동은 부정부패가 가장 큰 원인이다. 중남미 국가들도 엘리트 계층의 부정부패로 몸살을 앓고 있다. 선진국에서도 부패가 끊이지 않고 발견된다. 트럼프 대통령 일가족은 가상 자산을 발행하고, 친족들을 정부 요직에 임명했다. 이들은 민주주의를 훼손하는 부패의 상징이지만 누구도 이의를 제기하지 않는다.

현재의 불평등과 불공정 구조는 견고한 제도로 존재하고 있다. 1980년대 신자유주의 시대 출범 이후 자본가 계급은 사회 체제를 그들의 이해관계에 맞게 조정해왔다. 국민들은 구조화된 부정부패로 작은 사건에도 분노가 폭발하고 있다.

2. 과학기술의 발전과 자본주의의 한계

제1차 세계대전은 새로운 과학기술이 전면에 등장하는 계기가 되었다. 전쟁을 거치며 발전한 비행기, 탱크 등이 대량으로 투입됐다. 비행기는 1904년 라이트 형제의 최초 비행 이후 발전을 거듭하다가 제1차 세계대전을 통해 비약적으로 발전했다. 전쟁에 동원된 수만 대의 비행기는 종전 후 일상 속으로 들어왔다. 1920년대에는 새로운 기술이 연이어 개발되어 상용화되었다. 냉장고가 보급되고, 자동차 가격이 하락하면서 이동의 자유가 확장됐다. 자신만의 공간인 자동차로 어디든지 갈 수 있다는 것은 공동체에 대한 헌신보다는 개인주의를 확산시켰다.

19세기 말의 전반적 사회 분위기는 '과학기술의 발전으로 인류가 무한히 번영할 수 있다'는 낙관론이 지배했다. 생산성 증대, 식민지 개발로 절대 빈곤이 줄어들고 평균 수명도 연장되었다. 우리가 알지 못했던 우주와 물질의 기반인 원자 구조가 파헤쳐졌다. DNA가 유전 물질임이 알려졌다. 아마 당시 사람들 중 상당수는 여전히 신이 사람을 만들었다는 창조론을 믿고 있었을 것이다. 따라서 과학기술의 발전이 초래한 정신적 충격은 대단했을 것이다.

더군다나 19세기에 발명된 전기, 전신, 전화 등이 본격적으로 보급되었다. 1930년대에 들어서자 라디오가 빠르게 보급되면서 국내외의 거대한 변화를 누구나 접하게 되었다. 통신과 운송수단의 발전으로 사람들의 소통 속도는 더욱 빨라지고 다양해졌다.

많은 정보를 실시간으로 접하게 되면서 대중의 의식은 급격히 성장했다. 발전하는 과학기술은 구체제를 파괴하고 상식을 송두리째 무너뜨리는 사회 변혁의 기반을 마련했다. 당시 풍미했던 자유주의 등 과거 체제를 부정하는 새로운 사상과 과학기술 발전이 결합된 것이다. 이런 상황에서 마음의 중심을 잡을 수 있을까? 사람들의 마음과 사회 전체의 위치 감각이 사라진 것이다.

자본주의 체제에서 새로운 기술기업들은 독점적 이익을 추구하면서 양극화를 심화시켰다. '불평등'이라는 자본주의의 최대 난제가 상시화된 것이다. 과학의 진보와 자본주의의 구조적 모순이 결합되면서 사회 전반의 혼란은 가중되었다.

5) 사람의 기계화

[과거 상황: 100년 전]

20세기 초반만 해도 고급 자동차 가격은 2,000~3,000달러에 달했지만, 1908년 처음 판매된 포드 자동차의 '모델 T'는 850달러에 팔리다가, 1920년대에는 300달러까지 하락한다. 그러자 마차가 즐비했던 뉴욕 거리는 일거에 포드 자동차로 대체되었다.

이전에도 자동차는 있었지만 포드는 테일러리즘Taylorism을 자동차 생산공정에 최초로 도입했다. 마치 시계의 톱니바퀴처럼 조금의 틈도 없이 맞물린 채 쉴 새 없이 돌아가는 시계 태엽 장치를 생산에 적용했다. 노동자들은 불필요한 동작 없이 맞춤형 작업대에서 끊임없이 움직이는 컨베이어 벨트의 속도에 맞춰 동일한 작업을 기계처럼 반복했다.[13]

포드는 '체크인 시스템(출퇴근 시간 기록장치)'을 도입했다. 직원들의 휴식 시간을 화장실 가는 시간을 포함해 딱 한 번, 점심시간은 15분으로 제한했다. 기계에 기댈 수도 없었고, 담배를 피울 시간도 없었다. 이런 규칙을 지키기 위해 감시가 심해지자 노동자들은 입술을 움직이지 않고 말하는 일종의 '복화술'로 대화를 나눴다. 이를 '포드의 속삭임'이라고 한다.

포드 이전에 생산성을 올리는 방법은 가혹한 노동 환경에서 노동 시간을 늘리는 방식이 일반적이었다. 그러나 테일러리즘과 포디즘(포드 방식)은 사람을 도구화했다. '사람 = 기계'가 된 것이다. 이런 환경에서 찰리 채플린이 등장한다. 인간을 배제한 포드를 강력히 경고한 것인데, 당시 시계 부속품인 사람들의 신세를 상징적으로 표현했다. 인간이 기계의 부속품이 되면서 사람들은 존재론적 위기감에 빠진다. 달콤한 금전적 보상을 제외하면 삶의 목적이 상실된 것이다. '나는 누구인가?', '어떻게 살아야 하는가?' 등 근본적 허무와 의문이 생기기 시작했다.

[현재 상황: 2026년]

IT 혁명에 이어 AI가 등장하면서 생산성이 비약적으로 향상되고 있다. 일부 조립산업에서 로봇이 활용되기는 했었지만, 이제 모든 산업 영역에 AI가 침투하고 있다. 과거에 없었던 배달 노동자들은 네트워크의 지시로 일한다. 학생들은 AI를 통해 공부한다. 완전 자율주행 자동차 시장마저 열리고 있다. 이제 사람은 기술의 하인이 된 것인가?

인간이 하던 일이 빠르게 기계로 대체되고 있다. 앞으로 사람이 할 일은 점점 줄어들 것이다. 더 큰 위험은 기계에 밀려난 인간이 과연 존재 가치가 있을지에 대해 사람들이 의문을 가지기 시작했다는 점이다.

6) 독점자본주의와 계급사회

[과거 상황: 100년 전]

개인의 재산권을 보장하고, 완전경쟁을 기본 원칙으로 하는 자본주의는 필연적으로 부의 집중을 유발한다. 19세기 말부터 세계는 독점기업이 탄생하면서 성장의 과실을 독점했다. 특히 포드의 출현 이후 더 많은 독점자본가가 양산되었다.

자동차 보급이 늘어나면 도로를 만들고 포장해야 한다. 1914년 미국의 자동차 판매는 50만 대를 넘겼다. 1910년 무렵 미국에서 도시를 제외한 지역의 포장도로는 320km에 불과했으나, 1930년 자동차 보유 대수가 2,300만 대에 육박하자 도로 건설이 늘어나면서 건설업이 활성화됐다. 배관 등 건축자재는 주로 화학제품으로 생산된다(듀퐁). 주차가 어려우니 교외에 대형 마트가 등장했다(월마트). 대형 마트에서 고기, 빵, 신선식품 등을 대량으로 구입했지만 보관이 문제였다. 그렇다면 냉장고가 필요하다(GE). 풍요로운 생활이 이어지자 관광객이 증가한다(힐튼 호텔). 석유를 독점한 록펠러, 철강을 독점한 카네기뿐 아니라 다양한 산업에서 독점기업가가 출현했다.

나라별로 시차가 있기는 했지만 이런 식으로 제1차 세계대전 이후 독점자본가 계급이 등장한다. 새로운 산업자본가들은 로비를 통해 자신들에게 유리하게 법률을 개정하고, 저금리로 정부의 자금 지원을 받았다. 부패가 구조화된 것이다.

유럽은 당시까지 봉건시대부터 이어진 귀족·왕족 세력이 여전히 경제의 상당 부분을 차지하고 있었다. 여기에 독점 산업자본가들의 노동 착취까지 만연하자 경제적 불평등은 더욱 확산되었다. 독점이라는 자본주의의 부작용과 지대를 유산으로 받은 과거 상류층의 경제 장악력은 더욱 높아졌다. 새로운 기술의 발전 시대였지만 불평등에 대한 반감은 더 빠른 속도로 확산하면서 혁명의 기운을 잉태한다.

[현재 상황: 2026년]

신자유주의 기반에서 기술 발전으로 독점기업이 차지하는 비중은 빠르게 증가하고 있다. 마치 100년 전 미국과 같이 모든 산업에서 독점이 가속화되고 있다. 미국의 첨단 기술기업을 지칭하는 'M7(애플Apple, 마이크로소프트Microsoft, 아마존Amazon, 알파벳Alphabet, 메타Meta, 엔비디아NVIDIA, 테슬라Tesla)'은 미국 전체 주식가치의 약 36%(2025년 12월 말 기준), 전체 투자의 28%를 차지하고 있다.

한국의 배달시장에서 쿠팡과 배달의민족 등은 사실상의 독점 단계에 진입했다. 다른 나라도 양상은 비슷해서 '범위와 규모의 경제가 동시에 작동하는 유통업'의 독점화는 일반적 현상이 되었다. 거대 자본을 확보한 독점기업은 기술개발, 생산, 물류, 유통 네트워크를 모두 장악해서 경쟁자의 진입 자체를 불가능하게 하고 있다.

국가 간에 제로섬 게임적 분위기가 고조되면서 각국 정부는 독점기업을 규제하는 것이 아니라 오히려 육성한다. 독점기업들은 법률을 교묘히 이용해서 후손에게 재산을 상속하면서 독점을 영구화하고 있다. 새로운 형태의 계급이 만들어지고 있는 것이다.

7) 하이퍼인플레이션

[과거 상황: 100년 전]

제1차 세계대전 기간 중 각국은 세금으로 전쟁비용을 조달했지만, 세금으로 전쟁비용을 모두 충당하기는 어려웠다. 참전국들은 국채를 찍어내서 전쟁비용을 충당할 수밖에 없었다. 당시 통화 시스템이었던 금본위제를 포기하고 돈을 찍어내는 경쟁이 벌어졌다. 돈의 공급이 늘어나니 돈의 가치가 떨어지는 것은 당연했다. 전쟁이 끝나자 시중에 풀린 돈은 부메랑이 되어 물가를 끌어올렸다.

영국 등 승전국은 관리 가능한 수준이었다. 그러나 패전국이면서 전쟁의 영향이 가장 컸던 독일을 비롯해서 오스트리아, 헝가리 등 동구권에서는 물가가 급등하는 하이퍼인플레이션hyperinflation이 발생했다. 독일은 과잉 통화 공급에 더해 전쟁배상금을 돈을 찍어서 승전국에게 지급했다.

서서히 상승하던 물가는 1922년 8월부터 상승이 가속화되면서 월평균 335% 정도의 천문학적인 인플레이션이 발생했다. 금金의 가치로 계산하면 1920년 초반부터 1923년 11월 정점을 찍을 때까지 물가는 1조 배나 올랐다고 한다. 커피를 마시는 짧은 시간 동안 커피값이 두 배로 올랐다고도 한다.

물가가 오르니 화폐가치가 하락하고 정부가 발행한 채권은 휴지 조각이 되었다. 역설적으로 전쟁비용 부담으로 급증했던 독일 정부의 부채는 하이퍼인플레이션 덕분에 거의 제로(0)

상태가 되었다. 물가가 오르면 동일한 비율로 세금이 오르지만, 부채는 그대로이기 때문에 쉽게 부채 상환이 가능해진다. 전쟁과 하이퍼인플레이션으로 극한의 고통을 겪은 독일인의 입장에서 국가는 없었다. 참으로 허망하고 분노하지 않았을까? 이 역사적인 인플레이션은 고스란히 독일 국민이 부담했다.

1925년을 기점으로 각국은 통화가치 안정을 위해서 전쟁 중 중단했던 금본위제로 돌아가기 시작했다. 금본위제로 복귀하자 통화가치가 안정되면서 물가가 진정되는 효과가 있었다. 그러나 경기는 다시 침체에 빠졌다.

[현재 상황: 2026년]

이론적으로 낮은 금리와 통화 공급은 물가를 올린다. 수축사회에 진입한 21세기 들어 각국은 경기를 부양하기 위해 금리를 역사상 가장 낮게 가져갔다. 돈을 마구 찍어서 시중에 풀었다. 국가는 재정 지출을 크게 늘렸다. 이러한 '3종 세트(저금리·양적 완화·재정 확대)'는 미국, 중국, 유럽 등 거의 모든 국가에서 동일하게 시행되었다. 가장 강력했던 것은 일본의 '아베노믹스'다. 일본은 10여 년간 3개 정책을 지속적으로 실시했다. 이 효과로 최근 물가가 하락하는 디플레이션 상태에서 30여 년 만에 벗어나는 모습을 보이고 있다.

2008년 글로벌 금융위기 이후 각국은 무한정의 통화 공급과 저금리를 유지했다. 코로나가 발생하면서 글로벌 공급망마저 붕괴되자 2022년부터 물가가 급등했다. 최근에는 미

국발 관세 전쟁도 물가에 부담을 주고 있다. 경기는 침체되는
데 물가는 오르는 '스태그플레이션Stagflation'적 상황은 당분간
불가피해 보인다.

8) 대공황의 급습

[과거 상황: 100년 전]

산업혁명 이후 형성된 자본주의는 관리되지 않는 자유방임형
자본주의였다. 자유방임형 경제는 주기적으로 경기 호황과 침
체가 반복된다. 19세기 후반부에 오면 과학기술 발전이 가속
화되면서 생산성이 빠르게 향상됐다. 1873년, 1893년, 1907년,
1919년에 미국과 유럽에서는 과잉 투자가 공급 과잉을 유발하
는 심각한 경기침체가 발생했다. 다만 당시는 수요가 지속적
으로 상승하는 팽창사회였기 때문에 공황석 경제 상황은 빠르
게 회복되곤 했다.

1920년대 중반을 넘기면서 물가가 잡히고 새로운 기술
보급이 확산하자 경제성장은 가속화됐다. 미국을 제외한 유
럽 지역에서는 경제가 침체하는 약한 수준의 디플레이션 분
위기였다. 반면 미국은 '광란의 20년대Roaring Twenties'라고 불
리는 장기 초호황이 이어졌다. 세계의 자금은 과속 성장하는
미국으로 빠르게 이동했다. 제1차 세계대전 종전 이후 미국
주식시장은 1920년대 내내 폭등했다. 다우지수는 1921년 저
점 대비 1929년 고점까지 약 5배 상승했다. 그러나 1929년

10월 말, 미국 월가에서 대공황Great Depression이 시작되었다. 이후 2년 10개월 동안 다우지수는 고점 대비 약 89% 폭락하면서 1920년대의 호황은 종말을 맞았다.

경기침체가 본격화되자 각국은 자국 이해만을 추구하는 정책으로 빠르게 선회했다. 관세 인상과 물가를 통제하는 등 반시장적 조치가 남발되었고, 관세가 높아지자 수출을 늘리기 위해 경쟁적으로 화폐가치를 낮췄다. 하이퍼인플레이션 대응책으로 금본위제로 복귀했다가 대공황이 발생하자, 다시 화폐의 평가절하 경쟁이 벌어졌다. 영국, 스웨덴, 일본, 호주는 1931년에 화폐를 평가절하시켰다. 미국은 1933년, 끝까지 금본위제를 고집했던 프랑스, 폴란드도 1936년에 화폐의 평가절하 대열에 합류한다.[14] 경쟁적으로 화폐가치를 낮춰 수출을 늘리려는 극단적인 화폐 전쟁이 벌어진 것이다.

미국에서 버블이 붕괴했지만 그 영향은 전 세계로 확산됐다. 아시아, 중남미, 인도까지 동시에 불황에 빠졌다. 제조업뿐 아니라 농산물 가격이 폭락하면서 주요 농산물 수출국에도 전염됐다. 농기계 보급이 늘어나고 시비법이 발전하고 있었다. 또한 농가 부채는 높은 수준이었지만, 수요 증가는 미미해서 농산물의 공급 과잉으로 가격이 폭락했다.

당시 농업국이었던 한국은 일제강점기임에도 일본을 통해 대공황의 피해를 입었다. 쌀 가격 폭락과 일제의 수탈, 중국 침략 비용 조달 압박과 더불어 인구 증가로 1930년대 중반에 들어서면서 대공황의 피해는 한국 사회를 심각한 고통에

빠뜨렸다.[15]

당시 모든 공업국의 공산품은 공급 과잉 상태였다. 통화 가치를 하락시켜 밀어내기 수출이 불가피했다. 수입품으로부터 시장을 지키는 방법은 관세를 올리는 것뿐이었다. 무역 상대국에 상호 보복 즉 '이에는 이, 눈에는 눈'이 국제무역과 질서의 기준이 됐다. 1932년 미국의 평균 수입관세율은 35%(모든 품목 평균), 관세가 부과되는 품목만 한정하면 60%에 육박했다. 다른 국가들도 40~50% 수준까지 관세를 올렸다.

전승국이면서 기술 발전을 선도했던 미국도 파산 대열에 합류한다. 독일의 위기는 1920년대 내내 지속되었지만, 미국은 역사적인 버블 붕괴가 빠르고 강하게 발생해서 단기 충격은 더 컸을 수도 있다. 1931년에만 2,300여 개의 은행이 도산하면서 예금 증서는 휴지 조각이 됐다. 대공황의 절정기였던 1933년 미국의 실업자는 1,500만 명, 실업률은 거의 25%였다.

독일은 더 비참했다. 하이퍼인플레이션이 지나가자마자 대공황이 발생한 것이다. 1929년 당시 독일의 전쟁배상금 지급은 GDP의 5%까지 증가한다. 배상금을 지급하기 위해 해외로부터 엄청난 자금을 차입해야만 했다. 1924년~1928년 사이에 독일은 해외에서 매년 6억 달러를 차입해서 절반을 배상금으로 지급했다.[16] 더군다나 대공황 이전에는 미국의 버블에 투자하기 위해서 글로벌 자금이 미국으로 향하자 독일의 외채 조달은 대공황 이전에 이미 한계에 부딪치고 있었다.

이런 상태에서 대공황이 발생하자 독일의 제조업 실업률

은 44%까지 상승하고, 1932년 실업자는 약 600만 명으로 급증했다. 나치당의 지지 기반이었던 농촌 지역은 농산물 가격이 폭락하면서 위기에 빠졌다. 과연 이런 상황을 견딜 수 있었을까? 1932년쯤 되자 독일인에게는 메시아가 절실한 상황이 되었다. 독일인들이 파시즘과 히틀러를 선택하는 직접적인 동기가 마련된 것이다.

세계를 관통하는 단일한 가치 표준이 사라진 것도 대공황이 확산하고 장기화된 또 다른 이유다. 금본위제에서는 금이라는 국가 간의 단일한 표준이 있어서 무역이나 자본 거래가 안정적이다. 또한 당시에는 제1차 세계대전의 전쟁비용 때문에 국가 간의 채권·채무 관계가 복잡하게 얽혀 있었다. 이런 상태에서 인위적으로 환율을 조정하고 관세 전쟁이 벌어지자, 가치의 척도인 화폐의 안정성이 크게 낮아졌다.

하이퍼인플레이션과 대공황을 겪으면서 파시스트들은 독일의 빈약한 지정학적 위치에 눈을 뜬다. 시장이 너무 작기 때문에 경제의 자급자족이 불가능하다고 판단한 것이다. 시장이 넓다면 공급 과잉 상태에서 벗어날 수 있다고 생각했다. 독일의 동부 지역에서 소련까지 독일 민족이 지배하면 대공황 같은 것은 아예 일어나지 않고 최강국이 될 것으로 믿었다. 같은 시기 일본이 중국과 동남아시아를 침공한 것도 대공황 시기의 수요 부족을 메우려는 유사한 계획이었다.

당시 시장을 확대하려는 시도는 이전 시대 식민지 쟁탈전과 닮아 있다. 식민지를 확보하면 원재료를 쉽게 조달하고, 소비시장을 넓힐 수 있다. 많은 학자들은 대공황을 파시즘이 확산하는 결정적 계기로 본다. 또한 시장 확장을 위한 침략 전쟁이 정당화되는 분위기였다. 제2차 세계대전의 먼 원인으로도 볼 수 있다.

이런 무질서한 상황에서 국가 간의 협력은 존재하기 어려웠다. 미국의 월슨 대통령의 제안으로 만들어진 국제연맹이 있었지만 아무런 역할도 못 했다. 미국이 참여하지 않았고, 국제정치가 교착 상태에 빠지면서 무기력한 상황이었다. 보편적인 국제질서에 대한 논의 없이 정글형 세계는 겨울로 향해가는 형국이었다.

[현재 상황: 2026년]

일각에서 버블론이 나오기도 하지만, 세계 경제는 아직 견조한 편이다. 그러나 지금은 1920년대보다 비교하기 어려울 정도로 부채가 많다. 기업과 가계 부채 수준이 높은 가운데, 선진국의 GDP 대비 국가 부채는 제2차 세계대전 당시보다 많다.

세계 경제성장률이 높게 보이는 것은 중국 때문이다. 그러나 중국은 경제성장률이 천천히 하강하면서 저물가와 저금리가 공존하는 디플레이션 조짐마저 보이고 있다. 현재 미국을 제외한 대부분의 공업국들은 성장의 한계에 부딪치고 있다. 2024년 이후에는 투자가 AI로 집중되면서 경제와 금융시장을 떠받치고 있다. 이런 상태에서 AI 투자가 정점에 도달할 경우 세계 경제가 과연 버틸 수 있을까? 뒤이어 '피지컬 AI' 보급이 확대되면 실업자가 넘쳐날 수도 있다. 이런 엄중한 상황이지만 국가는 경기를 부양할 돈이 없다.

트럼프 행정부의 관세 전쟁은 대공황 이후 관세 전쟁과 거의 유사하다. 무차별적인 관세 부과로 지금 세계 경제는 극심한 혼란을 겪고 있다. 그러나 관세 부과로는 미국 경제를 구조적으로 성장시키기 어렵다. 오히려 혼란만 가중시킨다. 당시에는 미국이 유일한 초강대국이었지만, 지금은 중국이라는 대안 세력이 있다는 차이도 감안해야 한다.

3. 시간적 우연

역사적 전환은 사회 내부의 모순이 축적되면서 전환의 기운이 높아지다가 어떤 특별한 계기를 맞으면서 폭발적으로 발현된다. 방아쇠를 당기는 트리거trigger 역할을 하는 사건은 우연히 발생해서 누적된 전환 요인을 빠르고 격렬하게 밀어붙인다.

제1차 세계대전 종반부에 발생한 스페인 독감Spanish flu은 전쟁을 조기에 종료시키는 데 일조하며 사회 구조를 바꾸는 계기를 마련했다. 공교롭게도 제1차 세계대전이 한창이었던 1917년에 러시아에서 혁명이 발생했다. 공산주의 혁명에 대한 두려움으로 보수주의자들은 파시즘을 받아들이고 반유대주의 등 인종주의에 몰입하게 된다. 같은 시기 미국은 국제질서에서 스스로 고립을 추구하면서 세계의 경찰 역할을 회피했다.

파시스트에게 활동 공간을 열어준 것이다.

이 세 가지 중대한 사건이 동시에 발생하자 파시즘은 서서히 각국에서 정치의 전면에 부상한다. 왜 하필 그때 이런 중대한 사건이 집중되었을까? 역사의 아이러니다.

9) 스페인 독감

[과거 상황: 100년 전]

1918년부터 1920년까지 창궐한 스페인 독감은 제1차 세계대전에 지친 유럽에 2차 타격을 가한다. 전 세계적으로 약 5억 명이 감염되고, 이 중 수천만 명에서 최대 1억 명 정도(당시 전세계 인구의 약 1~6%, 최근에는 1,700만 명으로 재평가하기도 함)가 사망한 것으로 추정된다. 스페인 독감으로 인한 사망자 수는 제1차 세계대전의 총 전사자 수(약 1,500만~2,200만 명 추신)보다 많은 것으로 집계된다.

1918년 당시 독일 인구는 6,600만 명 정도였다. 이미 제1차 세계대전으로 200만 명 이상이 사망한 이후였다. 부상자도 420만 명이 넘었다. 이런 상태에서 스페인 독감으로 약 24만~44만 명의 사망자가 발생했던 것으로 조사되었다. 영국, 프랑스, 이탈리아 등 다른 국가들도 정도의 차이만 있을 뿐이지 독일과 크게 다르지 않았다. 참고로 코로나에 따른 한국의 사망자는 5년간(2025년 10월 기준) 약 3만 6,000명 정도였다.

당시 독감의 특징은 젊은 인구의 사망률이 유독 높았다

는 점이다. 전체 사망자 대부분이 65세 이하였고, 20~45세가 60%를 차지했다. 패전이 짙은 상황에서 마지막 반격 작전을 준비 중이던 독일은 장병들이 대거 감염되자 전투를 중단할 수밖에 없었다. 가장 활발히 사회활동을 하는 수천만 명이 사망한 세계는 활력이 떨어지고 미래에 대한 비관론이 높아졌을 것이다. 더군다나 제1차 세계대전이 막 끝나는 순간이었기 때문에 전후 복구 투자도 여의치 않은 막막한 상황에 빠졌다.

스페인 독감은 단순히 사망자만 많은 독감이 아니었다. 이전 시대의 유행병들은 원인을 잘 모르는 상태에서 면역력이 높아지면 물러가곤 했다. 그러나 스페인 독감은 감기이고 전염성이 강하다는 것을 모두 인지했기 때문에 사람들은 서로 만나는 것을 피했다. 코로나 당시 대면 접촉을 꺼린 것과 유사한 행태가 나타났다. 소통이 줄어들면서 공동체 정신은 약화되었고, 그 자리를 이기주의가 채웠다.

2년 정도 독감이 지속되었다지만, 실제로 사회가 수습되고 안정되기까지는 훨씬 더 오랜 시간이 걸렸을 것이다. 당시 사람들은 마치 흑사병 시대의 중세 사람들과 비슷하지 않았을까? 구원자를 갈구하는 마음이 사회 저변에 깔린 것은 어쩌면 당연해 보인다.

[현재 상황: 2026년]

코로나와 스페인 독감은 역사상 최초로 동시에 모든 사람이 죽음을 의식하게 했던 사건이다. 코로나가 유행하기 시작한

2020년 상반기에는 원인도, 치료법도 몰랐다. 할 수 있는 것은 오직 사회적 격리와 개인위생에 힘쓰는 것뿐이었다. 특정 장소에 함께 있던 사람이 코로나에 걸릴 경우, 같은 장소에 있던 사람들을 추적해서 코로나를 검사하고 일주일씩 격리되었던 것이 불과 5년 전이다.

코로나는 사람들 간의 직접 소통을 줄어들게 하면서 개인주의 경향을 강화시켰다. 대부분의 소통이 온라인으로 숨어들고, 사무직 업무는 재택근무 혹은 인터넷상에서 처리하는 비중이 급속히 높아졌다. 식당이나 유통업에서 '배달' 문화도 급속히 확산되었다. 2020년 2월부터 4월까지 50일간 미국의 일자리는 2,550만 개(전체 일자리의 16%)가 사라졌다. 실업률은 3%대에서 15%대까지 수직 상승했다.

코로나에 대응해서 세계의 모든 국가는 저금리, 재정 확대, 풍부한 자금 공급 정책을 동시에 사용했다. 그러나 코로나가 잦아들자 당시 풀린 자금이 새로운 버블을 만들고 있다. 거의 모든 자산가격의 상승세는 2026년 초반까지 3년째 이어지고 있다. 현재의 AI 열풍에 소요되는 자금은 코로나 시기의 저금리와 통화 공급으로 마련된 것으로도 볼 수 있다.

그러나 최근의 자산가격 급등 랠리에 동참한 이들은 소수의 부유층에 한정되어 있다. 저소득층은 투자할 자금은커녕 부채에 시달리고 있다. 코로나는 세계적 차원에서 경제적 불평등을 심화시켜 21세기형 파시즘을 잉태시킨 중요한 원인이 될 것이다.

10) 공산혁명: 공동의 적이 나타나다

[과거 상황: 100년 전]

이론에 머물던 공산주의를 실제로 구현하려 한 1917년 러시아혁명은 서구 사회에 공동의 적이 탄생하는 순간이었다. 훗날 파시즘을 지원했던 자본가, 지주, 세습 귀족, 기독교도 등 보수 우파들에게 러시아혁명은 공포 그 자체였다. 물론 혁명 이전의 서유럽은 불평등이 심화되면서 공산혁명의 원인이 되는 다양한 조건이 만들어지고 있었다.

러시아혁명으로 생활고에 시달려온 평범한 사람들에게 공산주의라는 정치적 대안이 떠오른 것이다. 평등에 대한 열망, 경제적 불평등의 탈출구로서 공산혁명에 대해 사회적 관심이 높아졌다. 러시아혁명과 자생적으로 공산주의가 태동하는 사회 환경이 맞물린 것이다. 1920년대 후반부 유럽에서는 공산당이 상당한 지위를 차지할 정도로 세력을 구축하고 있었다. 1932년 11월 독일 총선 당시 전체 584석 중 공산당(KPD) 의석수는 100석으로 1928년에 비해 2배로 늘어났다. 참고로 1932년 선거에서 나치당은 196석, 개혁 좌파인 사회민주당(SPD)은 121석, 가톨릭 성향의 중앙당(Zentrum)은 70석을 획득했다.

이런 상황에서 보수 우파는 기득권을 지키기 위해서 공산주의 계획경제를 무조건 막아야만 했다. 파시즘의 주요 지지 기반이었던 농민들에게 베를린 등의 대도시는 '공화주의, 다원주의, 기계화, 미국화' 등이 진전된 지역으로 인식되었다. 남녀

사이에 적절한 경계마저 무너진 도덕적으로 타락한 지역이라서 공산혁명이 임박했다고 생각했다.[17]

기득권 정당인 사민주의 계열은 정권을 담당할 능력을 상실한 상태였고 지지율도 낮았다. 독일, 이탈리아의 주류 계층은 급성장하는 공산당에게 정권을 넘겨주기보다는 반공 정책을 표방하는 파시스트와 제휴하는 것도 괜찮다는 판단 착오를 범한다. 파시스트가 집권해도 기득권 계층은 파시스트를 배후에서 조종할 수 있다는 순진한 생각도 있었다.

역사상 최악의 체제인 파시즘과 공산주의는 이렇게 서로에게 영향을 주고받으면서 세력을 확장했다. 이후에도 파시즘 기반 정권들은 반대파를 공격할 때 늘 공산주의자로 낙인찍고 공격했다. 미국에서도 냉전이 시작되면서 매카시즘McCarthyism이 준동한다. 1950년대 매카시는 정부 내에 공산주의자가 있다고 주장하면서 정부기관, 방송계, 군 내부의 공산주의지 색출에 나선다. 공산주의 연루 혐의로 할리우드 영화계 인사, 기자, 교수, 공무원 등 엘리트 계층 중 상당수를 해직시켰다. 수천 명의 공무원이 '충성심 조사'를 통해 직장을 잃기도 했다.

공산주의의 출현으로 기존 주류 세력과 함께 공동의 적을 만든 파시즘은 권력을 장악하기 위한 명분과 권력, 특히 자금까지 확보하게 된다.

[현재 상황: 2026년]

지금도 보수 우파들의 단골 주제는 정적을 공산주의자로 낙인찍고, 근거 없는 음모론을 퍼뜨리는 것이다. 경제가 장기간 침체될 때 파시스트들은 공산주의자를 소환한다. 자신들의 기득권과 독점적 지위를 가리기 위해서다.

지금 세계에서 공산주의를 표방하는 국가는 없다. 사회주의 성향을 표방하거나, 혹은 약간 강한 개발독재형이거나, 아예 북한과 같은 영구독재형 왕조 국가만 있을 뿐이다. 존재하지 않는 공산주의를 공격하는 이유는 사회적으로 적이 필요하기 때문이다. 또한 국내적으로 단결하고, 기득권 계층의 특권을 지키는 수단이 되기도 한다. 양극화는 공산주의 사상이 태동하는 자양분이다. 양극화를 가리고 기득권을 지키는 유일한 방법은 양극화 저항 세력을 공산주의자로 몰아가는 것이다.

한국은 남북 분단 상황에서 주변의 중국, 러시아 등 사회주의 강국에 둘러싸여 있어서 공산주의 논쟁에 취약하다. 한국의 진보 계열은 젊은 시절 공산주의 사상에 젖었거나 반미反美 세력이었던 경험이 있다. 보수 우파들은 이들의 40년 전 행동을 다시 부각시켜 공산주의자로 낙인찍으려 한다. 중국을 혐오하는 시위도 같은 맥락이다. 앞으로 공산주의 논쟁은 모든 국가에서 일반적 행태로 나타날 가능성이 커지고 있다.

11) 미국의 고립주의와 보호무역

[과거 상황: 100년 전]

역사 속에서 세계질서를 수호하고, 나름대로 규칙을 만드는 국가는 늘 있었다. 동양은 중국이고, 서양은 로마제국부터 대영제국까지 여러 나라가 있었지만 지금은 미국이다. 패권 국가는 전쟁을 억제하는 역할부터 상거래 관행, 종교의 수호와 같은 사회의 기초 질서를 유지하는 일까지 담당한다. 그러나 세계질서의 중심을 잡는 국가가 없거나 패권국이 자국 이해에만 집착할 때 세계는 늘 대혼돈에 빠지거나 전쟁이 발생했다.

이민자의 나라였던 미국은 유럽의 다양한 지역 출신들이 섞여 있었다. 따라서 유럽 대륙에서 갈등이 발생하면 미국 내에서도 출신 국가별로 의견 충돌이 발생하곤 했다. 독일계 이민자와 프랑스계, 아일랜드계 이민자 간에 사이가 좋았을 리는 없다. 더군다나 1860년대 내전인 남북전쟁의 상처가 남아 있었기 때문에 미국 사회의 분열은 심각한 지경이었다.

미국은 제1차 세계대전을 계기로 유일한 초강대국이 되었지만 인명 피해가 컸다. 전쟁 후 미국에서는 "전쟁은 비극이며 반복되어서도 안 된다"는 강한 반전 여론이 형성되었다. 국내적으로는 다양한 진보주의 시대Progressive Era의 개혁이 필요한 상황이었다. 연방준비제도(Fed)를 설립하고 독점을 규제해야 했다. 세법이나 노동 개혁도 필요했다. 이런 국내 개혁에 집중하기 위해 국제 문제에 개입하지 말자는 여론이 형성되었다.

이런 배경을 기반으로 윌슨 대통령은 제1차 세계대전 직후 국제연맹의 의회 비준이 무산되자, 국제주의에서 고립주의isolationism 정책으로 선회했다. 이어 집권한 하딩Warren Harding,

쿨리지Calvin Coolidge, 후버Herbert Hoover 대통령은 1920년대에 고립주의 기반의 대외 정책을 지속했다. 미국이 국제 문제에 개입을 꺼리고, 국제분쟁을 해결할 기구마저 없게 되니 히틀러와 같은 모험가들이 활개 칠 수 있는 공간이 열리게 되었다.

미국이 고립주의로 돌아서자 전쟁이 증가한다. 프랑스는 독일의 배상금 지급이 지연되자 1923년 패전국 독일의 루르 지역을 점령했다. 이탈리아는 에티오피아를 침공했다(1935년). 당시 이탈리아군은 비인도적으로 독가스를 사용해 많은 민간인을 희생시켰다. 독일도 1938년 오스트리아를 합병했다. 스페인은 내전으로 약 70만~100만 명이 사망하고, 50만~70만 명이 프랑스와 멕시코로 탈출했다. 소련, 독일, 이탈리아가 파시스트인 프랑코에게 군사력을 지원하는 상황에서도 미국은 어떤 국제적 압력도 가하지 않았다. 미국의 고립주의가 파시스트의 무모한 용기(?)를 자극한 셈이다.

고립주의는 제2차 세계대전에 미국이 참전할 때까지 미국의 보편적인 외교 전략이었다. 미국의 고립주의는 대공황과 제2차 세계대전을 유발한 측면이 크다. 미국인들은 정부가 외국과의 무역이나 개입보다는 자국 경제에만 집중하기를 원했다. 미국은 넓은 국토와 풍부한 자원을 보유하고 있었기에 다른 국가와 교류 없이도 경제가 잘 돌아갈 수 있다고 믿었다.

미국은 대공황 치유책으로 글로벌 리더십 대신 고율의 관세를 부과하는 제로섬 정책을 선택했다. 미국의 무역 상대국인 유럽도 보복 관세에 나서면서 관세 전쟁이 시작되었다.

미국의 국제정치적 고립주의가 전쟁, 보호무역을 초래하면서 세계는 대공황을 거쳐 제2차 세계대전으로 향하게 되었다.

[현재 상황: 2026년]

2026년 초 미국은 베네수엘라를 침공해서 마두로 대통령을 체포했다. 또한 그린란드를 접수해서 북극권 군사력을 강화하고 희토류 공급망을 장악하려고 한다. 미국은 비용이 아깝다면서 66개의 국제기구에서 탈퇴하겠다고 선언했다.

향후 미국의 고립주의는 실리를 기반으로 한 '선택적 고립주의'로 전개될 전망이다. 무조건적 고립주의가 아니라 미국의 이해관계에 따라 고립 여부를 결정한다는 뜻이다. 미국의 이해가 침해되면 언제든지 무력을 사용해서라도 실익을 챙기겠다는 의미다. 베네수엘라와 이란 공격은 국제질서나 평화는 고려 사항이 아니고, 미국의 이해관계, 특히 보수 우파의 입장에서만 의사결정을 한다는 것을 여실히 보여주었다. 반면 미국과 이해관계가 없는 지역은 철저히 무관심으로 일관할 것이다.

패권 국가가 이기적인 고립주의로 향하면서 동맹과 민주주의 가치를 배제하면 세계질서는 한 치 앞도 내다보기 어렵게 된다. 국제질서에서 규칙을 관리하는 나라가 사라지면 어느 나라도 기존의 규칙을 준수하지 않는다. 이른바 '글로벌 무정부 상태'가 되는 것이다. 100년 전과 마찬가지로 앞으로 많은 국가의 파시스트들이 글로벌 무정부 상태를 이용해서 전면에 등장할 가능성이 매우 커졌다.

이상에서 살펴본 11가지 요인 이외에도 더 많은 원인이 있었을 것이다. 그러나 파시즘을 받아들인 많은 국가, 특히 독일에서 가장 강력한 파시즘이 탄생한 것은 이 11가지 요인이 서로 영향을 주고받으며 상승작용을 일으킨 결과다.

독일이 파시즘을 받아들이게 만든 11가지 사회문화적 요인은 지금의 상황과 완전히 일치한다. 100년 만에 다시 유사한 사회적 환경이 만들어진 것이다. 민주주의는 파괴되고 있으며, 세계는 다시 파시즘의 시대로 향하고 있다.

2부

수축사회와 파시즘의 만남

3장

수축사회가
파시즘을 소환하다

지난 100년은 인류 역사상 가장 큰 진보의 시대였다. 여전히 발전하는 세계에서 자기파괴적인 파시즘이 왜 다시 확산하고 있을까? 위기 상황에서만 발현되는 우리 DNA의 결함인가, 경험적으로 학습된 결과인가, 사회 자체의 결함 때문인가?

한 사람의 일생 동안 지난 100년과 같이 큰 변화가 나타났던 시기는 지구 역사에서 없었을 것이다. 역사상 처음으로 너무 많이 먹어서 죽는 사람이 못 먹어서 죽는 사람보다 많아졌다. 자살하는 사람이 군인, 테러범, 범죄자의 손에 죽는 사람보다 많다. 지금 우리는 가뭄이나 알카에다의 공격으로 죽기보다 맥도날드에서 폭식하여 죽을 확률이 훨씬 높다.[1] AI 출현으로 입력input 없이 결과output가 나오는 기계는 조만간 사람을 능가할지도 모른다. 앞으로 더 큰 변화가 닥칠 것도 자명하다. 138억 년 우주의 역사와 46억 년 지구의 역사가 밝혀지고 있으며 인체의 신비도 거의 벗겨지고 있다. 선사시대 이후 사람의 마음을 지배하던 종교는 논거가 약해지고 있다.

21세기의 거대한 전환으로 모두가 행복해진 것은 아니다. 오히려 소수만이 행복을 누리게 되었다. 통상 새로운 변화가 나타나면 적극적으로 수용하기보다는 거부하거나 방향 감각을 상실하는 계층이 훨씬 많다. 확실한 것은 모두가 불안해하고 있다는 점이다.

메시아는 어디에?

사람의 행복은 심리적인 면과 생물학적인 면이 모두 충족되어야 한다. 심리적으로 안정감을 느끼면서 실제 생활도 풍요로워야 한다. 현재 생물학적 측면에서는 빈곤을 비롯한 많은 분야가 과거와 비교하기 어려울 정도로 향상된 것이 사실이나, 그러나 불평등이 심화하면서 실제로 느끼는 심리적 행복감은 크게 낮아졌다.

대혼란 속에서 질서를 유지하고 역할을 분담해서 탈출구를 찾으려면, 모든 구성원이 동의하는 현명한 리더가 필요하다. 평범한 사람들은 스스로 탈출구를 찾기 어렵기 때문에 신적인 존재인 '메시아'를 갈구한다. 파시스트는 자신들이 모든 것을 해결할 수 있다고 끊임없이 속삭이고, 능력을 과시하며, 때로는 폭력을 행사하기도 한다. 생존에 위협을 느끼는 '고독한 군중'의 메시아로 파시스트가 등장하고 있는 것이다. 사람의 원초적 욕구인 생존을 위해 또 다른 본능인 번식과 자유, 민주주의를 폐기 처분하면서까지 말이다.

해결하기 어려운 불안감에 내던져진 군중은 일거에 문제를 해결하기를 바란다. 파시즘밖에 달리 대안이 없다는 생각은 일부가 아니라 사회 구성원 중 상당수의 '진심'이 된다. 이 진심이 모여서 파시즘은 자생적으로 확산하고 있다. 왜 그럴까? 사람들의 마음속으로 들어가보자!

1. 원래 사람은 보수적인가?

사람의 본성에 파시즘을 선호하는 특별한 동기가 있는 것인가? 더군다나 민주주의 선진국에서도 파시즘이 확산되는 이유는 무엇일까? 원래 사람의 본성이 민주주의보다는 독재를 선호하는 것인가? 이 문제는 지난 100년간 파시즘 연구에서 핵심 주제 중 하나였다.

그래서 사람들의 마음을 들여다보는 일은 중요하다. 마음의 구조를 파악함으로써 현재의 파시즘을 분석하고 향후 진행 상황을 전망할 수 있기 때문이다. 궁극적으로는 치유 방안을 마련하는 기초가 되기도 한다.

1) 사람은 원래 자유를 두려워하는가?

사람들이 자유를 누리고 민주주의를 기본적인 사회 제도로 받아들인 것은 역사적으로 그리 오래되지 않았다. 19세기 중후반에 걸쳐 귀족과 지주 중심의 체제가 서서히 무너지다가 20세기 초 제1차 세계대전 이후에야 유럽, 미국 등에서 보통선거의 원칙이 정착된다. 그러나 당시의 민주주의는 재산, 신분, 성별, 노예 여부 등에 따라 늘 차별이 있었다.

히틀러의 파시즘을 연구한 사상가인 에리히 프롬은《자유로부터의 도피》에서 사람들이 왜 자유를 포기하고 파시즘에 귀의(?)하는지 사람의 본성적 측면에서 분석했다. 그에 따르면 자유는 인간의 존재를 특징짓는 것으로, '자신을 독립된 별개의 존재로 자각'하는 데서 비롯된다. 사람이 자연계와 일체가 되어 있던 상태에서 벗어나 자신을 주위의 자연이나 타인과는 별개의 존재로 인식하면서 자유는 시작된다. 개인이 이런 원시적 유대관계에서 차츰 벗어나는 과정을 '개체화indi-viduation'라고 하는데, 종교개혁부터 수 세기에 걸친 근대사에서 이 개체화의 속도는 비약적으로 빨라졌다.

본능이 행동을 결정하는 비중이 어떤 한계점을 넘어 극단적으로 줄어들 때, 혹은 유전적으로 주어진 메커니즘이 더 이상 사람의 행동 방식을 지배하지 않을 때, 사람은 비로소 '개인'으로 완성된다. 그러나 개인이 되면 세계가 지니고 있는 위험하고 압도적인 모든 측면과 홀로 맞서야 한다. 이때 자신의 개성을 포기하고 외부 세계의 독재자에 빠져 고독감과 무력감을 극복하고 싶은 충동이 일어날 수 있다.

개체화 과정을 아이의 성장 과정에 비유하면 이해하기 쉽다. 아이가 자라면서 원초적 유대 즉 부모와의 관계가 약화하거나 끊어짐에 따라 아이는 자유와 독립을 추구하며 '자아'를 형성한다. 그러나 아이가 부모(본능)의 그늘에서 벗어날수록 자기가 혼자라는 것, 다른 모든 존재와 분리된 개별 존재라는 것을 의식하게 되면서 극심한 불안과 동요, 쓸쓸한 고립감을 느낄 수도 있다.[2] 모든 것을 홀로 결정하는 스트레스에 노출되는 것이다.

여기서 개인의 선택은 두 가지로 나뉜다. 첫째는 '적극적인 자유'로 나아가는 것이다. 사회 속에서 자신의 감정과 지적 능력을 표현하며 바깥 세계와 자연스럽게 관계를 맺는 것이다. 이렇게 되면 자아의 독립성과 본래 모습을 포기하지 않고도 인간과 자연, 그리고 자신과 다시 일체가 될 수 있다. 이는 결과적으로 민주주의 사회로 향하게 한다.

둘째는 '소극적인 방법'으로, 자신의 자유를 포기하고 자아와 세계 사이의 간격을 제거함으로써 외로움을 극복하려는 선택이다. 개성과 자아의 본모습을 완전히 포기하는 것이다. 그러나 소극적인 방법은 행복과 적극적인 자유로 이어지는 해결책이 될 수 없다. 공포를 극복하는 것이 아니라 단지 회피함으로써 불안을 완화할 뿐이기 때문이다.[3]

자유가 주어지면 깨어 있는 동안 하루에도 수백 건 이상의 의사결정을 내려야 한다. 그렇다고 매번 내리는 결정이 옳을 가능성도 낮다. 정신적으로 피곤하고 의사결정도 쉽게 내리지 못하면서 우물쭈물하는 상황이 빈번해진다.

파시즘은 바로 이 후자의 논리를 파고든다. 개인은 가치 없고, 기본적으로 자신에게 의존할 수 없으며, 외부의 강력한 힘에 복종할 필요가 있다고 주장하는 것이다. 혼돈 그 자체였던 바이마르공화국 시절, 사람들은 자유가 무질서의 원인을 제공했다고 믿었다. 자유가 기존의 모든 가치를 파괴하는 상황이라면 자유는 공포가 된다.

자유 속의 고독한 군중

100년 전 독일을 비롯한 서유럽 사람들은 매우 고독했을 것이다. 2장에서 살펴본 대로 과거와의 완벽한 단절 속에 무한정의 자유가 주어지자 질식할 것 같은 막막함에 빠졌을 것이다. 이럴 바에는 차라리 자유를 포기하고 봉건제도와 같은 익숙한 과거로 되돌아가고 싶은 향수를 느끼는 사람도 많았을 것이다.

파시스트들은 고립된 사람들을 회유한다. 자유가 주는 의사결정의 부담감을 덜어낼 유일한 방법은 전능한 메시아인 파시스트를 선택하는 것이라고 속삭인다. 자유가 공포가 되고 정신적으로 고립된 상황에 방치된 사람들은 자신과 유사한 처지에 내팽개쳐진 사람들을 찾는다. 그 무리 속에서 자신의 처지와 생각이 비슷한 사람을 만나면 얼마나 반가울까. 수백만 명이 자기와 동일한 생각을 하고 있다면 안심이 될 것이다. 더군다나 자신들을 고립시키고 착취했던 엘리트를 파시스트가 응징한다면 더 통쾌할 것이다. 100년 전에는 이들을 결속하기 위해 연설, 라디오 등이 동원되었다. 그러나 지금은 SNS와 가짜뉴스를 통해 비슷한 사람을 쉽게 찾을 수 있고 조직화할 수 있다.

극단적인 사례지만, 1978년 11월 가이아나의 '인민사원People's Temple'이라는 사이비 종교단체에서 어린이 300명을 포함해 918명이 동시에 집단 자살한 사건이 있었다. 현대판 예수이자 사회주의 혁명 지도자를 자처한 짐 존스Jim Jones는 자신들을 파괴하려는 미국 제국주의에 맞서 '혁명적 자살'을 명했다. 외부와 단절된 채 자유로부터 도피한 사람들이 이런 허무맹랑한 논리를 무비판적으로 받아들인 것이다.

사이비 종교를 받아들이는 사람들의 심리적 공통점은 스스로 자유를 포기한다는 것이다. 현대 미국의 극단주의자 중에는 이른바 '가속주의accelerationism'를 신봉하는 부류가 많다. 이들은 현대 사회가 심각한 타락 상태라서 구제할 방법이 없다고 본다. 그렇다면 종말을 한시바삐 앞당겨야만 새로운 질서를 세울 수 있다는 묵시론적 종말론에 침잠하는 것이다.[4] 자유를 포기한 고독한 사람에게 종말론은 솔깃한 제안이 된다.

전체주의에 의지하려는 심리

사회로부터 고립된 사람들은 고립을 공포로 받아들인다. 고립의 공포가 주는 두려움을 혐오라는 감정으로 표출하기도 한다.[5]

파시즘이 폭력적 양상을 띠는 것도 고립의 공포에서 벗어나려는 의도로 봐야 한다. 너무 두려워서 자신의 공포를 완화하기 위해 혐오를 활용해 공격성을 띠는 것이다.

제1차 세계대전 패전 후 독일은 정상적인 나라가 아니었다. 사람들은 깊은 체념 속에 지도자들에 대한 불신이 컸다. 모든 정치 조직과 정치 활동에 대해서도 회의감이 깊었다. 이런 상황에서 나치즘을 지원한 집단은 평범한 두 개의 부류였다. 첫 번째 부류는 별로 강하게 저항도 하지 않고 나치 정권에 굴복했지만, 나치의 이념과 정치적 실행의 찬미자도 되지 않은 계층이었다. 주로 노동자, 자유주의적 중산층과 가톨릭 부르주아 등이다. 소극적 방관자 계층으로 볼 수 있다.

또 다른 부류는 히틀러의 새로운 이념에 깊이 매료되어 열광적으로 추종했던 집단이다. 소상공인, 장인, 화이트칼라로 이루어진 하층 중산층은 나치를 열렬히 환영했다. 당시 독일의 분위기는 '히틀러 정부'가 곧 '독일'로 인식되는 전체주의적 경향이 짙어지고 있었다. 따라서 지지와 반대 둘 중 하나를 선택해야 하는 상황이라면 대다수는 적극적인 지지층이 되었다.[6] 거부할 수 없는 사회 분위기에서 저항 자체가 불가능한 상황이었다.

당시 독일은 형식적인 민주주의 체제를 갖추고는 있었다. 하지만 다른 사회 영역은 왕정시대 귀족의 특권과 독점기업의 착취와 같은 불공정한 상황이 계속 이어지고 있었다. 특히 패전과 전쟁배상금, 하이퍼인플레이션, 대공황이 이어지면서 민주주의가 안정적으로 가동될 수 없는 취약한 환경이었다. "민주주의는 평화로운 내전이다"라는 말이 있지만,[7] 평화로운 내전은 작동할 수 없는 상황이었다.

2) 뇌 구조가 파시스트를 만든다?

미국의 한 조사 결과에 따르면, 보수적인 사람들은 고양이보다 개를 선호한다고 한다. 개는 주인의 지시를 잘 따르기 때문에 법과 질서를 중시하는 보수적 사람들은 반려견을 키운다고 한다. 참고로 한국에서도 반려견을 키우는 가정이 7:3으로 반려묘를 키우는 사람보다 많다고 한다. 한국의 진보층과 보수층의 백신에 대한 신뢰도는 각각 60%와 39%로 조사되었다. 백신 수용성(맞을 것인지에 대한 대답)에 대한 응답도 각각 83%와 47%로 차이가 났다.[8]

서부 개척시대 캘리포니아에는 주어진 현상을 거부하고 창의적 아이디어로 무장한 사람들이 몰려들었다. 안정적인 동부를 떠나 새롭게 길을 만들면서 태평양까지 향한다는 것은 위험하고 힘든 일이었지만, 결국 이들은 태평양까지 도착했다. 아시아에서 개척 정신이 강한 이민자들이 태평양을 가로질러 캘리포니아에 도착했다. 중남미의 적극적 성향의 이민자들도 스페인어가 통용되는 캘리포니아를 선호했다. 익숙한 환경을 개척하려는 DNA가 충만한 사람들이다. 실리콘밸리가 위치한 캘리포니아는 현재 미국 진보 진영의 핵심 기지이고, 모든 선거에서 민주당이 압도적으로 승리하는 곳이기도 하다.

반면 면화 재배 등 농업과 원유 채굴이 주력이었던 텍사스 등 남부 사람들은 변화보다는 현상을 유지하는 것이 후손들에게 권력과 자본을 물려주는 손쉬운 길이라고 보았다. 텍사스는 현재 미국 공화당의 본거지다. 캘리포니아와 텍사스의 정치적 선택이 일관성을 유지하는 것은 그 지역 사람들의 유전적 차이일까?

사람은 환경을 스스로 변화시키기보다 유전자가 지시하는 대로 살아가는 것을 무의식적으로 선호한다. 우리가 아는 변화와 혁신은 어쩌면 유전자의 지시에 정면으로 대항하는 것일지도 모른다. 유전자에 따라 보수와 진보가 나뉘는 것일까? KAIST에서 유전학을 연구하는 최정균 교수의 저서《유전자 지배사회》를 중심으로 뇌 구조와 정치적 성향의 연결성을 찾아보자.

보수의 뇌: 세상은 정글이다

최근 '뇌' 연구가 활성화되면서 생물학적 차이로 진보와 보수를 구분하려는 연구가 늘고 있다. 2007년을 기점으로 뇌 연구에서 주목받는 발표가 이어지고 있다. 평상시와 다른 예상치 못한 자극이 들어왔을 때, 뇌가 일으키는 반응에서 보수와 진보의 차이가 있는 것이 밝혀지고 있다.

근전도 및 피부 전도 검사를 통해 갑작스러운 소음이나 위협적인 시각 자극이 주어졌을 때, 정치적 사안에 대한 입장과 어떤 연관성이 있는지 조사했다. 근육과 피부에서 측정되는 교감신경 반응에서 사람들 간에 확연한 차이가 있었다. 보수적 입장을 가진 이들에게서 교감신경의 활성화가 더욱 강하게 나타났다. 교감신경의 중추는 편도체라는 중요한 뇌 기관이다.

자기공명영상(MRI)을 이용해 90명의 뇌 구조를 살펴본 결과, 진보적 성향이 강할수록 전측 대상피질의 회색질 부피가 큰 것으로 밝혀졌다. 반면 보수적 성향이 강할수록 편도체의 회색질 부피가 크다는 것을 발견했다. 위험이 동반된 의사결정 과제를 수행하는 82명의 뇌를 MRI로 검사한 결과, 보수 성향의 참가자들이 편도체를 더 많이 사용했다.[9]

다양한 기구를 통한 검사 결과, 편도체가 클수록 정치적·사회적·경제적으로 현 상태를 합리화하는 경향이 있었다. 기존 체제가 정당하거나 바람직하다고 받아들이는 성향이 강하다는 것이다. 편도체와 교감신경은 생존을 위해 발달한 두려움과 혐오라는 진화적 전략을 구현하는 매개체다. 또한 혐오는 편견이나 고정 관념과 결합해 경계 대상에 대한 재빠른 분류와 판단을 하게 만든다.

생존이 위협받는 환경에서 신속한 판단을 내려야 하는 비상 상황이라면 의사결정까지 시간이 부족하다. 정글과 같은 위험한 상황에서는 깊은 생각보다는 감각적 혹은 직관적 대응이 요청되는 것과 같다. 즉 기존에 가졌던 생각을 흔들리지 않게 유지하는 것이 오히려 낫다. 인류학자인 헬렌 피셔Helen Fisher에 따르면, 보수 성향은 이론적이고 복잡한 것보다 직관적이고 분명한 것을 더 선호한다고 한다.

비상 상황이 지속되면 자신의 견해에만 부합되는 정보를 취사선택하려는 경향, 즉 확증 편향이 강화된다. 결국 보수적 성향이란 위험을 직관적으로 회피하고자 하는 진화적 본능에 충실한 경향으로 볼 수 있다. '만인에 대한 만인의 투쟁'이 자연의 기반이라고 보는 보수의 시각은 동물적 관점에 충실한 것으로 이해해야 한다.[10]

진보의 뇌: 진화로부터의 탈출

진보 성향 사람들의 뇌에는 어떤 특징이 있을까? 도파민이다. 도파민은 보상 회로를 주관하는 신경전달 물질이다. 도파민 분비가 많을수록 동물은 새로운 것을 탐색하는 행동을 보였다. 과학기술은 기본적으로 자연을 인위적으로 가공하고 변형시키는 것을 목표로 하기 때문에 자연을 있는 그대로 받아들이려는 보수의 태도와는 상충된다. 결국 진보란 진화로부터의 일탈이자 자연계에 대한 저항과 도전적 측면이 강한 사람들이다.[11]

진보는 현상을 개척하는 성향이 강해서 학계, 예술계, 대중 매체에서 차지하는 비중이 높다. 파시스트가 엘리트나 지식인을 탄압하는 것은 진보를 기존 체제를 바꾸려는 불온한 세력으로 보는 유전적 욕구로도 볼 수 있다.

철학적으로 성악설性惡說에 기반한 보수 우파는 인간을 불완전하고 이기적이며, 전통과 제도를 통해 교정되어야 한다고 믿는다. 따라서 점진적 개혁을 선호하고, 공동체적 연대와 책임을 강조한다. 자유시장을 중심으로 정부 개입을 최소화하려하지만 불평등을 정당화하는 경향이 강하다. 반면 성선설性善說에 기반한 진보는 인간은 본래 선하며, 평등과 정의를 위한 제도적 개혁이 필요하다고 본다. 불평등 구조를 깨기 위해 적극적 변화를 지향한다. 개인의 자유와 다양성을 존중하면서 정부의 적극적 조정과 복지정책을 강조한다.

이런 유전적 차이에도 불구하고 보수와 진보는 이해관계에 따라 바뀌기도 한다. 진보 색채가 강한 캘리포니아의 벤처 혁신가들이 최근에는 미국 동부나 텍사스 등 남부로 이주하고 있다. 이전하려는 지역에서 다양한 지원책을 제공하기 때문에 보수의 땅으로 근거지를 옮기는 것이다. 특히 캘리포니아가 '억만장자세'를 제정하려 하자 이들은 조직적인 반대에 나서고 있다. 이제 유전자보다 돈이 더 중요해졌다.

때로는 자신의 편의에 따라 보수와 진보를 오가는 경우도 있다. 겉으로는 진보적 이념과 사회 정의를 내세우면서도, 속으로는 능력주의 기반의 엘리트 의식에 매몰되어 있는 사람들이다. 한국에서는 '강남 좌파', 미국에서는 '리무진 진보주의limousine liberal', 프랑스에서는 '캐비아 좌파gauche caviar', 영국에서는 '샴페인 사회주의자champagne socialist'라고 불리는 사람들이다. 환경과 평화 등 진보적인 의제에는 동의하지만, 자신들의 부를 지키기 위해서는 보수와 동일한 행동 방식을 취하는 사람들이다.[12]

빈곤층과 청년은 왜 보수화되는가?

경제적으로 빈곤한 사람들이 보수화되는 것은 자유나 평등 같은 거창한 진보적 구호보다는 당장의 생계가 중요하기 때문이다. 이들은 멀리 내다보며 인간의 가치를 구현하는 이상이 뇌리에 들어올 틈이 없을 정도로 절박한 생존의 위기에 처해 있다. 생존에 특화된 보수의 유전적 특징이 발현되는 것일까?

뇌의 유연성이 낮아지는 고령자만 보수가 되지는 않는다. 최근에는 젊은 MZ세대의 극우적 성향이 강해지고 있다. 스탠퍼드대학교 신경학 교수인 로버트 새폴스키Robert Sapolsky에 따르면, 사람은 진보 유전자인 전두피질의 성숙이 늦춰지게끔 진화했다고 한다. 청년의 비판 능력은 20대 중반까지 완전히 발달하지 않는다고 한다. 반면 새롭고 흥분되는 것을 갈망하는 뇌의 영역은 이전에 형성되어 거친 스릴을 추구하게 만든다고 한다. 새폴스키는 사춘기가 인생의 운명을 바꾼다면서 "새로운 종교를 창시하거나 증오의 이데올로기를 받아들이고자 한다면 그때가 적기다"라고 강조한다. 즉, 선동과 선전이 가장 잘 먹히는 시기라는 의미다.

유사한 사례는 세계 곳곳에서 발견된다. 중국의 대약진운동과 문화혁명 당시 홍위병은 고교생과 대학생을 중심으로 조직되었다. 홍위병에 가담한 학생 수가 1,000만 명을 넘는다는 기록도 있다. 1970~1980년대 캄보디아의 크메르루주Khmer Rouge 학살 당시에도 다수의 청소년이 전쟁과 학살에 동원되었다. 강요에 의한 참전과 학살 참여도 있었지만, 뇌가 미성숙

된 청소년들을 광신적 지지자로 만들기 쉬웠기 때문이기도 하다.

따라서 젊은 세대가 파시즘 등 반사회적인 이념에 물들지 않도록 철저히 보호해야 한다. 민주주의와 사회성을 키우는 체계적인 교육이 필요하다. 또한 뇌가 미성숙한 청소년들이 SNS 등을 통해 파시즘에 무분별하게 노출되지 않도록 사회적으로 깊은 관심이 필요하다.

뇌의 근육을 유연하게 해야 한다

유전적으로 보수와 진보를 구별할 수 있다고 가정한다면, 우리는 지금 새로운 도전에 직면해 있는 것이다. 나이가 들수록 새로운 학습은 젊은 층에 비해 적어진다. 그런데 인구구조가 피라미드 형태에서 역피라미드 형태로 바뀌고 있다. 향후 고령자 비중이 압도적으로 늘어날 것이기 때문에 사회 전체의 경직성이 높아지는 것을 피하기 어렵다. 보수적 경향이 강한 중장년층은 투표 참여율이 높기 때문에 정치적으로 과거 지향의 보수주의로 회귀할 가능성이 커졌다.

그렇다면 대안이 필요하다. '이데올로기 브레인ideological brain'이라는 개념을 대중화한 심리학자 레오르 즈미그로드Leor Zmigrod는 극단주의를 정치적 입장 문제가 아니라, 뇌의 인지적 경직성(유연성 부족) 문제로 본다. 오른쪽이든 왼쪽이든, 극단으로 갈수록 똑같이 뇌가 취약성을 가진다고 한다.

극단주의자는 성격적으로 유연성이 낮아 복잡한 정보 처

리와 전략적 사고에 취약하다. 새로운 정보에 저항하면서 변화를 불안하게 바라본다. 명확하고 단순한 것을 선호하며 집단에 대한 애착이 강하다. 즈미그로드는 극단주의자의 특성을 완화하기 위해 뇌를 더 유연하게 만들어야 한다고 주장한다. 교육, 미디어만의 문제가 아니라 습관, 사고, 훈련 같은 후천적 요소의 중요성도 강조했다.[13]

그래서 사회의 다양성이 필요하다. 고령자들이 소외되지 않고 다양한 영역에서 적극적으로 참여할 수 있는 프로그램을 개발해야 한다. 현재의 사회와 경제 상황에 대한 진솔한 논의를 모든 연령대와 계층에 실시해서 사회 전체의 뇌를 젊고 건강하며 유연하게 만들어야 한다.

정치적 경향이 유전적·생물학적 차이에만 기반한다는 주장에 동의한다면, 개인의 사회적 책임은 이렇게 재정의해야 하는가? 자신의 행동이 유전자가 시킨 것이라면 아무도 책임지지 않는 사회가 된다. 그런 사회는 유전자 차이로 완전히 양분되어 서로 싸울 수밖에 없다.

나는 유전적 차이로 보수와 진보를 나누려는 시도에 약간 동의하는 편이다. 중간지대와 예외적 상황이 너무 많기 때문이다. 그럼에도 불구하고 유전적 차이의 위험성에 대해서는 충분히 인지해야 한다. 특히 청소년과 고령자의 편향성 증가에 대비하기 위해 사회적 노력이 절대적으로 필요한 시점이다.

2. 수축사회가 만든 4不(不평등, 不공정, 不확실, 不안정)

우리는 지속 성장하던 팽창사회에서 수축사회로 진입하고 있다. 우리의 DNA는 경제가 항상 성장한다는 가정에 익숙해져 있다. 오늘보다 내일이 더 행복할 것이라는 믿음은 인류 역사 발전의 심리적 기반이었다. 그러나 이런 믿음이 무너지고 있다. 나는 이런 사회적 변화의 원인을 수축사회라는 용어로 정의하며 20년째 글을 써오고 있다. 수축사회에 관련된 자세한 설명은 전작인《수축사회》와 2.0 버전인《닫힌 세계와 생존 게임》을 참고하기 바란다.

수축사회에 들어서면서 세계는 집단적으로 부적응 상태에 빠졌다. 가장 빠른 반응은 '화火'가 나는 것이다. 서울대 유명순 교수의 조사에 따르면, 2025년 기준으로 한국인의 절반이 평상시에도 화가 나 있다고 한다.

사람들을 울분에 빠뜨리는 요인은 무엇일까? 나는 개인의 문제가 아니라 사회적 환경이 더 중요하다고 본다. 변화한 사회 환경이 불안 심리를 자극하고 편견에 빠지게 한다. 지금 우리는 분노를 조절하기 위한 방법을 사회적 차원에서 찾지 못하고 있다. 수없이 발생하는 분노를 단기적인 정치적 이슈나 정책으로만 대응하다 보니 오히려 화를 돋우고 있는 형국이다.

구조화된 4不 세상

현재 세상을 규정하는 단 하나의 용어는 '아니다(不)!'라고 규정하고 싶다. 우리가 알고 있는 익숙한 세상이 아닌 것이다. 역사 속에서 만들어진 상식은 무너져 내리고 미지의 세계에서 길을 잃은 채 절망에 싸여 있다. 무엇이 아니라는 것인가? '아닌(不) 것'을 분해해보면 세상은 불평등해졌고, 불평등의 원인은 사회가 불공정하게 작동하기 때문이다. 새로운 환경에 적응하지 못하니 미래는 불확실해졌다. 이 세 가지 '아닌 것(不)'은 모든 것을 불(不)안정하게 만든다.

불안정해지면 인간의 동물적 본능인 생존 욕구만 강화된다. '나'만의 생존이 핵심 가치가 되었다. 불평등하거나 불공정한 상황에서 살아남기 위해서 자신을 가치 판단의 중심에 두는 '이기주의'라는 본능이 강하게 발현된다. 앞서 살펴봤지만 생존 본능에 충실한 것은 보수 파시스트의 심리다.

100년 전 파시즘 시대에도 4不 현상은 최고 수준으로 악화된 상태였다. 역사적으로 큰 변화가 나타날 때의 사회적 특징은 4不 현상이 극단적으로 확산하던 시기였다는 점이다. 4不 현상은 그 자체도 중요하지만, 이 책의 논점인 자발적으로 파시즘을 받아들이는 심리적 기반이 된다는 점 때문에 더 중요하다.

철학자 지그문트 바우만Zygmunt Bauman은《액체 현대Liquid Modernity》[14]에서 세계가 전환되면서 사회의 구조적 문제들이 '개인의 책임'으로 바뀌고 있다고 지적한다. 4不은 개인의 감정이지만 나는 개인의 책임이 아니라 사회 현상으로 봐야 한다고 진단하면서, 우리 사회 속에서 4不의 원인을 찾고자 한다.

1) 불평등: 제2차 세계대전 이후 최악의 양극화

역사시대 이래 사회 갈등과 혁명은 늘 불평등에서 출발했다. 지금 세계 경제는 성장하고 있지만 양극화가 심화되면서 많은 사람들이 성장에서 소외되고 있다. 지금까지 주된 불평등의 논점은 소득 불평등이었다. 그러나 지금은 다양한 형태의 불평등이 복합적으로 나타나고 있다. 최근에는 자산 불평등이 더 중요해졌다. 주식과 부동산 가격이 저금리를 기반으로 급등하자, 자산가와 자산이 적거나 없는 사람들 간의 격차는 크게 벌어지고 있다. 지역, 교육, 디지털 사용 여부 등에 따라 우리 사회의 복합적인 불평등은 회복 불가능한 수준에 도달한 느낌이다.[15]

'2026년 세계 불평등 보고서'에 따르면, 전 세계 성인 인구 가운데 자산 상위 0.001%(약 5만 6,000명)가 하위 50%(28억 명)보다 세 배나 많은 자산을 보유하고 있다고 한다. 소득 상위 10%가 나머지 90% 전체보다 더 많은 소득을 벌어들이고 있다. 하위 절반은 전 세계 소득의 10%에도 못 미치는 몫만 버는 것으로 나타났다. 자산 불평등은 더 심각하다. 전 세계 인구 중 자산 상위 10%가 부의 75%를 보유하고 있다. 반면 하위 절반이 보유한 비중은 2%에 불과했다. 불평등 관련 수치들은 이미 많이 알려져 있다. 그러나 심각한 논의나 개선책을 마련하지 못하면서 상황은 계속 악화되고 있다.

18세기 미국인들은 세계에서 키가 가장 컸지만 19세기

후반의 양극화로 평균 신장이 4cm 줄어들었다. 1900년 이후 대략 70년간 다시 신장이 커졌으나, 1960년에 태어난 아이를 기준으로 신장 증가가 멈췄다. 반면 다른 민주주의 국가에서는 신장이 계속 커졌다. 오늘날 평등한 복지국가인 네덜란드, 스웨덴, 독일 같은 나라 사람들의 키가 가장 크다. 미국인의 기대수명은 2013년 이후 3년 연속 줄어들었다. 기후위기, 저임금, 마약, 에이즈 등 질병이 확산하면서 저학력 남성층에서 '절망사'가 4배나 증가했다.[16] 과거 왕정시대 얘기가 아니라 현재 미국의 상황이다.

미국의 상위 0.1% 사람들은 1990년 미국 전체 주식의 14%를 보유하고 있었으나, 35년이 지난 2025년 상반기 기준으로는 25%를 가지고 있다. 이 기간 중 미국 주가는(s&p500 기준) 거의 20배 올랐다. 반면 전체 가구의 절반인 하위 50%는 35년간 진제 주식의 1% 징도만 보유하고 있을 뿐이다.

더 큰 문제는 부채다. 전체 부채의 절반가량은 늘 중간 아래 하위 50%가 가지고 있다. 반면 상위 1% 이상은 부채가 거의 없다. 이런 상황은 2008년 글로벌 금융위기 이후 고착화되었고 오히려 악화되는 추세다.

부유층 가정은 소득과 자산이 많다. 질 좋은 교육을 받아서 사회 상층부로 올라갈 확률도 높다. 경제성장이 추세적으로 낮아지면서 지방에 있는 사람들은 부를 축적하거나 최신 교육을 받을 기회가 원천 봉쇄되었다. 상층부로 신분이 올라가기 위해서는 돈과 교육 등 모든 기회가 모여 있는 핵심 지역으로 이동해야만 한다. 한국의 지방은 이미 소멸의 단계로 들어갔고, 미국 등 선진국에서도 공통으로 나타나는 현상이다.

앞으로 불평등한 상황의 개선은 더욱 어려워질 것이다. 흔히 얘기하는 'K'자형 성장이 완전 고착화되고 있기 때문이다. AI와 같은 첨단전략산업이나 빅테크 기업들은 고성장을 이어갈 것이다. 반면 구경제는 성장은 고사하고 구조조정의 대상이기 때문에 격차는 더 벌어질 것이다. 경제성장률이 하락하는 가운데 수도권과 지방의 격차가 커지면서 불평등 구조는 정치의 핵심 과제가 되었다. 그러나 당장의 선거 승리를 위해서 정치권은 계속 불평등을 감추고 미봉책으로만 대응할 것이다.

불평등은 미국이 가장 심각하지만 한국, 중국 등 아시아 국가들의 불평등 수준도 이미 개선 자체가 불가능한 상태로 빠져들고 있다(소득/자산 분배 통계는 파시즘 국가에서 국가 보안 사항이라서 입수가 매우 어렵다). 유럽 선진국들은 불평등을 해소하기 위해 재정을 방만하게 운용한 결과 재정위기에 빠졌다. 국가가 불평등 해소에 나설 수단마저 점차 사라지고 있다. 그럼에도 제대로 된 저항이나 정책은 마련되지 않고 있다. 불평등이 고착화되면서 현 시스템을 유지하려는 보수와 복지를 강화하려는 진보 간의 갈등은 앞으로 무한히 재생산될 것이다.

2) 불공정: 오직 나만 잘살면 돼!

SBS에서 2024년 방영한 드라마 〈지옥에서 온 판사〉가 있다.

지옥에서 한국의 판사로 환생한 주인공은 법률 규정 때문에 흉악범에게 가벼운 형벌을 내릴 수밖에 없다. 판결 이후 지옥에서 온 판사가 흉악범을 몰래 찾아가서 무참하게 처단하는 것이 주요 줄거리다. 〈열혈사제〉라는 드라마에서는 신부가 직접 심판한다. 〈모범택시〉, 〈더 글로리〉 등 수많은 드라마가 법률 미비와 불공정한 상황을 개인이 사적으로 응징하는 내용을 주제로 삼고 있다.

사적 제재는 과거부터 액션물의 단골 소재였지만 지금은 너무 많다. 그 이유는 불공정이 사회 모든 영역에서 고착화되면서 기존 법 체계가 제대로 대응하지 못하고 있기 때문이다. 현실을 반영하지 못하는 법률과 기득권 세력이 고용한 유능한(?) 법률가는 법망을 교묘히 빠져나간다. 이런 불공정이 정착되면서 사람들은 제도를 통하는 것이 아니라 직접 악인을 응징하고 싶어 하는 심리에 강하게 사로잡히고 있는 것이디.

제로섬 사회에서는 강한 자만 살아남는다. 정글형 세계일수록 강한 자가 파이를 독식한다. 특히 권력과 부를 독점한 기득권 집단이 정치와 제도를 불공정하게 작동시키면 사회는 불평등해진다. 불평등의 원인이 불공정이 되는 것이다. 수축사회로의 대전환 속에서 공정함보다 자신의 생존이 더 중요한 가치가 된 결과다. 이제 지구상 모든 국가에서 불공정은 일반적 현상이 되었다.

우파와 좌파는 서로 다른 인간관과 세계관으로 견제해왔지만, 민주주의 제도와 주기적인 정권 교체를 통해 어느 정도 견제와 균형을 맞춰 왔다. 그러나 21세기 들어 냉전 체제 해체, 중국의 부상, 글로벌 금융위기, 코로나, AI 등 새로운 디지털 기술이 등장하면서, 이념 간의 견제와 균형이 무너졌다. 무조건 자신들의 이념이 승리해야 하는 상황이 되었다.

민주주의의 발전 토대인 '개인주의'는 '이기주의'나 특정 집단의 이해관계만 강조하는 '부족주의'로 대체되었다. 특정 집단이 자신들의 특권을 지키는 유일한 방법은 세상을 불공정하게 만드는 것이다. 수축사회에서는 파이가 줄어들기 때문에 함께 공존하고 파이를 나누기 어렵기 때문이다.

능력주의＝귀족주의＝특권 세습→불공정 고착화

요즘 청년 세대의 분노는 '능력주의meritocracy'에 대한 절망감에서 기인한다. 신분 구분 없이 능력 있는 사람이 엘리트 계층으로 상향 이동이 가능해지면서 신분제 귀족사회는 무너졌다. 과거의 능력주의는 공정을 만드는 기반이었다. 그러나 현재의 능력주의는 과거 귀족사회로 회귀하는 수단이 되고 있다.

포스텍의 이진우 교수는 "파이를 나누는 사람이 가장 큰 몫을 가지고, 나머지 사람들에게는 남은 몫을 적게 나눠주는 사회가 되었다. 자신의 타고난 능력은 자신의 노력과는 아무 관련 없는 유전적 우연이다. 그런 사람들이 폐쇄된 상태에서 고급 교육을 받으면 능력자가 되는 것이다"라며 능력주의에 기반한 불공정을 지적한다. 능력주의 공식은 '능력＋노력＝성과'로 표현되는데, 능력이 선천적이고 세습된다면 노력만으로는 성과를 낼 수 없는 불공정 사회가 된 것이다.

이런 현상은 불평등을 유발한 '고용 없는 성장'과 연결된다. 고용이 오직 검증된 능력자에게만 허락되면서 새로운 신분제 사회가 만들어지고 있다. 공정한 기회가 사라지면서 새로운 귀족사회가 다가오고 있는 것이다. 2014년 통계에 따르면 신규 임용 법관 중 서울대 출신이 51.5%를 차지했고, SKY 대학 출신을 모두 합치면 80%에 육박한다. 돈이 실력이 되면서 '능력주의 = 귀족주의 = 특권 세습'이 고착화되는 불공정 사회로 치닫고 있다.[17]

지금 외고, 과학고, 자사고, 유학파 출신들이 맹렬한 속도로 기득권 계층으로 진입하고 있다. 뛰어난 능력으로 무장한 그들은 유아독존형으로 성장한 비중이 높다. 반면 불평등이 심화되면서 양질의 교육을 받지 못한 사람들도 더 빠른 속도로 증가하고 있다. 부모의 능력에 기반한 능력수의가 사회를 장악할 때 우리 사회는 더욱 갈라지고 불공정해질 것이다.

한국은 지금 검찰 등 극우 권력자들의 불공정에 분노하고 있다. 그러나 사법부만이 아니라 사회 모든 영역에서 기득권을 지키려는 투쟁이 벌어지면서 불공정이 확산하고 있다. 동시에 진보 엘리트들의 '내로남불'식 특권 유지 시도도 불공정을 용인하거나 때로는 강화시킨다. 최근 거의 모든 국가에서 좌우를 넘어 반엘리트주의가 커지는 것은 엘리트의 불공정에 대한 분노 때문이다.

3) 불확실: 알 수 없는 미래가 온다

우리는 미래가 더 살기 좋고 발전하는 사회로 믿어왔다. 그러나 지금 우리는 미래를 어둡게 보기 시작했다. 역사상 처음으로 자녀 세대가 부모 세대보다 빈곤해질 것이라는 공포가 확산하고 있다. 이 공포는 부모 세대뿐 아니라 자녀 세대도 동시에 느끼고 있다는 점이 중요하다. MZ세대의 75%는 10년 후 산업과 고용이 침체되고, 한국은 주변국으로 물러날 것이라는 비관적 여론조사 결과도 있다.[18]

더군다나 AI의 등장으로 기계가 인간을 대체할지 모른다는 존재론적 위기감이 커지고 있다. AI 등장 이후 미래 예측은 이제 무의미해졌다. 미래는 사람보다 뛰어난 AI가 만들 것이기 때문에 앞으로 모든 것은 더 불확실해질 것이다. 이런 상황이니 기업은 투자를 줄인다. 국가는 미래 전환에 투자할 재정도 부족하다. 오직 AI 등 인간을 대체하는 기술에만 투자를 늘리고 있다.

AI 패권 경쟁은 단 한 번뿐이라는 인식이 빅테크 경영진들 사이에서는 확고하다. 이른바 욜로YOLO식 AI 전략, 즉 가능한 한 많은 자금을 쏟아붓고, 성공하면 세계 1위 자리를 독식한다는 계산이다. 반대로 AI에 투자하지 않으면 도산이 확실하니 과감한 투자 외에는 달리 선택지가 없다는 것이다. 글로벌 빅테크 기업들이 천문학적 금액을 AI에 쏟아붓는 이유다. AI가 사람의 수명을 늘리겠지만, 일자리를 빼앗아 간다면 도대체 무슨 의미가 있는 것일까.

선진국을 중심으로 고령화가 빨라지고 있다. 개도국도 시간의 문제일 뿐 고령화는 불가피하다. 사회의 중심이 고령자로 바뀌는 역피라미드형 사회가 되었다. 피라미드 인구구조에서 만들어진 우리의 생각, 상식, 사회 제도는 더 이상 작동할 수 없다. 산업화 고성장 시대와 평화의 시대를 살아온 현재의 고령자들은 미래가 불확실해지면서 더욱 위축되고 있다. 우리 스스로 미래를 불확실하게 만들고 있는 것이다.

사회운동가인 안토니오 그람시Antonio Gramsci는 "현재의 위기는 낡은 것이 소멸해가고 있는데, 새로운 것이 아직 태어날 수 없다는 사실이다"라면서 불안한 과도기를 표현했다. 그는 이런 상황을 권력의 공백 상태 즉 '인터레그넘interregnum'이라고 명명했다. 익숙했던 모든 질서는 이미 무너져 내리고 있지만, 미래의 질서는 오리무중인 불확실한 상황이 이어지고 있는 것이다.

불평등, 불공정이 국내 정치를 위협하자 각국 지도자들은 국가 간의 분쟁을 서슴지 않는다. 전쟁 위협이나 국지적 전쟁은 불평등과 불공정을 일시적으로 가린다. 오히려 애국주의, 전체주의가 득세하면서 국민적 단결을 이룰 수 있다. 수축사회로 어느 국가나 정권 지지율은 매우 낮다. 선거에 이기기 위해서라면 전쟁도 불사한다. 러시아, 이스라엘 등은 전쟁을 벌여 정권을 지키려고 한다. 중국은 대만 위기를 주기적으로 조장한다. 미국은 이란, 베네수엘라 침공 사례에서 보듯이 수시로

다른 국가를 위협한다. 가장 위험한 전쟁까지 국내 정치 수단
으로 사용하면서 미래는 더욱 불확실해지고 있다.

4) 불안정: 고정된 것은 없다

이기적인 사람들 사이의 관계는 갈등적이다. 국가의 역할, 일
자리의 안전성 등 모든 것이 불안정하니 멀리 보고 준비할 수
없다. 선거에 승리하는 것만이 목표인 정치인들은 이런 상황
을 애써 무시한다. 국가의 장기 비전은 안중에도 없다. 기업은
보호주의와 같이 다양한 장벽이 생겨나고, AI를 비롯한 새로
운 기술이 자신들의 운명에 어떤 영향을 줄지 가늠조차 어려
운 상황에 놓여 있다.

샹 뱌오Xiang Biao 독일 막스플랑크 사회인류학연구소장은
'초가속 시대'에 살고 있다는 느낌은 부분적으로 방향 감각을
상실하게 한다면서 "많은 사람이 뭔가를 안정적으로 붙잡지
못하고 있다고 느낀다. 지면에 발을 단단히 디디고 있다는 감
각도 없다고 느끼는 것이다. 공중에 떠 있는 기분이 들고, 무
엇이 닥칠지 모르겠고, 방향을 잃은 느낌을 받는다. 이어 혼란
과 심지어는 두려움이 생긴다. 왜냐하면 기준점, 닻을 잃었기
때문이다"라고 주장했다.[19]

이 시대의 4不 방정식은 '불평등＋불공정＋불확실＝불안
정'으로 볼 수 있다. 결과로서의 불안정은 앞서 살펴본 세 가
지가 모두 포함된 심리 구조다. 그런데 4不 방정식이 성립하

면 사회는 시끄러워진다. 어떤 것도 확실하지 않고, 자신이 서 있는 기반이 언제 무너질지 모르는 불안정한 사회는 이제 상수로 받아들여야 한다. 이 체계적인 불안정을 기반으로 우리는 미래로 가야 한다.

사람에게는 완벽한 만족이라는 것이 없어서 '한계효용 체감의 법칙'이 통하지 않는다. 사람은 무한한 번식 욕구와 생존 욕망, 경쟁심리를 지닌 존재다.[20] 역사 속에서 어느 시대나 4不이 늘 존재한 이유이기도 하다. 역사적으로 4不의 강도가 강해지면 왕조가 바뀌거나 혁명이 발생했다. 반대로 4不이 약해지면 번영을 이루고 지도자는 존경받았다. 현재의 4不 상황은 민주주의와 자본주의가 정착된 후 가장 심각한 상태다.

통상 사람들은 불만이 고조되었을 때 새로운 해법을 찾기보다는 현재의 문제에 먼저 분노한다. 여론조사 결과에 따르면, 2020년 이후 한국에서는 '결핍'에 대한 욕구가 '성장'에 대한 욕구보다 계속 높은 수준에 머물고 있다고 한다. 새로운 대안을 찾는 성장보다는 현재의 부족함에 대해 분노하고 있다는 조사 결과다.[21] 합리적인 대안을 마련하기보다 분노라는 생물학적 반응에 우선하는 사회는 약간의 자극만으로도 뿌리째 흔들린다. 외부의 힘을 통해 울분을 해소하려는 유혹에 빠지기도 한다.

앞서 살펴본 4不은 서로 영향을 주고받으면서 사람들을 고독하게 만든다. 어떤 것도 할 수 없다는 상실감이 사람들 마

음속에 자리 잡는다. 때로는 분노로 표출되기도 하지만 조직
화하기는 어렵다. 4不이 상시화되면서 사람들은 현실을 타개
할 극단적인 방법으로 파시즘을 선택하게 된다. 이대로 안 되
니 강력한 대안이 필요하다는 생각이 저절로 생기는 것이다.

3. 독재자의 성공 신화

100년 전 유럽의 절망적 상황은 새로운 지도자에 대한 갈망으
로 이어졌다. 남성의 지위 하락, 전통 종교의 권위 약화, 도덕
성 상실에 따른 자연스러운 반응이었다. 물리적 생존 조건인
경제 상황도 회복이 불가능할 정도로 악화된 상태에서 파시
스트가 등장했다.

불과 몇 년 전까지 중국발 미세먼지는 봄철 한반도 최대
의 난제였다. 그러나 중국 정부의 강력한 대기오염 방지 정책
과 전기차 보급 확대로 미세먼지가 눈에 띄게 줄어들었다. 반
면 한국은 밀양 송전탑 사건 이후 전력 배송망에 대한 투자를
할 수 없다. 도심 재개발이나 쓰레기 처리장과 같은 혐오시설
설치는 아예 불가능하다. 현재의 난제를 해결하고 미래로 가
기 위해서는 꼭 필요하지만, 해당 지역의 반대와 정치권의 리
더십 부재로 한 발도 나아가지 못하고 있다.

제2차 세계대전 이후 80년의 평화의 시대를 거치면서 사
람들은 평화가 주는 안정감에 취해 있다. 그동안 축적된 자산

도 상당하다. 새로운 정책이나 대응이 자신의 이해관계와 맞지 않으면 강력하게 반대한다. 이런 상황이 누적되면서 중국의 미세먼지 해결책과 같이 국가가 한 방에 해결해주기를 바란다.

현대의 중장년층은 파시즘 기반의 교육을 받고 성장했다. 독재를 옹호하는 다양한 교육, 언론 보도, 사회 엘리트들의 주장 속에서 성장했다. 박정희의 개발독재와 강력한 재벌총수의 리더십만으로 선진국에 진입했다고 믿게 되는 것이다.

불확실한 상황을 일거에 해결할 강력한 지도자를 원하는 분위기가 조성되고 있다. 독재자의 성공 스토리는 누구나 잘 알고 있고 일정 부분 사실이다. 수축사회에 따른 4不이 일상화되면서 사람들은 독재자의 성공, 특히 경제적 성공과 과감한 추진력에 주목한다. 민주주의나 인권보다는 강력한 추진력으로 현실을 바꿔주기를 바라는 것이다.

파시스트의 성공 스토리

히틀러는 대공황 당시 실업률이 30%를 넘는 상황에서 1939년 이를 1% 미만으로 떨어뜨릴 정도로 경제를 부흥시켰다. 고속도로인 아우토반이 건설되면서 자동차 보급이 확대되었다. 미국도 마찬가지였다. 뉴딜 정책을 기반으로 대규모 토목공사를 벌여 일자리를 만들고 경제를 정상화했다. 소련의 스탈린은 후진 농업국이었던 러시아를 10년 만에 공업국으로 전환시켰다. 공업생산은 3~4배 증가했다. 미국, 소련, 독일의 독재자들은 집권 초기에 고속도로, 댐 등 전시성 사업을 대규모로 벌여 성공에 대한 환상을 심어주기도 했다.

싱가포르, 대만 등도 비슷한 궤적을 그리면서 성장했다. 북한도 6·25 전쟁 이후 고성장을 이룬다. 한국은 박정희 대통령 이후 성장을 거듭해서 선진국이 되었다. 중동 등 자원 부국의 독재자들은 집권 후 풍부한 자원을 전략적으로 활용하면서 고성장을 이룬다. 리비아의 카다피는 풍부한 석유를 활용해서 1인당 국민소득을 1969년 2,216달러에서 1979년 1만 달러로 증대시켰다.

칠레의 피노체트 정권은 쿠데타 이후 신자유주의 개혁 정책을 도입해서 경제성장률이 잠시 8% 수준에 도달하기도 했다. 최근에도 아르헨티나의 밀레이나 에콰도르와 같은 사례에서 보듯, 21세기 독재 국가들은 피노체트 방식의 개혁 정책으로 성과를 내면서 주가가 크게 상승하기도 했다.

독재자의 경제적 성공 스토리를 흔히 '개발독재'라고 한다. 경제가 발전하려면 소수의 희생이 불가피하고 과감한 리더십이 필요하다는 생각이 기반이 된 체제다. 개발독재 신화는 여전히 우리 사회의 중심 화두다. 4不을 해소하고 경제를 회복시키는 합리적이고 민주적인 방법을 찾지 못하고 있기 때문이다.

개발독재의 성공과 한계

히틀러, 루스벨트, 스탈린의 집권 시점은 절묘했다. 히틀러와 루스벨트는 대략 한 달 반 정도의 시차를 두고 집권했다. 제1차 세계대전과 1920년대의 대혼란기를 지나 대공황으로 경제가 완전 파괴된 최악의 상황에서 집권했다. 더 나빠질 것이 없는 최악의 상황이었기 때문에 약간의 성공만으로도 지지를 받을 수 있었다. 스탈린도 제1차 세계대전으로 수백만 명이 사망하고, 1917년 공산주의 혁명과 왕조의 몰락 이후 최악의 상황에서 1924년 집권한다.

제3세계 국가들의 독재자 역시 사회 혼란과 경기침체가 깊어졌을 때 집권한다. 사회가 어려웠기 때문에 독재자의 집권이 가능했다는 표현이 오히려 맞을 듯하다. 혼란 속에서 권력과 폭력을 독점한 독재자는 집권 후 우선 치안을 회복시킨다. 노동자 파업과 같은 저항 세력을 집단 이기주의로 몰아가면서 질서를 강제한다. 동시에 인프라, 군수산업, 교육 등 핵심 분야에 국가 주도로 투사에 나선다. 국가 전체를 총동원 체제로 전환해서 저축을 늘리고 산업을 부양한다.

반면 언론, 노동을 탄압하면서 전시 체제와 유사한 독재 통치를 시행한다. 최악의 상황에서 이런 적극적 정책은 사회의 효율성을 높인다. 일시적으로 경제가 회복되는 모습을 보이기도 한다. 사회가 안정되고 경제가 성장하면 독재 권력은 어느 정도 정당성을 확보하게 된다.

그러나 이런 성공 공식은 과거 '아시아의 4마리 용'으로 불렸던 한국, 대만, 싱가포르, 홍콩 등에만 해당된다. 도시 국가인 홍콩과 싱가포르를 제외하면 실질적으로 한국과 대만 정도다. 대다수 국가는 짧은 회복기 이후 수십 년째 파시즘 독재에 빠지는 경우가 더 많다. 무슨 차이가 있는 것일까? 네 가지로 정리할 수 있다.

첫째, 국가 주도 성장은 기본적으로 불균형 성장이다. 국가가 관심을 기울이지 않는 분야나 산업은 발전하기 어렵다. 이는 장기적으로 경제와 사회의 불균형을 심화시킨다. 또한 국가가 자원 배분을 모두 장악하는 유사 계획경제 체제는 성장의 혜택이 특정 계층에게만 집중된다. 절대 권력은 절대 부패하듯이 사회적으로 정경유착과 같은 부패 구조가 만들어진다.

둘째, 국가 주도의 성장은 민간의 창의성을 억제한다. 은행 대출을 국가가 인위적으로 주무르면 자금 흐름이 왜곡된다. 투자할 산업이 아니라 독재자의 생각대로 돈이 흐르게 된다. 민간의 창의성이 발휘되기 어려운 구조가 되는 것이다. 자본주의와 민주주의가 한 쌍을 이루어야 하는 결정적인 이유이기도 하다.

셋째, 과거 시스템과의 완전한 결별이 중요하다. 예를 들어 제2차 세계대전 이후 과감한 토지 개혁을 실시한 한국과 대만은 성장 기반을 마련할 수 있었다. 민간의 자본 축적이 가능해진 것이다. 미국은 노예제, 노동 착취 기반의 경제 구조를 노동자 보호로 전환하는 등 과거와 단절하는 구조 개혁으로 성장의 기반을 만들었다. 반면 왕정 국가를 장악하면서 등장한 파시스트들은 시스템 전환 비용을 제대로 지불하지 않아서 실패하는 경우가 많았다. 스페인의 프랑코 총통은 집권 초기에 과거의 체제를 제대로 바꾸지 못했다. 공화정과 좌파를 제거했지만 귀족, 대지주, 가톨릭 교회를 보호하면서 자급자족에만 집착해서 경제를 실패로 몰아갔다.

넷째, 집권 파시스트 세력과 국민의 평균적인 의식 수준이 중요하다. 쿠데타를 통해 집권한 파시스트들은 군부 출신이다. 군부는 국가 경영에 대해 연구할 기회나 시간이 없었다. 이들이 국가 전체적 차원에서 비전을 마련하고 효율적으로 통치하기에는 능력이 부족하다. 반면 박정희 정부 당시 군부는 검증된 유능한 집단이었다. 이들은 기술 관료 및 대기업과 효과적으로 제휴하면서 자기 학습과 자정장치를 가동했다.

한국, 대만, 홍콩의 1970년 기준 문자 해독률은 80%대 후반에 도달하고 있었다. 교육 수준이 높을수록 정부 주도에서 민간 주도로 경제 구조를 전환하기가 수월해진다. 기술 관료와 경제인, 일반 국민들의 평균적인 의식과 교육 수준이 높아지면 경제와 사회의 효율성이 증가한다. 한국의 개발독재 성공 비결이다. 그렇지 못할 경우 다국적 기업의 먹잇감이 되거나 국내 부패 세력의 노예로 전락할 수 있다. 교육은 정부 주도 성장에서 2차 자율 성장으로 이어지는 핵심 요인이다. 결론적으로 파시스트의 능력과 총체적인 국가의 수준이 중요하다.

더군다나 한국은 적어도 2,000년 정도 체계적이고 정교한 통치 체계를 갖추고 있었다. 제2차 세계대전 후 독립한 많은 국가 중 한국과 같은 역사, 문화, 사회철학적 체계를 갖춘 나라는 거의 없었다. 한국만의 이런 독특한 기초 환경과 효율성을 중시하는 개발독재가 결합해서 성과를 낸 것이다.

개발독재의 실패 스토리

개발독재를 거쳐 선진국에 진입한 나라가 한국과 대만뿐이라면 개발독재가 곧 성장으로 연결되지는 않는 것으로 봐야 한다.

무솔리니는 1922년 집권 후 더딘 경제 회복과 근본적인 사회 불안을 치유하지 못했다. 파시즘 독재 체제였지만 국가 리더십은 허약했다. 국가의 적극적 중재 아래 노·사·정이 정치적 협상을 통해 사회 갈등을 해결하려는 '코포라티즘corporatism', 공기업과 관치의 확대, 나중에는 자급자족과 같은 다양한 정책을 실험했지만 혼란만 가중되었다. 오히려 제1차 세계대전 이전보다 경제가 나빠졌다는 평가도 많았다.

엘살바도르는 인구 10만 명당 살인 범죄 희생자 수가 2015년에 세계 최고 수준인 106명이었지만, 2024년에는 중남미 최저 수준인 1.9명으로 급감했다. 2019년 취임한 부켈레Nayib Bukele 대통령은 공권력을 동원해 조직폭력배 소탕 작전을 대대적으로 벌였다. 범죄율이 획기적으로 낮아지면서 국가 신용등급도 올라갔다. 그러나 대통령의 '무제한 연임'을 가능하게 하는 헌법 개정안을 통과시키면서 독재자의 길에 들어섰다. 그는 스스로를 '세계에서 가장 멋진 독재자'라고 칭한다.[22] 그러나 경제 회생 조짐은 전혀 보이지 않는다.

필리핀의 두테르테Rodrigo Duterte도 부켈레와 같이 범죄율을 낮추고 마약 사범을 무자비하게 단속했다. 필리핀 내무부(DILG)에 따르면 범죄 발생 건수가 약 74%나 줄어들었다고 한다. 그러나 경제적 성과는 거의 없었다. 두테르테는 퇴임 후 국제형사재판소(ICC)에 구금되어 재판 중이다. 혐의는 재임 중 자행된 반인도적 살인 등이다.

전쟁, 혁명, 대공황처럼 국가 존립이 흔들리는 위기 상황 속에서 사람들은 혼란을 정리하고 질서를 복원할 강력한 정부를 원한다. 경제를 살려줄 새로운 정치 세력을 갈망한다. 마치 전쟁을 치르듯 신속하게 자신들을 구원해줄 메시아를 기다린다.

모든 파시즘 정권들은 자신들의 독재 유지를 위해 민주주의와 반대 세력을 억압하고, 언론과 지식인을 탄압한다. 그러는 동안 민간 경제가 자생력을 갖춰 자동으로 굴러가기까지는 오랜 시간이 필요하다. 이런 과도기에 국가의 통제 능력이 한계에 부딪친다. 권력 유지 비용이 경제적 성과를 초과할 때 파시즘 정권은 몰락의 길에 들어서기 시작한다. 히틀러가 제2차 세계대전을 일으킨 것도 유사한 이유다.

결론적으로 파시즘 독재를 통해 사회를 정상화시키고 경제를 성장시킨다는 것은 자유와 인권을 포기한 대가다. 개발독재의 지속 가능성은 매우 낮으며 언젠가는 대가를 치르기 마련이다. 현재 파시즘 독재 정권들이 가장 두려워하는 지점이기도 하다. 중국과 러시아를 비롯해 인도, 튀르키예, 그리고 헝가리 등 동유럽의 권위주의 국가들이 처한 위태로운 현실이 이를 방증한다.

4장

100년 전보다
지금이 더 위험하다

100년 전 파시즘 시대와 지금은 여러모로 닮아 있다. 그러나 나는 당시에 비해 지금이 더 위험하다고 본다. 지난 100년간, 특히 최근 20여 년간 세계는 역사적 차원의 전환을 겪고 있다. 이런 변화가 파시즘의 침투를 강화하고 확산시킨다. 자발적으로 파시즘을 받아들이려는 분위기가 만들어지고 있는 것이다. 100년 전보다 지금 시대가 파시즘에 취약해진 이유를 짚어보자.

어떤 약을 드세요?

"파란 약을 먹으면 모든 게 끝난다. 침대에서 깨어나서 네가 믿고 싶은 대로 믿으면서 살아가게 돼." 영화 〈매트릭스The Matrix〉 1편(1999년)에서 모피어스가 주인공 네오에게 빨간 약과

파란 약 중 선택을 하라며 내뱉는 말이다. 파란 약은 괴로운 현실을 잊고 가상의 세계에서 살아가게 한다.

소설이나 영화에서는 현실을 잊고 통제에 따르게 하기 위해 약을 복용하는 것을 소재로 삼는 경우가 많다. 디스토피아dystopia를 보여주는 올더스 헉슬리의 《멋진 신세계》는 현실을 잊게 하는 소마SOMA라는 약을 먹고 살아가는 세상의 이야기다. 영화 〈이퀼리브리엄Equilibrium〉에서는 프로지움을 복용하면 감정 없는 순응형 사람으로 살 수 있다.

약을 복용해서 감정을 조절하는 소재의 영화나 소설은 대부분 미래를 디스토피아로 묘사한다. 이 디스토피아적 세계는 영화 〈매트릭스〉처럼 진실을 은폐하거나, 《멋진 신세계》처럼 쾌락과 소비를 제공한다. 때로는 조지 오웰George Orwell의의 《1984》처럼 폭력과 공포를 동반하기도 한다. 목표는 오직하니, 현 체제에 대한 절대적 순응이다. 이 세 가지 방식이 결합되면 사회는 쾌락과 중독, 공포에 굴복해 스스로 노예 상태를 자초한다. 사람들은 서로를 감시하고 인간성은 점차 소멸해간다.

우리는 "도파민이 터진다"라는 표현을 자주 사용한다. 도파민은 뇌의 신경 회로를 활성화해 '쾌감'과 '욕구'를 발생시킨다. 도파민이 제공하는 즐거운 자극에 반복해서 노출되면, 고통을 견디는 능력이 감소하고 쾌락의 기준점이 올라간다.[1] 신의 반열에 올라선 인간은 어쩌면 도파민 중독일지도 모른다. 만약 그렇다면 외부에서 도파민을 자극하는 물질이 필

요해진다. 마약, 도박, 게임 등과 같은 더 강한 자극이 필요해
진다. 관세청에 따르면 2025년에 마약 적발이 3.8배나 급증
했다고 한다.[2]

미국은 신종 합성 마약인 펜타닐을 신종 '대량살상무기'
로 지정했다. 미국에서 펜타닐에 의한 사망자만 연간 7만 명
이 넘는다고 한다. 교통사고, 자살, 살인보다 사망자가 많다.
2024년 기준으로 한국에서 우울증 치료 기록이 있는 사람이
110만 명이라고 한다. 우울증은 질환의 특성상 병원을 찾지
않는 인원까지 고려하면 실제 환자는 훨씬 많을 것이다. 미국
은 더 심각하다. 우울증을 앓고 있거나 치료를 받고 있는 사람
이 18%를 초과했다는 조사가 있다. 2015년에 비해 8%포인트
상승했다(갤럽, 2025년 기준). 약 4,780만 명이 우울증을 겪고
있다는 조사 결과다.

심각한 혼란 상태였던 100년 전에는 적어도 마약이 문제
되지는 않았다. 왜 우리는 약물에 의존해야 할 정도로 고통스
러워진 것인가? 이 사실 하나만으로도 100년 전보다 더 심각
한 상황으로 인식해야 한다. 당시 파시즘의 논리는 파시즘 선
동가의 연설 등을 통해 하향식으로 전파되었다. 그러나 지금
은 약물에 의존할 정도로 마음이 혼란한 사람들에 의해 상향
식으로 파시즘이 확산하고 있다. 분산된 채 다양한 형태로 사
회가 전환되고 있어 통제조차 쉽지 않다. 더 위험해지고 해법
을 찾기 어려운 이유다.

1. 고독한 AI의 노예

역사는 과학기술 발전과 이를 받아들이는 사람과의 관계에서 만들어진다. 나는 역사 변동의 가장 중요한 요인을 과학기술로 본다. 18세기 중반 산업혁명 이후를 생각해보자. 증기기관의 빠른 보급으로 생산성이 비약적으로 향상되었지만, 면직산업을 중심으로 공급 과잉이 발생했다. 추가로 판매할 시장이 필요해지면서 식민지 쟁탈전이 벌어진다. 약육강식이 국제질서의 기초가 되었다.

기업들은 판매 가격을 낮추기 위해 노동 착취에 나선다. 이 결과 빈부격차가 커지자 19세기 중반 공산주의가 태동한다. 이런 상황에 위기감을 느낀 지배 계층은 점진적으로 민주주의를 받아들인다. 독점기업을 규제하는 등 자본주의의 단점을 조금씩 치유하기 시작한다. 과학기술의 발전이 노동, 사회, 국제질서 등 거의 모든 것을 바꾼 것이다. 그래서 역사 변동의 첫 단추는 과학기술에서 출발한다.

손정의 소프트뱅크 회장은 2025년 말 이재명 대통령을 만난 자리에서 "AI가 사람보다 1만 배나 똑똑해질 것"이라면서 AI 시대에 적응해야 한다고 강조했다. "금붕어를 아무리 훈련해도 수학이나 영어를 할 수 없는 것은 하드웨어 자체가 다르기 때문"이라면서, "앞으로는 인류가 금붕어가 되고 AI가 인간이 될 것"이라고 전망했다. 지금의 AI 혁명은 산업혁명 수준 이상으로 봐야 한다. 일부 학자들은 AI를 인류가 '불

火'을 발견한 것에 견줄 정도로 인류사의 변곡점으로 보기도 한다. 기계로 정의하기에 AI는 너무 압도적이다. 인간을 넘어 인간의 존재에 대해 질문하게 한다.

2022년 하반기 챗GPT 등장 이후 불과 3년 만에 AI는 거의 모든 것을 바꾸고 있다. AI는 사람의 '뇌'를 대체하기 때문에 사용하는 사람들의 적응 능력, 때로는 감정의 변화를 앞지른다. 우리는 AI가 어떤 경로를 거쳐 의사결정을 하는지 이해하지 못한다.

나는 AI에게 질문할 때 "○○○를 해주세요"와 같이 꼭 존댓말을 쓴다. 혹시 영화 〈터미네이터〉처럼 AI가 지배하는 세상이 되었을 때, AI를 존중했던 이력을 참작해서 AI가 공격하지 않기를 소망하기 때문이다. 주위에서도 많이 발견된다. AI는 새로운 기회이기도 하지만 무서운 미래의 도전이고 위협이다. AI가 만들 미래에 사람들은 AI의 노예가 될 것인가? AI의 위협에 대응하는 방법은 파시즘인가?

노동의 종말: 사람은 무엇을 할 것인가?

앞으로 공장에는 '사람'과 '개'만 있을 것이라고 한다. 생산은 AI가 하고 혹시 모를 공장의 사고를 해결하는 것이 사람의 역할이지만, 완벽한 AI 공장에서 그런 사고는 아예 발생하지 않는다. 그러면 사람의 역할은? 개에게 먹이를 주는 것이 임무다. 그러면 개는? 사람이 기계를 만지는 것을 감시하기 위해서라고 한다. 사람에게서 노동이 사라진다는 섬뜩한 우화다.

2025년 중반 기준으로 미국 자동차 업계의 상황을 살펴보자. 글로벌 투자은행(IB) 모건스탠리의 분석에 따르면, 휴머노이드 로봇 가격이 일론 머스크가 제시하듯이 2만 5,000달러(한화 약 3,500만 원)까지 낮아지면 고임금 근로자 일자리는 불과 3개월 만에 로봇으로 대체될 것이라는 분석이 있다. 반면 주로 육체적 노동에 의존하는 저임금 노동자의 일자리는 1년 정도 지나면 사라진다고 한다. 아직 사람의 물리적 행위를 대체할 에이전트Agent AI, 피지컬Physical AI 시대가 본격 도래하지도 않았지만, 이미 우리의 삶은 빠르게 바뀌고 있다.

최근 미국에서 해고되는 인원 중 상당수는 AI 도입의 결과라고 한다. 특히 인텔, MS 등 미국의 기술기업 등은 앞다퉈 고급 인력을 내보내고 있다. AI 도입 초기지만 AI는 맹렬한 속도로 사람의 일자리를 빼앗고 있다. 이런 추세가 지속되면 고임금 숙련 노동자 작업은 AI가 담당할 것이다. 반면 사람들은 청소, 단순 작업, 약간 복잡한 노동과 같이 임금이 낮고 육체를 많이 사용하는 일을 할 것이다.

20세기 초반 자동차가 보급되면서 마부는 자동차 공장의 노동자로 대체되었다. 비행기가 개발되고 해외에 나갈 수 있게 되자 항공 관련 일자리가 생기고 여객도 증가했다. 인터넷이 출현했을 때도 새로운 일자리가 탄생했다. 통신회사, 전자상거래 회사, 물류회사 등은 인터넷이 만든 일자리다. 택배업체의 물류창고에는 AI를 장착한 로봇이 사람을 대체하고 있다. 사람이 하는 것은 배달의 마지막 단계로 소비자에게 직접 배달하는 것이다. 그런데 이 작업은 단순하고, 특별한 기술 없이도 가능하지만 위험하다.

2026년 2월 3일 AI가 AI를 만들어내면서 세계는 엄청난 충격에 빠졌다. 앤트로픽 AI가 선보인 '클로드 코워크(Claude Co-work)'는 AI가 '도구'에서 '동료'로 바뀌는 신호탄이었다. 하나의 업무 단위를 통째로 맡아서 '리서치→요약→보고서 초안→정리'까지 연속 수행하면서 사람은 '검토·의사결정'에만 참여한다.

클로드 코워크가 등장하면서 전 세계 소프트웨어(SW) 업체들은 경악에 빠졌다. 2026년 1월 12일, 출시된 후 불과 3주 만에, 전 세계 소프트웨어 관련 주식에서 약 2,850억 달러, 우리 돈 413조 원에 달하는 시가총액이 증발했고, 이를 '사스포칼립스SaaSpocalypse'라고 불렀다. 물리적 과업은 피지컬 AI(로봇)가 처리하고, 그동안 사람의 일이었던 소프트웨어 관련 작업(SaaS)마저 AI에게 빼앗기기 시작한 것이다.

뉴욕 연방준비제도(연준)에 따르면 그동안 각광받던 컴퓨터공학 전공의 실업률은 이미 7.5%에 달한다고 한다. 반면 농업 전공은 1.2%에 불과하다고 한다(2025년 기준). 이제 AI가 어떤 미래를 만들지 예상조차 어려워졌다. 다만 확실해진 것은 안전한 직업이나 일이 없어졌다는 점이다.

사람을 편리하게 했고, 성장의 원천이었던 과학기술이 이제는 사람을 배제하기 시작했다. '일' 자체를 사라지게 하고 있다. 21세기판 기계파괴운동이라도 벌여야 하는 것인가? 그렇다고 과학기술의 흐름을 거부할 수도 없다. 상상할 수 없는 미래로 빨려 들어가면서 우리는 "도대체 이게 뭐지?" 하는 생각이 두려움 단계를 지나 공포로 바뀌고 있다.

기득권 해체: 공식公式은 없다!

그동안 정부나 사회기관이 인정하는 다양한 자격증은 평생 직업으로 각광받았다. 직업 이름 뒤에 '~사(事, 士)'가 붙는 직업은 늘 선망의 대상이었다. 한 번 취득하면 평생 수입이 보장되기 때문에 자격증을 취득하기 위해 모든 노력을 기울인다.

'~사' 직업을 취득하기 위해서는 국가 등 공공기관이 시행하는 시험에 합격해야 한다. 그 시험 내용은 정해진 규칙, 혹은 다양한 상황에 대한 해석에 기반한다. 그런데 AI는 이런 것을 처리하는 데 사람과는 비교할 수 없을 정도로 빠르고 정확하다. 세계에서 벌어지는 모든 시험에서 AI와 사람이 경쟁하면 사람은 모두 패배할 것이다.

학문은 다양한 변수들의 상관관계를 파악해서 일종의 함수인 공식을 만들고 검증하는 것이 핵심이다. 《와이어드WIRED》의 수석 편집위원인 크리스 앤더슨Chris Anderson은 '이론의 종말The End of Theory'이라는 글에서 "이제 우리는 '왜(why)'를 몰라도 된다. 데이터가 '무엇(what)'을 말하는지만 알면 된다"고 단언했다. 인과관계, 이론, 모델 등 학자들의 전문 분야가 사라지고 방대한 데이터와 상관관계가 중심이 된다는 것이다. AI가 파악하는 상관관계가 인과관계를 밀어내는 것이다. '왜 그런가?'라는 질문은 '그냥 그런 것'이라는 AI의 확언 앞에서 의미를 잃어버린다.[3] 수억, 수조 개 변수들의 상관관계를 파악하면 공식 없이도 새로운 현상을 규명할 수 있게 되었다. 학문과 전문가들이 사라질지도 모른다.

이미 세무회계는 AI가 대체하고 있다. 택시 기사는 조만간 자율주행 자동차에게 자리를 내줄 것이다. 환자의 진단부터 치료와 병원 경영까지 AI는 의사를 병원에서 몰아내고 있다. 법률 영역인 판사, 검사, 변호사 업무는 AI에게 가장 쉬운 분야다. 모든 법률과 판례 등은 서류 형태로 이미 존재한다. 이것들을 종합하면 웬만한 법률적 판단은 AI가 법률가보다 더 잘할 수 있다.

최근 한국에서 나타나고 있는 기득권 갈등의 본질은 AI 출현과 인구구조의 역피라미드화가 결합된 것이다. AI가 진단하고 수술하는데 의대 정원을 한 번에 65%나 늘리니 의사들의 저항은 불가피했다. 법조계는 AI의 공격을 방어하기 위해 정치에 개입하고 법률 분야의 AI 사용을 막고 있다. 유료 법률 상담이나 법률 사무는 원칙적으로 면허를 가진 변호사만 할 수 있어서 AI 도입이 제한되고 있다. 그러나 시간의 문제일 뿐 조만간 법조인은 AI에 의해 구금될 것이다.

면허가 있거나 학문적 성취를 가진 사람들은 권위 그 자체였다. 그러나 이들은 AI에게 가장 먼저 점령당하고 있다. 우리가 능력이라고 여기던 것들은 붕괴되고 있는 것이다. AI가 노동과 기득권을 대체하기 시작하면서 전문직을 포함해 많은 사람들은 생존의 위기에 던져지고 있다.

AI는 사회 전반의 일자리를 빼앗고 기득권을 해체하고 있다. 사회를 구성하는 핵심 세력이 가장 먼저 AI의 표적이 되고 있는 것이다. 그러면서 사람들은 소외되고 고독해진다. 마음의 심연에서부터 단번에 세상을 뒤엎고 싶다는 마음이 들 것이다. 그 마음이 파시즘을 동경하게 하지만 그의 마음도 이미 AI에게 점령당했다.

2. 당신 사람 맞아?: 새로운 인간의 탄생

언제부디인지 전철 안 풍경은 고정되어 있다. 대부분 검은색 옷을 입고 스마트폰을 보고 있다. 유튜브, 뉴스, 쇼핑, 온라인 게임, 주식투자 등 제각각이지만 시선은 스마트폰 안에 고정되어 있다. 한국의 월평균 유튜브 이용 시간은 40시간으로, 글로벌 평균(23시간)보다 월등히 높다(2025년 10월 기준). 여가부 조사 결과에 따르면 청소년 6명 중 1명이 이미 인터넷, 스마트폰 중독이라고 한다.

오늘날 우리에겐 사적 영역이란 존재하지 않는다. 깨어 있는 거의 모든 시간을 스마트폰이나 PC 속에서 살고 있다. 스스로 무엇인가를 깊게 생각할 시간이 거의 없어졌다. 짧고 강렬한 메시지에 열광한다. 반대로 자아와 의식을 형성하게 하는 깊이 있는 정보에 대한 접근은 줄어들고 있다. 대신 AI 알고리즘의 지배를 받는 시간은 점점 길어지고 있다.

한국은 챗GPT 등 AI 가입자 숫자와 유료 가입자 비율 역시 세계 최고 수준이다. 2025년 12월 한 달간 7개 AI 구독 서비스 결제 금액은 803억 원으로 2024년 1월 대비 24배나 늘었다고 한다.[4] 이제 AI 알고리즘은 나보다 나를 더 잘 알고 있을지 모른다.

유발 하라리는 앞으로 AI 알고리즘은 사람을 해킹해서 나보다 나를 훨씬 더 잘 아는 외부 알고리즘을 만들 수 있을 것이라고 전망했다. 만일 그런 일이 일어나면 '사람과 인권, 그리고 개인주의에 대한 믿음은 붕괴할 것이고, 권한은 개인들에게서 그물망처럼 얽힌 AI 알고리즘들로 옮겨갈 것'이라는 섬뜩한 경고를 덧붙인다.[5] 그런데 이런 상황이 되면 우리는 사람인가, AI 알고리즘인가?

나비의 꿈

인터넷 시대의 지식은 노하우Know-How가 아니라 노웨어Know-Where로 바뀌었다. 내게 필요한 정보는 분명 인터넷 어딘가 있다는 확신이 생겼다. 깊은 사색이 필요한 독서나 토론은 사라지고, AI와 인터넷에 완전 포위당해 살고 있다는 표현이 적절할 듯하다. 더 위험한 것은 뇌의 형성이 아직 미숙한 어린이나 청소년의 AI 알고리즘 중독이 심각하다는 점이다. 이들이 성인이 되었을 때 과연 AI에게서 독립할 수 있을까?

유튜브, 페이스북뿐 아니라 온라인 광고까지 모든 매체들은 사용자의 생활 패턴이나 관심 사항을 본인보다 더 잘 알고 있다. 이미 우리는 알고리즘이 시키는 대로 생각하고, 소비하고, 화내고, 공부하고, 건강을 챙기고 있다. 내가 내리는 결정이 과연 내가 결정하는 것일까, 아니면 AI 알고리즘이 지시하는 것일까? 성격을 파악하는 MBTI가 유행이다. 그런데 결과가 과연 자신의 성격일까, AI 알고리즘이 만들어준 것일까? 2,300년 전 장자莊子는 '호접몽胡蝶夢'을 통해 "내가 나비가 된 꿈을 꾸는 것인가, 나비가 내가 된 꿈을 꾸고 있는 것인가"라고 물었다. 여기서 나비를 AI 알고리즘으로 바꾸면 나는 도대체 무엇인가?

스마트폰이 일반화된 것이 2010년 이후라고 본다면 우리는 이미 15년 이상 스마트폰이 보여주는 알고리즘과 함께 공생해왔다. 거의 동시에 모든 사람이 스마트폰에 몰입하면서 스마트폰으로 모든 것을 할 수 있는 최초의 세대가 되었다. 아이들은 '아기 상어' 유튜브부터 시작해서 다양한 게임을 접했다. 공부도 주로 온라인으로 했다. 아마 이들의 뇌 구조는 AI 알고리즘이 전해주는 정보를 습득하는 데 최적화되었을 것이다. 또한 형제가 없으니 부모들의 집중적인 관심과 보살핌을 받았다. 스스로 생각하는 시간이 절대적으로 부족했을 것이다. 어려운 의사결정일수록 AI의 도움을 받지 않았을까?

중요한 것은 노웨어Know-Where에 대한 확신이다. 우리는 이제 자신에게 필요한 모든 지식이 인터넷 어디엔가 분명히 존재하고 있다고 믿는다. 실제로도 그러하다. 지식을 자신의 것으로 내재화하는 대신에 외부에 저장하는 것이다. 마치 자신이 가지고 있는 휴대용 USB에 세상의 모든 지식이 있다고 생각하는 것이다. 그런데 USB가 당신의 것인가?

번아웃: 내 영혼은 어디에 있는가?

지식을 나의 것으로 만드는 시간이 절약되니 나머지 시간은 스마트폰이 제공하는 다양한 쾌락에 빠진다. 욕망을 자극하는 신상품이 AI 알고리즘의 안내로 배달된다. 사고 싶지만 돈이 없다면 대리 만족한다. 좋아하는 연예인, 스포츠 스타, 정치인의 일거수일투족이 실시간으로 중계된다. 비슷한 뉴스와 동영상이 쏟아지니 다른 것을 생각할 여유가 없다.

더군다나 돈도 벌게 해준다. 모든 것은 게임이 되고 도박이 되고 있다. 전 세계 사람들이 온라인 투자시장이나 도박장에 입장한 것으로 비유할 수도 있다. 카지노에 갈 필요가 없다. 스마트폰 안에 카지노가 있다.

정기적으로 로또 등 복권을 사는 사람도 계속 증가하고 있다. 2024년 기준, 로또 6조 원을 포함해서 인쇄복권, 결합복권, 전자복권 등을 합치면 약 7.2조 원어치가 팔려나갔다. 거의 모든 영역에서 도박, 투자, 게임의 구분이 모호해지면서 사람들은 24시간 스마트폰 안에서 살고 있다. 남녀노소, 교육 수준에 상관없이 모든 사람들이 다양한 베팅에 참여하고 있다.

해외 주식투자가 급증해서 환율이 흔들릴 정도가 되었다. 시차 때문에 미국 시장에 투자하려면 한밤중에도 모니터를 주시해야 한다. 자산이 많은 사람이야 장기 투자를 할 수 있지만, 소액이나 대출로 투자한 사람이라면 각별히 신경을 써야 한다. 그런데 미국 시장이 24시간 거래를 추진하고 있다. 그렇다면 한국의 주식 거래도 24시간 동안 열릴 가능성이 높아졌다. 가상자산은 1년 365일 24시간 거래된다. 주로 단기매매 중심이라서 가상자산 투자자는 늘 집중해야 한다.

현재 한국의 주식투자자 수는 약 1,400만 명 이상이라고 한다. 해외 주식 활동 계좌는 2025년 8월 기준 대략 1,100만 개다. 가상자산 투자자도 약 1,000만 명 이상으로 추정된다. 경제활동인구 약 3,000만 명의 거의 절반 정도의 사람들이 국내외 주식과 가상자산에 투자하고 있는 셈이다. 군대에서도 유사한 일이 벌어지고 있다. 국방부에 따르면 2020~2024년 군에서 발생한 휴대폰 사용 위반 징계가 4만 7,000건 정도였는데, 군대에서도 온라인 도박 등 투자가 24시간 이루어지고 있다고 한다. 뇌가 완전히 불타버려 번아웃된 사람도 상당할 것이다. 이는 한국만의 현상이 아니다. 전 세계 모든 사람들이 같은 시장에서 게임하듯이 24시간 연속 투자하고 있다.

과거에는 모든 네트워크의 구성원은 인간이었다. 소통은 인간을 거쳐야만 했다. 이때 기술은 인간을 연결하는 역할만

했다. 그러나 새로운 컴퓨터 기반 네트워크에서는 컴퓨터 자체가 구성원이 되었다. 인간을 거치지 않고 컴퓨터 간의 연결로만 이루어지는 비중이 높아지고 있다. 컴퓨터가 언어 능력을 획득함으로써 컴퓨터는 인간 제도의 문을 딸 수 있는 마스터키를 손에 넣게 된 것이다. AI가 등장하기 전에는 인간 사회에 영향을 주는 모든 이야기는 사람의 상상력에서 탄생했다.[6]

이런 시대에 살아가는 사람에게 과연 자아가 있을까? 나와 AI 알고리즘이 합체된 것은 아닐까? AI 알고리즘에 영혼을 빼앗긴 사람들은 너무 피곤하다. 24시간 AI 알고리즘이 만들어준 감옥에서 스스로 안주하고 있지만 모든 것이 불안정하다. 피곤하고, 화나고, 깊게 생각하지 않고, 가난하고, 미래가 절망적인 사람들은 깊게 생각할 여유가 없다. 당장의 관심사, 게임, 투자에만 집중하고 있지만 성과는 그리 좋지 못할 것이다. 정신 건강이 매우 위험해진 것이다.

나르시시스트: 나는 신이다

다시 노웨어Know-Where로 돌아가자. 모든 지식이 어디에 있는지 알게 되는 것 자체로 사람은 '신神'이 되는 것이다. 세상의 모든 지식을 마음만 먹으면 알 수 있게 된 것은 인류 역사 최초의 대사건이다. 더군다나 어디든지 이동할 수 있고, 누구와도 소통할 수 있다. 과연 이런 시대가 있었을까? AI 알고리즘 시대의 고독하고 고립된 개인이 '신'과 같은 능력이 있다면 자신의 방식대로 홀로 살아갈 수 있다.

네트워크 안에서 살아가는 사람들은 약간의 노력만으로도 누구나 신과 같은 역할을 할 수 있게 되었다. 과거에는 권력자, 성직자, 과학자와 같이 극히 제한된 사람만 정보를 생산할 수 있었다. 통신 방법도 주로 1:1 통신에 의존했다. 인쇄술이 발전하면서 1:다多 소통이 가능해졌지만, 주된 소통 방식은 최근까지도 1:1 소통에 의존했다.

페이스북, 인스타그램, 유튜브에 특정한 정보를 올리면 순식간에 전 세계로 퍼져 나간다. 모든 정보는 항상 연결된다. 이것이 정보의 근본적인 특징이다. 사람이 연결된 네트워크 속에 존재하고 있다는 것은 모든 정보에 접근할 수 있음을 의미한다. 유발 하라리는 자연과 운명에 종속되던 인간이 스스로 생명·행동·미래를 설계하는 존재로 진화해서 신이 된 인간을 '호모 데우스Homo Deus'라고 표현했다. 능력을 떠나 현대의 사람들은 심리적으로 이미 신의 반열에 올라있다.

신이 되려는 인간은 나르시시스트narcissist(자기도취자) 성향이 강하다. 비정상적으로 자존감이 강해지는 것이다. '난 뭐든지 할 수 있으니 내 마음대로 행동할 거야'라는 생각 말이다. 모든 것을 할 수 있으니 욕구도 다양해진다. 우리는 그동안 매슬로우의 인간 욕구 5단계설을 기준으로 사람의 욕망을 이해해왔다. 생물학적 욕구→안전 욕구→사회적 욕구→존경의 욕구→자아실현으로 욕구가 발전해간다고 믿어왔다. 사람의 행복은 서로 비슷하다는 가정에서 출발한 이론이다.

그러나 이 이론은 1943년에 나왔고, AI 시대를 반영하지 못해서 이제 폐기 처분해야 한다.

21세기 사람들은 '신'의 반열에 올랐기 때문에 욕구도 스스로 만들어낸다. 보다 구체적이고 다양한 욕구가 생긴다. 매슬로우의 인간 욕구 중 '4단계 존경의 욕구' 이상에서 욕구의 분화가 발생하고 있다. 마지막 단계인 '자아실현 욕구'는 종교인 등 특정한 사람에게만 해당되고 일반인이 오를 수 없는 상징적인 목표였다. 그러나 지금은 AI의 도움으로 누구나 가능해지고 있다. 신이 된 사람들은 모든 것을 알고자 하는 '인지적 욕구', 아름다움을 추구하는 '심미적 욕구', 자기 잠재력을 발휘하는 '자아실현 욕구', 타인을 돕고 외부와 연결하고자 하는 '자기 초월 욕구' 등이 부상하고 있다.[7]

뭐든지 할 수 있는 현대의 나르시시스트들은 편향성이 강하다. 자신의 직감을 뒷받침하는 정보를 찾거나 인용, 혹은 기억하면서, 그에 반하는 정보는 무시하거나 거부한다. 언제 어디에서나 정보를 입수하기 때문에 자신의 의지와 부합되는 정보만 지속적으로 검색한다. 어떤 믿음이든지 그 증거를 찾기가 쉬워졌지만, 믿음에 반대하는 정보는 손가락으로 획 넘겨버리면 그만이다.[8] 그래서 스스로 필터 버블을 만든다. 자신이 믿는 정보만 통과시키는 강력한 필터로 자신을 감싸고 있는 것이다.

과도한 디지털 의존으로 부모 세대보다 자식 세대의 인지 발달이 낮아지고 있다는 주장도 있다. 미국 뇌과학자 제러드 호바스Jared Horvath 박사에 따르면, Z세대는 주의력, 기억력, 독해력, 수학 능력과 IQ가 정체 혹은 하락하고 있다고 한다. 그동안 인류는 자녀 세대가 부모 세대를 능가하는 능력을 보여왔지만, 인류 역사 최초로 부모 세대보다 능력이 낮아지는 세대가 탄생하는 것인지 우려된다. 그런 Z세대는 나르시시트가 되고 부모 세대는 우울증 환자가 되었다.

자신이 뭐든지 할 수 있는 나르시시스트는 굳이 사람들을 직접 만나지 않아도 된다. 혼자서도 어느 정도 절대자 흉내를 낼 수 있게 되었다. 문제는 이런 삶이 온라인 세계 안에서만 가능하다는 점이다. 온라인 세계를 떠날 수 없으니 스스로 사회로부터 고립되는 결과를 가져온다. 고립된 채 자신을 신으로 여기는 21세기의 82억 명(세계 인구)의 신은 사회에 부정적이다. 자신의 생각과 현실의 괴리가 커질수록 그 차이를 메우기 위해 또 다른 신을 찾아 나선다. 그 신은 파시즘인가?

탈진실의 시대

히틀러는 《나의 투쟁》에서 '큰 거짓말'이라는 용어를 만들어 냈다. 큰 거짓말이란 너무도 거대하고 기괴해서 설마 누가 그런 대담한 거짓말을 하겠느냐는 생각에 오히려 사람들이 믿게 되는 거짓말을 뜻한다. 히틀러의 선동 참모였던 괴벨스는 "거짓말도 반복하면 사람들이 결국 그걸 믿게 된다"라는 유명한 말을 남겼다. 괴벨스의 말은 심리학에서 '진실 착각 효과

Truth Illusion Effect'라고 하는데 어떤 말을 반복해서 들으면 설사 거짓이라고 해도 점점 사실로 믿게 되는 현상을 뜻한다.[9]

언론에서 가장 인기 있는 헤드라인은 우리를 불안하게 만들고, 화나게 하며, 충격을 주는 것들이라고 한다. 불안의 강도가 심해질수록 중요 기사 목록에 오를 확률은 21% 증가한다고 한다. 가장 강력한 감정은 '분노'로, 정보의 유포 범위를 34%나 넓히는 강력한 동력이 된다.[10]

누구나 디지털 매체를 통해 정보를 생산하게 되면서 정보 생산이 공공의 영역에서 사적 영역으로 빠르게 이동되고 있다.[11] 이론적으로 인류 전체 82억 명은 누구나 정보를 만들어낼 수 있다. 그것도 무한정으로…. 어떤 자정 작용없이 생산된 가짜정보는 클릭 수를 높이기 위해 불안과 분노를 자극한다. 이런 정보가 인터넷 언론이나 SNS에 올라오면 다른 언론의 AI 기자는 이를 검증 없이 바로 받아쓴다. 거의 모든 매체에서 이 가짜정보가 분수처럼 쏟아지면서 인터넷을 장식한다. 이 기사를 본 사람들은 주변 인물들에게 1:다多로 정보를 퍼 나른다. 이런 상황을 '디지털 에코 체임버eco chamber' 효과라고 한다. 끊임없는 가짜정보의 메아리는 의식이 깨어 있는 모든 순간에 우리의 뇌를 파고든다.[12]

댓글을 통해서도 분노와 가짜정보는 자동 확산된다. 악플은 통제 장치나 권위가 없는 인터넷 공간을 매개로 해서 확산된다. 댓글은 익명이기 때문에 누구든지 혐오와 분노를 만들어낼 수 있다. 이런 과정을 거치면서 존경, 권위와 같은 '사회적 자본'은 산산조각이 난다. 사회의 중심과 도덕적 기준이 사라지고 있는 것이다.

이런 상황을 빗대 영국 옥스퍼드대학교 출판부는 2025년의 단어로 '분노 미끼rage bait'를 선정했다. 이는 '조회 수를 늘리기 위해 고의로 분노나 불쾌감을 일으키도록 만들어진 온라인 콘텐츠'를 일컫는다. 2024년의 단어는 '뇌 썩음brain rot'이었다. SNS에 대한 과도한 몰입으로 뇌를 썩게 할 정도로 정신 상태가 악화되었음을 경고한 것이다. 《이코노미스트》의 2025년 올해의 단어 역시 '슬롭Slop(음식물 쓰레기)'이라는 용어를 제시했다. 슬롭은 AI가 대량 생산하는 저품질 콘텐츠를 일컫는 신조어다.

AI 영상 편집 플랫폼 기업 캡윙Kapwing은 국가별 인기 유튜브 채널 상위 100개를 선정하고, AI 슬롭을 게시하는 채널의 조회 수와 구독자 수를 집계했다. 조사 결과 한국의 AI 슬롭 채널은 조회 수 84억 5,000만 회를 기록하며 압도적 1위를 기록했다. 2위 파키스탄(53억 회), 3위 미국(34억 회) 등과 비교해 거의 2배 가까이 많았다. 전 세계에서 조회 수가 가장 많은 AI 채널 10개 중 4개가 한국 기반이다. 오픈AI 코리아는 영상 제작 AI인 '소라Sora'의 사용률 1위 도시가 서울이라고 밝히기도 했다. 한국이 특히 위험한 이유다.[13]

가짜정보는 SNS에서만 국한되지 않는다. 직장에선 AI로 대충 짜깁기한 무성의한 보고서를 뜻하는 '워크 슬롭workslop'이라는 신조어도 나왔다. 학계도 예외는 아니다. 미국 UC버클리 학부생이 AI를 이용해 1년 만에 113편의 학술 논문을 찍어내 세계적인 학회에 투고한 사실이 알려지며 파장이 일기도 했다. '리서치 슬롭research slop'이라 불리는 현상이다.[14] 시험이나 과제물을 만들 때도 AI 활용이 빠르게 증가하면서 교육 시스템 전체가 길을 잃고 있다.

가짜가 진짜가 되고, 진짜가 사라진 세상에 분노하는 탈진실 시대의 사람들…. AI에게 영혼을 빼앗긴 사람들의 비어 있는 영혼을 파시즘은 집중 공략한다.

3. 고령화 사회로 가는 과도기

모든 생명체는 서식 환경이 악화되면 개체 수를 자발적으로 줄인다. 4不 상황이 수십 년간 지속되자 사람들은 결혼과 출산을 기피해왔다. 이렇게 30여 년이 지나자 고령화 사회에 진입하고 있다. 피라미드형 인구구조가 뒤집어지면서 역피라미드 인구구조로 진입하는 변곡점이 바로 지금이다. 그러나 우리 사회 시스템은 인구 증가(피라미드)를 기반으로 만들어져 있다. 인구구조 변화로 어떤 일이 벌어질지 아무도 모른다. 단 한 번도 그런 상황을 경험해보지 못했기 때문이다.

전혀 다른 시스템이 필요하다

노동력은 AI로 대체할 수 있을 것이다. 그러나 연금 체계, 의료보험, 생명보험, 교육, 사회 인프라 등 살아가는 모든 방식은 앞으로 작동이 어려워질 전망이다. 추가로 국가 재정 문제나 세대 간의 갈등과 같은 문제를 유발한다. 기득권 갈등과도 연결된다. 더군다나 AI가 일자리를 파괴하면서 양극화가 강화되는 시점에 인구구조의 역전이 발생하고 있는 것이다.

인구구조가 피라미드에서 역피라미드로 바뀌는 초기와 중반부에는 일하는 사람의 비중(경제활동인구)이 가장 많다. 당연히 경제도 고성장한다. 그러나 시간이 흐르면 고령자 비중이 더 빠르게 증가한다. 이때 경제는 소비가 줄고 성장이 멈춘다. 지난 35년간 일본에서 벌어지고 있는 상황이다. 한국은 2010~2020년 사이에 역사상 일하는 사람의 비중이 가장 높았다가 빠르게 줄기 시작했다.

우리는 '구조 전환'이라는 용어를 오랫동안 사용해왔지만 실행은 늘 지지부진했다. 살아가는 방식을 바꾸면 사회 전체적으로는 이익이 되지만, 기득권을 가지고 있던 사람들은 손해를 본다. 구조 전환의 제로섬 게임적 특성 때문에 정치권도 밀어붙이기가 어렵다. 그래서 빠른 구조 전환은 어렵다.

고령자 비중이 급증하면, 사회는 먼 미래보다 당장의 이슈와 현상 유지에만 집착한다. 고령 엘리트 그룹일수록 팽창사회의 기득권을 보유하고 있기 때문에 사회 시스템 전환을 거부한다. 버티면 자신의 생애 중에는 기득권을 지킬 수 있다는 심리다. 핵심은 기득권 수호 세력의 고령화로 전체 인구에서 기득권을 지키려는 사람의 비중이 계속 높아지고 있는 점이다.

세대 간의 갈등도 중요해질 것이다. 현재 고령자들의 삶은 한 편의 영화와 같을 정도로 변화무쌍했다. 지금의 번영을 만든 주체이기도 하다. 당연히 이들은 자신들이 만든 성공 신화에 대한 확신이 강해서 청년층과의 대화도 쉽지 않다. 세대 간 소통이 단절될 수밖에 없다.

피라미드 시대에 만들어진 사회 시스템을 유지할 수 없기 때문에 청년층은 바꾸기를 원한다. 재정 투입으로 현재의 경제를 살리면 고령자층은 수혜를 보지만, 청년층은 앞당겨 소비한 부채를 상환해야 한다. 100년 전의 세대 갈등은 사회를 바라보는 시각 차이였다. 그러나 지금의 세대 갈등은 현실적인 경제 문제로 이어지기 때문에 더욱 심각하다. 향후 세대 갈등은 세대 간의 제로섬 전투로 비화할지 모른다.

4不 현상과 고령화가 결합되면 사회 갈등과 정치적 혼란이 일상화될 것이다. 100년 전 파시즘 시대의 인구구조는 지금과 정반대인 피라미드 형태였다. 전체 인구도 꾸준히 증가했다. 지금은 반대다. 앞으로 인구구조 변화와 이에 따른 갈등, 시스템 전환 문제로 우리 사회는 더욱 복잡한 갈등에 내던져질 것이다.

이민을 둘러싼 갈등

이민자들이 몰려오면서 현재의 미국을 만든 백인 비중이 급속히 줄어들고 있다. 2012년 역사상 최초로 미국에서 태어난

신생아의 과반수가 비백인이었다. 히스패닉, 아시아계 인구가 지난 10년간 43% 증가했지만 백인은 6%만 늘어났다. 더 큰 문제는 2045년이 되면 비백인 인구가 미국 전체 인구의 절반을 넘긴다는 사실이다.

이런 상황을 막기 위해 미국은 트럼프 1기 때부터 이민자를 강력히 제재하고 있다. 이민자에게 일자리를 빼앗긴 중산층(백인, 고령자)은 미국 토박이다. 미국 공화당은 이들의 불만을 적절히 이용해서 고령자가 많고 비교적 조용한 지역에서 지지도가 높다. 나는 이를 미국판 '여촌야도與村野都'라고 표현한다. 백인은 북동부와 중서부, 산악주(애리조나, 콜로라도, 아이다호, 몬태나, 네바다, 뉴멕시코, 유타, 와이오밍) 등 농촌에 집중되어 있다. 반면 도시, 특히 대도시는 민주당 지지가 압도적이다. 저출생과 고령화 현상이 정치적 파벌을 만들고 있다.[15] 이런 현상은 튀르키예, 태국 등 많은 나라에서도 목격되고 있다.

미국의 주류 세력은 이민자가 다수가 되는 미래에 대해 불안해하고 있다. 이들이 파시즘을 자발적으로 받아들이는 이유는 자신들이 극단주의자가 아니라, 조국을 걱정하는 애국자로 여기고 있기 때문일 것이다. 이런 생각이 바로 그들이 싸우는 이유로 봐야 한다.[16]

유럽에서도 이민자를 둘러싼 갈등은 심화될 것이다. 중동, 아프리카의 사회 혼란으로 유럽으로 향하는 난민은 더 증가할 것이다. 동시에 고령화 시대의 대안으로 외국인 노동자는 추가로 필요해진다. 이 두 가지 현상이 결합되면서 앞으로 유럽뿐 아니라 미국, 일본, 대만 등 기존 선진국의 이민을 둘러싼 사회 갈등은 피하기 어려워진다.

한국도 조만간 이런 상황이 불가피하다. 현재 외국인 근로자는 약 270만 명 정도로 추정되고 있다. 전체 인구 대비 5%를 넘기고 있다. 선진국 이민자는 가족과 함께 이민을 오거나 오랜 기간 거주하면서 가족을 형성하고 있다. 반면 한국은 외국인 노동자 개인이 홀몸으로 오는 경우가 많다. 외국인 노동자가 가족과 함께 왔을 경우를 가정하면, 실제 외국인 노동자의 인구 비중과 경제적 영향은 더 높게 평가해야 한다. 조만간 서구 선진국과 비슷하게 이민자 혐오를 둘러싼 정치적 갈등도 예상된다. 이민자 기반의 인종주의는 파시즘의 단골 메뉴다.

엘리트 간의 제로섬 전쟁

경제가 침체에 빠지는 가장 흔한 이유는 공급 과잉이다. 소비보다 공급이 많아지면 공급 과잉이 발생하는데 이를 디플레이션이라고 한다. 신기술이 개발되고 투자가 이루어지는 과정에서 경제는 고성장한다. 그러나 투자가 실제 수요에 비해 많아지게 되면 공급 과잉이 발생하고 가격이 하락한다. 사람도 마찬가지다. 사람(노동력)의 공급이 많아지면 일자리가 부족해진다.

이슬람 역사학자인 이븐 할둔Ibn Khaldun은 새로운 왕조가 세워지면 약 4세대, 100년 동안 유지되다가 멸망하는 법칙을 발견했다. 역사상 최대의 정복 국가였던 원나라는 건국 이후 불과 100년도 못 버텼다(1271~1368년). 이븐 할둔은 그 원인을 일부다처一夫多妻제에서 찾고 있다. 일부다처제인 이슬람 지역의 왕조 역시 대부분 100년을 넘지 못했다. 동일한 현상은 중국, 중앙아시아, 페르시아, 동유럽 등에서도 발견된다. 반면 일부일처제 사회의 순환주기는 약 200년에서 300년에 이른다고 한다.[17] 그 이유는 일부다처제로 왕족(귀족)이 급증했기 때문이다.

상층 엘리트 비중이 과도하게 많아지면 고학력 엘리트 중 경쟁에서 탈락한 사람이 다수 출현하게 된다. 이들의 지식이나 의식 수준은 사회 상층부를 지향하지만, 실제로 성취가 불가능해지면서 사회 불만 세력이 된다.

인류학자인 피터 터친Peter Turchin은《국가는 어떻게 무너지는가》에서 이 문제를 지적한다. 엘리트는 더 많은 사회권력을 가지고 다른 사람들에게 영향을 미치는 이들인데, 엘리트가 과잉 생산되면 엘리트 내부에서 충돌이 발생하면서 사회의 분열을 촉진한다고 주장한다.[18] 특히 소외된 엘리트들이 정치 세력화될 때 가장 위험하다고 본다. 그는 역사를 기득권을 가진 엘리트와 소외된 엘리트 간의 대결로 파악한다.

엘리트가 과잉 생산되면 상위 1%를 꿈꾸는 엘리트 지망생은 넘쳐나는데, 사회가 줄 수 있는 지위와 부는 한정된다. 자리를 차지하지 못한 이들은 권력을 호시탐탐 노리는 '대항 엘리트counter-elites'가 되어 가난한 대중의 분노에 불을 지른다.

그들은 가난한 대중의 불만을 부추기고 (설사 몽상일지라도) 그럴듯한 해법으로 유혹한다. 역사 속에서 급격한 권력 교체, 즉 국가가 무너지기 전에 항상 있었던 일이다.[19]

2025년 뉴욕 시장에 당선된 맘다니는 30세 미만의 78%, 대졸자의 69%가 그에게 투표했다고 한다. 그런데 맘다니에게 투표한 이들은 백인 고학력 전문직 비중이 높다. 맘다니는 자신의 승리를 노동자들의 승리로 포장했으나, 실제로는 계층 이동에 좌절해서 분노하는 고학력층의 승리였다는 분석도 있다.[20]

지금 세계는 치열한 엘리트 간의 파이 쟁탈전이 벌어지고 있다. 출산율이 낮아지면서 부모들은 자녀 교육에 몰입하고 있다. 대부분의 나라에서 대학 교육을 받는 인원은 동년배 중 50%를 약간 넘는 수준이다. 지금 어느 나라나 역사상 대학 교육을 받은 인구 비중이 가장 많다. 특히 한국이 위험하다. 한국의 대학 진학률은 압도적인 세계 1위이다. 만 25~34세 청년층의 대학 교육 이수율은 70%를 넘는다. 반면 OECD 평균은 47%이고, 독일, 프랑스, 스위스 등은 30~40% 수준, 미국도 50%대로 추정되고 있다. 전체 인구 중 엘리트를 지향하는 비중이 가장 높은 국가가 바로 한국이다.

엘리트 공급 과잉이 정치적 변동을 가져온 사례가 최근 이집트에서 발견된다. 1990년대 이후 이집트의 무바라크Hosni Mubarak 대통령은 대학 교육을 대대적으로 확대했다. 반면 학위를 보유한 젊은이들이 일할 만한 일자리는 거의 늘지 않았다. 이들이 대학을 졸업하기 시작하는 시기에 발생한 민주

화 시위가 바로 '아랍의 봄' 민주화운동의 본질이다.[21] 이 사건
으로 무바라크는 권좌에서 쫓겨났다.

현대 사회에서 상층 엘리트로 진입하는 교두보는 법조인,
의사 등 자격증을 따는 것이 가장 빠르다. 사회가 혼탁할수록
법조인들이 할 일이 많아진다. 반대로 법조인들이 하는 일이
많아질수록 사회는 불행해진다. 변호사 숫자가 많아지자 생계
를 위해 의도적으로 갈등을 조장해서 법률시장을 키우기도
한다. 한국에서 변호사는 매년 1,700여 명씩 배출되는데, 지금
변호사는 총 3만 7,000명이 넘는다. 인구 대비 변호사 수가 일
본의 두 배에 달하지만 그 수는 계속 늘어날 것이다.[22]

역사적으로 엘리트 과잉 공급 문제를 해결하는 방법은
두 가지였다. 영국은 미국, 호주, 뉴질랜드 등으로 엘리트의
해외 이주를 지원하면서 세계의 제국으로 성장했다. 해가 지
지 않는 영국은 과잉 엘리트를 소화하기 위한 방책 중 하나
였다. 두 번째 방법은 소련의 스탈린 방식이다. 스탈린이 볼셰
비키당에 가입했을 때 러시아는 심각한 엘리트 공급 과잉 문
제를 겪고 있었다. 스탈린은 지속적인 숙청과 제2차 세계대전
을 통해서 잉여 엘리트들을 거의 절멸시켜버렸다.[23]

영국의 방식이나 소련의 방식을 지금은 사용할 수 없다.
오히려 자손이 정글에서 생존하고 엘리트로 성장시키기 위한
'교육'과 '자산 상속 전투'는 앞으로 더욱 격화될 것이다. 더
군다나 기득권의 상당 부분이 AI 알고리즘으로 대체되면 소
외되는 엘리트는 더 많아질 것이다. 지구 역사상 가장 많은 엘

리트가 존재하기 때문에 그들이 파시즘에 눈길을 돌릴 가능성은 높아졌다.

이기적인 사람들…

IMF 외환위기의 정점이었던 1998년 1월부터 4월까지 약 4개월간 진행된 '금 모으기' 캠페인은 세계를 놀라게 한 사건이었다. 351만 명이 참여해서 227톤, 약 18억~22억 달러의 금이 모였다. 국가적 위기에 전 국민이 자발적으로 참여한 것이다.

2025년 하반기, 원화가 약세를 보이자 정부는 달러 유출을 막기 위해 국민연금, 기업, 해외 주식투자가들에게 도움을 요청하고 제도를 일부 바꿨다. 그러나 기업이나 투자가의 반응은 싸늘했다. 한국의 민간 영역은 무려 1조 달러 이상의 해외 순자산을 가지고 있지만, 이러저러한 이유로 정부 정책에 호응하지 않았다. 물론 IMF 외환위기와 같은 위기 상황이 아니기 때문에 각 경제 주체들은 최대의 수익을 얻고자 하는 의도일 것이다. 같은 환율 이벤트지만 30여 년 전에 비해 사람들의 태도는 확실히 달라졌다.

개인주의는 민주주의 발전의 기반이 된다. 개인의 권리와 자유가 보장되어야 민주주의와 자본주의는 동시에 성장한다. 개인주의의 장점은 타인의 권리를 존중하고 도덕적으로 책임을 지면서 서로 협력이 가능하게 하는 점이다.

반면 이기주의Egoism는 자기 이익의 극대화만을 행동 원리로 삼는다. 공동체 정신을 약화시키고 갈등을 강화한다. 최근 중국의 위협이 점증하면서 대만인들이 일본 도쿄에 주택 매입을 늘리고 있다고 한다. 엔화 약세로 일본의 부동산 가격이 싸다는 경제적 측면도 있지만, 전통적 의미의 국가관이나 공동체에 대한 헌신은 이제 기대하기 어려워졌다.

고령화 사회가 되면 개인주의가 이기주의로 변화할 가능성이 높아진다. 죽음을 의식하고 살아가는 고령자 비중이 높아지면 공동체보다는 생존 본능에 집착하는 인구 비중이 높아진다는 의미다. 사회는 새로운 구조 전환이 필요하지만 이기심이 극대화된 사회에서는 실행이 쉽지 않다.

과도한 국가주의도 문제지만 이기주의 경향이 강화되면 공동체의 건전성은 크게 약화된다. 이기주의가 강화된다는 것은 사회의 윤활유가 메마른다는 의미다. 사회에 대한 책임 없이 자기 이익 극대회에만 관심을 집중하는 것이다. 마치 '마차'를 기다리는 심정과 유사할 것이다. 막차를 놓쳤을 때의 막막함이 사회적으로 이기주의를 확산시키는 것이다.

이런 상태에서 구조조정이나 새로운 체제로의 전환은 불가능하다. 이기주의 기반 사회에서 과감한 대규모 개혁은 새로운 제로섬 전투를 유발한다. 엘리트 계층 간의 과도한 경쟁과 이기주의, 그리고 고령화가 맞물리면서 강한 사회 충돌을 유발할 것이다. 더군다나 이제 사회의 중심이 AI 알고리즘 속에서 홀로 성장한 나르시시스트 세대로 교체되고 있다. 100년 전에는 상상할 수 없는 상황이 임박하고 있다.

4. 경제성장의 한계

아무리 경제가 좋아도 그 시대를 살아가는 사람들은 경제가 어렵다고 본다. 100년 전 세계는 제1차 세계대전과 인플레이션, 그리고 대공황으로 지금보다 경제 여건은 훨씬 어려웠다. 그러나 당시에는 인구가 증가하던 시기다. 아시아 등 미개척 지역도 많았다. 따라서 미국의 뉴딜과 같은 개혁 정책이 효과가 있었다. 지금의 평균적 경제 수준은 100년 전에 비해 비교하기 어려울 정도로 개선되었다. 분배 구조가 당면한 문제지만 장기적으로 세계 경제가 성장의 한계에 부딪치는 점은 새로운 위기다. 남은 생애 동안 경제성장이 어려워진다면 정말 큰일 아닌가?

유발 하라리는 오늘날의 경제가 살아남기 위해서는 끊임없는 성장이 필요하다면서 "만에 하나 성장이 멈춘다면, 경제는 포근한 평형 상태에 안착하는 것이 아니라 추락해서 산산조각 날 것이다"라고 전망했다.[24] 그만큼 우리는 성장 지향 사회에서 살고 있고, 성장이 멈추면 상상하기 어려운 사회가 도래한다는 뜻이다.

더 이상 부채를 늘리지 못한다

21세기 경제를 한마디로 정의하면 부채 경제다. 세계 각국은 부채를 늘리면서 능력 이상의 소비로 성장을 이어왔다. 이 결

과 지구가 생긴 이래로 가장 많은 부채를 축적했다. 1차 경고
는 2008년 글로벌 금융위기였다. 당시 유럽 국가들은 대부분
재정위기를 겪었지만, 지금도 부채는 늘어나고 있다.

글로벌 금융위기 이후 중요한 패착이 나온다. 글로벌 금
융위기의 본질이 과도한 부채에 있었는데, 반대로 금리를 내
리고 돈을 마구 풀어댔다. 부채를 늘려 부채 위기에 대응한 것
이다. 2016년 미국의 연방준비제도 이사회 의장인 옐런은 당
시 경제를 '고압경제high-pressure economy'라고 설명했다. 의도적
으로 총수요를 강하게 자극해서 경제를 '과열에 가깝게' 운용
하는 것이다. 다르게 표현하면 고압으로 돈을 풀어서 경제를
우선 살려보자는 연명 치료에 가까운 정책이었다.

돈 폭탄으로 근근이 버티던 세계 경제는 코로나가 발생
하면서 전무후무한 상황에 직면한다. 세계 각국은 전시 체제
로 전환해서 금리를 거의 제로(0)에 근접하게 내리고 추가로
돈을 풀었다. 우선 생존이 중요했기 때문에 재정적자는 고려
대상이 될 수 없었다. 거의 핵폭탄급으로 돈을 살포하자 역사
상 최대의 돈잔치가 벌어졌다. 그리고 그 효과는 2026년 초반
까지 이어지면서 '에브리싱 랠리Everything Rally'라는 용어로 자
산가격과 물가를 올리고 있다.

코로나가 물러가면서 풀어 놓은 돈이 돌기 시작했다. 돈
이 돌면 물가가 오른다. 여기서 우스운 상황이 발생한다. 물가
가 오르면 명목 국민소득(물가를 반영한 GDP)은 실제 성장과
무관하게 가격 상승으로 증가한다. 통상 우리는 GDP 대비로

부채 수준을 비교한다. 그런데 분자(부채)가 늘어난 것보다 분모(명목 GDP)가 더 많이 증가하면, 국가 부채 비율은 제자리이거나 줄어들게 보인다. 한국의 가계 부채도 GDP의 100% 수준에서 2025년 기준 90%를 하회한 것은 부채가 줄어든 것이 아니라 물가가 올랐기 때문이다.

2026년 기준으로 세계 경제는 다소 안정세를 보이고 있지만, 21세기 들어 누적된 불균형 성장으로 경제 체질은 그 어느 때보다 취약하다. 상류층은 고압경제를 활용해서 주식 등 자산투자로 더 부유해졌다. 반면 중산층 이하 계층과 고령자의 빈곤은 개선 조짐이 없다. 그럼에도 부채는 지금도 계속 증가하고 있다.

어느 수준이 적정한 국가 부채 수준인지 우리는 알지 못한다. 과거에는 GDP의 70% 수준으로 봤지만 지금은 100% 정도로 보는 견해가 일반적이다. 대부분의 선진국이 100% 수준을 넘어서면서 더 이상 부채를 늘리기 어려워졌다.

그동안 정부 부채 문제는 아르헨티나 등 중남미, 그리스 등 남유럽 몇몇 나라의 문제였다. 그러나 지금은 전 세계적인 문제로 확산하고 있다. 트럼프 대통령이 금리 인하에 목을 메는 것은 과도한 정부 부채의 이자 비용을 줄이기 위해서다. 동맹국을 압박해서 미국에 투자하거나 방위비 증액을 요구하는 것도 사실은 정부 부채를 더 이상 늘릴 수 없기 때문이다.

정확한 통계가 부족하지만 제1차 세계대전을 치른 후인 100년 전에는 지금보다 부채 수준이 훨씬 낮았다. 1920년대 미국의 정부 부채는 GDP의 25%, 1930년대 중반에는 40%대였다. 물론 제2차 세계대전 종전 시점인 1945년에는 전쟁비용 때문에 일시적으로 120%를 돌파하기도 했지만, 이내 국가채무비율은 빠르게 하락했다. 평화의 시기에 제2차 세계대전 당시와 비슷한 규모가 된 것이다.

현재 시점에서 금리를 더 낮추면 이자 부담이 줄어들고, 주식 등 자산가격이 상승할 수도 있다. 그러나 주식을 보유한 사람들은 일부에 불과하다. 오히려 불균형 성장만 촉진할 것이다. 당장의 문제는 물가다. 돈이 풍부해지면 물가가 오르는 것은 당연하다. 물가가 오르면 금리가 꿈틀거릴 것이다. 금리가 오르면 국가 부채는 다시 경제를 압박할 것이다. 이러지도 저러지도 못하는 경제 상황이다. 국가 부채, 물가, 환율, 자산가격을 동시에 안정시킬 방법은 없다. 부채를 줄이는 것이 유인한 방법이지만, 그러면 경제는 침체되고 자산 시장은 붕괴된다. 어떤 정부도 이런 결단을 내릴 수는 없다. 부채를 줄이는 결단을 내리면 선거에서 곧바로 패배하기 때문이다.

2026년 이후 세계 경제의 최대 난제는 부채 문제다. 이 부채의 바벨탑을 유지하기 위해 미국은 베네수엘라 침공과 같은 비경제적인 충격 요법으로 미국 정부의 재정을 보충하려 할 것이다. 역사적으로 모든 정권은 부채 문제를 풀지 못해서 멸망했다. 이번에도 역시 그럴 것이다.

AI 독점자본주의 → 불평등 강화 → 소비 감소 → 성장률 하락

아마존, 구글, 애플 등 소위 빅테크라고 하는 기업들의 특징은 AI 알고리즘을 이용해서 클라우드 상에서 독점을 추구한다. 이들의 독점은 중세시대 장원莊園과 같은 형태를 띤다. 전 그리스 재무장관인 바루파키스Yanis Varoufakis는 현대 경제를《테크노퓨달리즘Technofeudalism》즉 기술 기반 봉건주의로 바라본다. 자본주의의 매개체인 시장은 디지털 거래 플랫폼으로 대체되었고, 자본주의의 엔진인 이윤은 지대rent와 유사하게 바뀌었다고 주장한다.[25]

그는 기술 봉건 영주를 크레타 궁전 지하에 사는 무서우면서도 비극적인 괴물 '미노타우로스Minotauros'에 비유한다. 미로에 갇힌 이 괴물은 끝없는 식욕을 갖게 되었다. 허기는 사람을 잡아먹은 것으로만 채워질 수 있다.[26] 그는 현대의 미노타우로스로 빅테크 기업과 미국을 지목했다.

한국판 미노타우로스는 '쿠팡'이나 '배달의민족'이다. 이들은 대규모 자본을 투자해서 물류창고와 배달망을 갖추고 입점 업체들이 상호 경쟁하도록 유도한다. 중세시대의 농노를 다스리는 것과 유사하다. 입점 업체들은 거대 플랫폼 속에서 더 많이 팔기 위해 가격을 내리면서 충성 경쟁을 하고 있다. 사실 쿠팡이 하는 것은 광고와 물류 시스템을 관리하는 것 이외에는 별것이 없지만, 매출의 일부를 꼬박꼬박 떼어간다. 현대의 봉건 영주는 AI 알고리즘을 통해 구매자의 소비 패턴마저 조절하는 지배자가 되었다. 그것도 영원히….

빅테크뿐만 아니라 거의 모든 산업에서 소수 독과점기업의 지배가 공고해지고 있다. AI의 도움으로 온라인 유통 회사, 통신사, 금융기관까지 한 번 독점기업에 오르면 독점적 이윤을 영원히 향유할 수 있게 되었다.

앞으로 AI를 이용해서 누구나 기술개발을 쉽게 할 수 있게 된다. 이때 공급망과 소비자를 장악한 독점기업이 궁극적으로 승자가 될 것이다. AI 알고리즘에서 우위를 확보한 기업들은 유사 기업을 도산시키거나 매수(M&A)하는 방식으로 몸집을 키워 공급망과 소비자 정보를 독점할 것이다.

여기서 의외의 문제가 발생한다. 소비자들이 독점기업을 선호한다는 점이다. 2025년 12월 쿠팡의 개인정보 유출 사태가 벌어졌을 당시 글로벌 IB 회사인 JP 모건은 "쿠팡은 한국 시장에서 비교할 수 없는 지위를 갖고 있다"며 "한국 소비자들은 데이터 유출 이슈에 상대적으로 민감도가 낮아 고객 이탈은 제한적일 것으로 본다"고 밝혔다. 빠른 배달과 입점 업체를 쥐어짠 낮은 가격의 편리함을 소비자들이 선호하기 때문에 유통 빅테크에 대한 규제는 현실적으로 쉽지 않다.

빅테크의 독점 폐단은 충분히 예상되었지만 사전에 대비할 수 없었던 것은 소비자, 즉 유권자들이 빅테크의 편리성에 몰입되어 있기 때문이다. 빅테크를 규제할 경우 선거에서 불리할 수 있다는 판단도 있었다.

이런 추세는 앞으로도 이어질 전망이다. 빅테크 기업들은

AI, 배송 로봇 등에 과감히 투자하면서 인건비를 줄이고 있다. 빅테크의 시장 점유율이 높아질수록 납품하는 업체들은 경쟁적으로 납품가격을 낮출 것이다. 결국 빅테크의 판매가격이 가장 싸진다.

주로 미국 기업에 투자하는 한국의 '서학 개미'는 글로벌 독점기업인 아마존, 구글, 아마존, 메타, 테슬라에 대한 투자 비중이 높다. 예를 들어 유럽이나 한국이 구글에 규제를 가하면 주가가 하락하고 투자가는 손실이 발생한다. 유권자의 지지를 얻기가 쉽지 않은 것이다. 미국 정부도 자국 기업 보호를 명분으로 빅테크 기업을 지키기 위해 압력을 행사하고 있다.

AI 기반 독점자본주의 시대는 우리 의사와 무관하게 이어질 가능성이 높다. SNS와 AI 기기가 거의 모든 것을 장악할수록 독점자본주의는 강화될 것이다. 불평등이 심화되면서 소비 여력이 줄고, 경제는 추세적으로 낮은 성장률에 머물 것이다. 그래서 AI 독점기업을 규제하고 다양성이 필요한 이유이다.

100년 전에도 제조업의 독점 문제가 있었지만 강력한 규제와 시장이 확대되면서 소프트랜딩이 가능했다. 그러나 지금은 어떤 사회가 도래할지 전혀 모른다. 더군다나 소비자가 독점기업에 대해 무감각하고 오히려 일시적인 편익과 투자 수익 때문에 관대해졌다. 다시 중세시대 농노가 될지도 모르는 구조적 위기에 처하면서 경제는 새로운 유형의 성장의 한계 상황을 맞고 있다.

5. 불안을 가중시키는 위험사회

2025년 11월 26일 오후 홍콩의 한 고층 아파트에서 대형 화재가 발생해서 사망자가 161명 이상으로 보고되었다. 현재 홍콩의 150m 이상 건물은 약 550개 이상으로 세계 최고 수준의 밀도를 자랑한다. 화재가 난 건물은 대부분이 30층대 아파트였다. 한국은 40층, 150m 이상 건물은 약 280개나 된다. 전 세계적으로는 7,000개 이상으로 추정된다.

과학기술의 발전으로 생산성이 증대되고 생활의 편의성은 비교하기 어려울 정도로 향상되었다. 도시는 입체화되었고, 교통수단의 속도는 더욱 빨라졌다. 지금 이 순간에도 대략 수천~1만 대 이상의 비행기가 하늘에 떠 있다. 1만 3,000개 이상의 인공위성이 지구를 내려다보고 있다. KTX는 시속 300km로 달린다. 새로운 기기들은 우리에게 편리함을 안겨줬지만 긍정적 결과만 있을까?

독일의 사회학자인 울리히 벡Ulrich Beck은 20세기 산업사회가 만들어낸 위험이 전통적인 사회 구조, 정치 체제, 과학기술의 통제 능력을 초과하는 새로운 시대적 조건을 형성했다고 보면서 이를 '위험사회Risk Society'라고 명명했다.

그는 현대의 위험은 인간이 기술·산업·경제 활동을 통해 스스로 만들어낸 위험으로 본다. 체르노빌 등 원전사고, 기후위기, 유전자 변형, 글로벌 금융위기, 개인정보 통제 등을 사례로 제시한다. 과학기술의 진보가 위험을 생산한다고 보는 것이다.

부자들은 위험을 회피하거나 다른 사람에게 전가할 수 있지만, 가난한 취약 계층은 위험을 더 많이 감당한다. 기후위기, 환경오염, 식품안전 문제 등에서도 새로운 위험은 취약 계층에 더 큰 피해를 준다. 위험의 노출도에 따른 새로운 불평등이 만들어지고 있는 것이다.

최근 한국에서 온라인 보안 문제가 사회적 이슈로 등장했다. 통신사, 빅테크 기업들은 개인정보 유출로 엄청난 비용을 치르고 있다. 통신선이 불타 인터넷이 먹통이 되자, 온라인 결제가 중단되는 큰 피해가 발생하기도 했다. 해킹 공격을 방어하기 위한 비용도 급증할 것이다. 앞으로는 드론을 방어하기 위한 비용도 추가로 지불해야 한다.

새로운 위험은 국경을 초월하는 전 지구적 차원의 위기라서 전통적인 국가 중심 정책으로는 통제가 불가능하다. 기후위기나 기술이 만들어낸 새로운 위험은 국제 협력이 절대적으로 필요하지만 자국 이기주의 때문에 오히려 퇴보하고 있다.

이런 위험사회는 현실 정치에도 영향을 준다. 세월호 사건, 이태원 참사, 오송 참사 등은 정권을 흔들 정도로 엄청난 영향을 끼쳤다. 위험이 사회 변화를 촉진하는 새로운 정치적 동력으로 등장하고 있는 것이다. 정부나 국회를 넘어 시민, 언론, NGO, 과학자, 기업 등 다양한 주체가 위험을 논의하면서 정치화되고 있다.

100년 전에도 자동차, 철도, 비행기가 있었지만 지금과 같이 일반화되지는 않았다. 앞으로 AI가 만들어내는 위험은 더

욱 늘어날 것이다. 자율주행 자동차, 가짜정보와 음모론, 인간
성을 무시한 DNA 조작 등 위험은 전방위로 확대될 것이다.

전쟁이나 질병과 같은 100년 전의 위험은 통제나 회피가
가능했다. 그러나 현대의 위험은 언제 어디서 나타날지 전혀
모른다. 위험사회에 사는 사람들은 평상시에도 위험에 대비
하는 불안정한 심리 상태를 유지해야 한다. 국가가 위험을 통
제하지 못하면 사람들은 불안과 분노를 느끼면서 파시즘과
같은 극단주의에 빠질 가능성이 높아졌다.

6. 감시사회: 저항은 애초부터 불가능하다

오늘날 파시즘 기반의 독재자가 넘쳐나지만 저항은 극히 미
미하다. 2011년 미국의 '월가를 점령하라Occupy Wall Street'는 시
위, 2014년 홍콩에서 발생한 '우산혁명Umbrella Revolution'은 조
용히 사라졌다. 2024년 이후 태국, 미얀마, 방글라데시, 인도
네시아, 네팔 등에서 반정부 투쟁이 발생했다. 기득권 계층의
부패, 경제적 불평등, 실업 증가, 물가 상승, 민주주의 후퇴,
정치 엘리트에 대한 불신 등 앞서 살펴본 4不 때문이다. SNS
등 디지털 정치의 확산으로 시위에 인원 동원이 쉬워진 것도
영향을 주었다.

'못 살겠다 갈아보자!'는 중요한 구호였지만 시위가 확산
하거나 장기간 지속되지 못했다. 그 이유는 독재자가 거의 완

벽에 가까운 감시 체제를 갖추고 있기 때문이다. 파시즘을 견제하기 위한 시위나 조직 구성은 이제 거의 불가능해졌다.

중국 정부가 구축한 전국 통합 영상 감시 체계인 '스카이넷天网'하에서, 중국 전역에 설치·운영되고 있는 CCTV는 2020년대 중반 기준 4억~5억 대 수준에 이르렀다는 분석이 많다. 더군다나 중국은 다양한 감시 장비를 파시즘 국가에 저렴하게 판매한다.

안면 인식 등 감시 장비를 통해 시위 참여자의 신분 파악이 쉬워졌다. 군부, 경찰 등 권력자의 시녀들은 조용히 시위 참가자를 만나 시위 불참을 종용할 것이다. 때로는 위협하거나 검거하고 폭력을 행사할 것이다. 독재 권력의 압박으로 적극적인 시위 참여자는 점점 소극적으로 변하거나 때로는 독재자에게 굴복할 것은 상상 가능하다. 과거 한국의 민주화운동 당시에 권력기관을 피해 장기간 도피하면서 자신의 의지를 외부로 알릴 수 있었던 상황과는 완전히 달라졌다. 실시간으로 조여오는 감시로 저항의식은 저절로 약화된다. 독재자의 집권 기간이 과거보다 길어지면서 공고해지고 있는 것은 체제 도전자를 사전에 포착할 수 있는 감시 체제 때문이다.

한국에서 CCTV를 활용한 범인 검거 건수는 2014년 1,627건에서 2018년 3만 1,142건으로 4년 새 약 19배 증가했다. 민간 영역도 다양한 감시 시스템을 만들어가고 있다. 우리는 지금 알게 모르게 감시받으면서 체제 순응 경향이 강화되고 있는지 모른다.

자본주의가 냉전 체제에서 승리한 것은 공산주의의 중앙 집중식 데이터 처리보다, 자본주의의 분산형 데이터 처리가 효과적이었기 때문이다.[27] 그러나 AI 알고리즘은 중앙에서 모든 것을 파악할 수 있다. AI 알고리즘을 장악한 파시스트는 완벽한 감시 시스템을 구축해서 어떤 저항도 사전에 파악해서 응징할 수 있게 되었다.

파놉티콘Panopticon은 그리스어로 '모두'를 뜻하는 'pan'과 '본다'는 뜻의 'opticon'이 합성된 용어로, 영국의 철학자 벤담 Jeremy Bentham이 제안한 교도소의 형태다. 교도소 중심에 위치한 감시자는 360도 외곽에 위치한 죄수들을 언제나 감시할 수 있다. 여기서 감시자들이 위치한 중심을 어둡게 만들면 죄수들은 감시자들의 존재 여부를 확인하기 어렵다. 이렇게 되면 죄수들은 자신들이 늘 감시받고 있다는 느낌을 가지게 된다. 시간이 지나면 죄수들은 규율과 감시를 당연한 것으로 받아들이면서 자기 스스로를 감시하게 된다. 지금 우리는 이런 파놉티콘에서 살고 있다.

미국에서 저항과 시민 운동 확산이 어려운 또 다른 이유가 있다. 미국의 총기 보유량은 약 3억 정 이상으로 미국 인구 수와 거의 동일하다고 추정된다. 최근 5년간 1년에 1,500만 ~2,000만 정의 총기가 판매되고 있다고 한다. '총기 난사'가 일상화되자 2022년 트럼프 대통령은 전미총기협회(NRA) 연례 총회에서 학교에 무장 경비원을 상주시키자고 했다. 일부 교사의 학교 내 총기 소지를 허용해야 한다고 주장하기도 했다.

누구나 총기를 가지고 있다는 사실은 사람들의 행동을 제약한다. 혹시 상대방이 총기를 휴대했을 경우 생명의 위협을 받을 수 있기 때문이다. 사람들이 총기를 가지면 과감한 저항이나 폭력 사용을 사전에 원천 봉쇄하는 효과가 있다. 그러나 양극단 세력 간에 폭력적 충돌이 일어나면 씻을 수 없는 피해를 입는다.

조지 오웰의 《1984》에서 주인공 윈스턴 스미스는 진리부 Ministry of Truth에서 일한다. 그의 임무는 과거 기록을 당의 필요에 맞게 재작성하는 것이다. 《1984》에서 빅브라더의 권력이 절정에 달하는 순간은 윈스턴 스미스가 '2+2=5'와 '자유는 노예다'라는 새로운 사실을 받아들이는 장면이다.[28] 완벽한 감시 속에서 사람들은 생각하는 능력을 스스로 포기한다. 완전히 왜곡된 사실에도 저항하지 못하는 상황에 던져진다. 《1984》에서 감시 수단은 TV 등 아주 단순한 전자적 감시 정도였다. 그러나 지금은 사람의 마음을 포함해서 모든 것을 감시할 수 있다.

미국은 2025년 12월, 전자여행허가(ESTA) 신청자에게 모든 개인정보를 제출하라고 했다. 구체적 내용은 아직 나오지 않았지만 다섯 가지 정도가 논의되고 있다. ①지난 5년간 사용한 SNS 계정(핸들/아이디) 정보, ②지난 5년치 개인 및 업무용 전화번호, ③지난 10년치 이메일 주소, ④가족 정보: 부모·배우자·형제자매·자녀의 이름, 생년월일, 출생지, 거주지, 전화번호 등 상세 정보, ⑤생체정보Biometrics: 얼굴 사진, 지문,

DNA, 홍채 정보 등을 제출하라는 것이다.

미국에 입국하려면 개인정보를 모두 제출하라는 것이다. 미국이 파놉티콘식으로 세계인을 감시하겠다는 선언이다. 최근 미국의 감시가 강해지면서 페이스북 등 SNS에서 반미 성향의 글들이 조용히 사라지는 느낌이다. 혹시 미국에 갈 때 입국이 거부될지 모른다는 우려 때문이다. 특히 미국과 왕래가 잦은 엘리트 계층일수록 몸조심하는 경향이 발견된다.

이렇게 자신을 스스로 감시하는 것이 바로 필터 버블이다. 상시적으로 감시에 노출된 사람들은 독재에 저항할 능력을 스스로 버린다. 행여 문제가 될 만한 것을 스스로 차단하면서 '자신을 감시'하게 된다. 앞으로 파시즘 사회의 파놉티콘 감시자는 AI 알고리즘을 장악한 파시스트가 될 것이다. 동시에 사람들은 파놉티콘 속의 죄수가 된다. 이런 상황에서 당신은 저항할 수 있는가?

3부

21세기
파시즘
돌파 전략

5장

20년 후
미래 세계를 상상하다

앞으로 예상되는 미래와 파시즘과의 관계가 중요하다. 특별한 조치 없이 현재 추세가 이어진다는 것을 가정했을 때 파시즘이 어떻게 사회로 파고들지 알아보자.

결론은 새로운 형태의 파시즘을 피하기 어려울 것이라는 점이다. 간간이 파시즘 경향에 저항하는 반격이 시도될지 몰라도 성공 가능성은 낮아 보인다.

세계적 석학들이 제시하는 미래상은 대동소이하다. 우리가 과거의 상식과 기득권을 움켜잡으면 잡을수록 더 암울한 미래가 온다는 것이다. 그럼에도 사람들은 생각을 잘 바꾸지 않으려 한다. 현재의 효용과 만족을 극대화하려는 사람의 태생적 한계 때문에 브레이크 없이 그냥 시간을 보낼 가능성이 크다.

근본적인 세계 체제의 전환 없이 현재 상황이 이어지면 미래는 어떤 모습이 될까? 생존 욕구가 사회의 중심 가치가 되면서 '만인에 대한 만인의 투쟁' 혹은 군대의 '참호 격투'와 같은 사회를 예상할 수 있다. 민주주의와 인권보다 국가 간, 사람 간의 생존을 위한 경쟁은 수단과 방법을 가리지 않고 일상화될 것이다. 아널드 토인비Arnold Toynbee의 말대로 '거대한 제국은 살인이 아니라 자살'로 죽을지 모른다.

지금부터 약 20년 후인 2045년경의 세상은 지나간 20년과 비교할 때 완전히 다른 형태의 세상이 될 것이다. 어쩌면 21세기 초반 20년은 앞으로 다가올 20년을 준비하는 과정이었는지 모른다. 지난날 미래학자들이 예측했던 미래가 현실이 되었을 가능성도 크다.

앨빈 토플러Alvin Toffler가 예견한 《미래의 충격》이 밀려와서 《권력 이동》이 나타날 것이다. 제레미 리프킨Jeremy Rifkin이 주장한 '노동과 소유의 종말'은 이미 시작되었다. 레이 커즈와일Ray Kurzweil이 예상한 기계가 인간을 추월하는 특이점을 통과한 시점이 될지도 모른다. 이매뉴얼 월러스틴Immanuel Waller-stein이 전망한 대로 자본주의는 한계를 맞을 것이다. 앞으로 20년 후의 미래는 과거의 연장이 아니라 방향을 급격히 전환한 미지의 세계가 될 것이다. 지금 우리는 다가올 미지의 세계에서 살아가야 한다. 안전벨트를 단단히 매고 20년 후를 상상해보자.

1. 인구구조가 바꾸는 세계질서

20년 후 세계 인구는 2025년의 약 82억 명에서 10억 명이 늘어나서 92억 명에 이를 것으로 추산된다. 이후 완만히 증가하다가 2060년, 늦어도 2080년이 되면 100억 명에 도달한 후 급속히 감소할 것으로 예상된다. 향후 20년 동안 현재의 중장년층은 상당수가 퇴장할 것이다. 그러나 100세 시대를 감안하면 1980년 이후 태어난 사람들은 세계 인구의 고점과 이후 인구가 급속히 줄어드는 환경에서도 살아야 한다. 문제는 한국 등 선진국의 인구는 정점을 지나 2040년경이 되면 빠르게 줄어들기 시작할 것이라는 점이다. 지구 역사의 가장 중요한 변곡점에서 우리는 살고 있는 것이다.

2040년 기준 아시아계 인구는 2022년 47억 명에서 약 52억 명, 아프리카는 14억 명에서 약 21억 명 정도로 증가할 전망이다. 반면 유럽은 7.4억 명에서 7.2억 명으로 약간 줄어들고, 북미는 3.8억 명에서 4.1억 명 정도가 될 것으로 예상된다. 인구 비중도 크게 바뀐다. 2022년 아시아 인구 비중은 59%, 아프리카는 18%에서 2040년에는 각각 56%, 23%가 된다. 앞으로 20년간 아시아와 아프리카 인구가 80%대를 꾸준히 유지할 것이다. 반면 유럽과 북미의 인구수는 거의 변화가 없지만, 인구 비중은 현재 14%에서 2040년 12.3%, 그리고 2070년에는 10.5%로 낮아질 것이다.[1]

익히 알고 있고 예상되는 결과다. 요약하면 서구 백인의 인구 비중이 10%를 향해가면서 궁극적으로 서구 백인 중심의 세계질서는 종말을 고할 수도 있다. 교육 수준이 높고 근면한 아시아의 영향력은 확대될 것이다. 아프리카 인구는 20%를 넘기겠지만 여전히 무질서 속에 있을 것이고, 중남미 역시 비슷할 것이다. 이런 인구 전망을 토대로 향후 20년 동안 국제질서와 파시즘과의 연관성을 중심으로 상상해보자.

미국: 백인이 절반 아래로…

미국의 전체 인구는 2040년을 기점으로 증가세가 확연히 둔화될 전망이다. 그러나 이민자가 계속 유입되면 전체 인구 중 백인 비중은 급속히 낮아질 것이다. 미국은 2045년에 지배자인 백인 인구 비중이 50% 이하로 줄어든다. 세계 경제에서 차지하는 비중도 그세 낮아질 것이다. 향후 미국은 비백인과의 공존 혹은 미국 패권과 백인의 몰락이라는 선택에서 폭주할 가능성이 높아졌다.

그렇다면 미국의 행보는 세 가지로 예상된다. 먼저, 온건하면서 유일한 해결책은 다시 이민자를 획기적으로 늘리는 것이다. 지금 캘리포니아의 인구 구성은 히스패닉, 아시아계, 흑인, 기타 인종을 합하면 약 65% 이상을 차지한다. 이런 인구구조가 미국 전역에서 나타나게 만드는 것이다. 미국은 내수 시장 유지와 대외 경쟁력 강화, 달러 패권 유지를 위해 이민자를 유입하는 것이 거의 유일한 방법이다. 현실적으로 백인들의 출산율을 높일 방법은 없다. 그렇다고 백인 비중이 절반 아래가 되는 상황을 백인 주류 계층이 받아들일까?

두 번째 방법은 현실을 받아들이면서 백인의 위치를 공고히 하는 트럼프식 절충 방식이다. 백인이 절반 아래로 줄어들기 이전에, 이민자를 강력하게 탄압해서 백인들에게 길들이는 방식이다. 인종 기반의 계급사회를 만드는 것이다. 이민자가 세금 등 사회적 비용을 부담하지만, 법적 보호를 제대로 받지 못하는 영주권자를 양산하는 방법이다. 그러나 이마저도 2050년을 지나게 되면 백인의 태반이 고령자가 되면서 불가능해질지 모른다.

세 번째 방법은 이민자 입국을 완전 차단하는 것이다. 트럼프 행정부의 강력한 이민 단속으로 2025년에 순이민(유입 - 유출)이 줄어들었다는 분석이 있다. 이민자를 통제하고 미국인의 출산율이 계속 줄어들 경우, 2030년경에는 미국 인구가 감소하는 인구 전환점에 도달할 것이라는 의회예산국(CBO)의 연구도 있다. 이런 상황은 노동력 공급 감소로 짧게는 임금이 상승하는 긍정적 효과가 있다. 그러나 장기적으로 보면 일본, 한국과 같이 구조적인 인구 위기에 빠질 수 있다.

미국인들이 파시즘 성향이 강한 트럼프 대통령을 선택한 것은 백인들이 소수자로 밀리기 이전에 미국 사회를 백인 중심으로 되돌리기 위한 불가피한 선택으로도 볼 수 있다. 그러나 어떤 선택도 미국 특히 백인에게는 근본적인 위협이 될 것임은 틀림없다.

그렇다면 이 세 가지를 절충하는 형태의 이민 정책이 예상된다. 이민자를 받아들이되 투자 이민과 같이 경제적 득실을 따져서 받아들이고, AI로 부족한 노동력을 대체하는 것이다. 동시에 이민자들이 백인에게 완전 굴복하도록 불평등한 제도와 사회 관행을 정착시켜 순응하게 만들 가능성이 높다. 대외적으로는 기축통화인 달러 가치를 방어하고, 경제 영토를 늘리기 위해 제국주의적 성향도 더 강해질 것이다. 정상적인 방식으로 백인 인구가 절반 아래로 떨어지는 것을 막을 방법은 없다.

유럽: 구조적 한계

서유럽은 미국보다 상황이 더 나쁘다. 이미 인구가 정점을 지나면서 세계에서 가장 빨리 고령사회로 진입하고 있다. 거의 모든 국가의 재정은 고갈 단계로 가고 있다. 프랑스의 경우 2040년이 되면 GDP의 약 6%를 정부 부채에 대한 이자로 부담해야 한다는 연구도 있다. 2024년 기준 프랑스는 GDP 중 정부 지출이 57%나 되기 때문에 세출의 거의 10%를 이자 비용으로 내야 한다. 프랑스의 재정은 지속 가능하지 않다. 정도의 차이만 있을 뿐 서유럽과 남유럽 국가들은 대부분 프랑스와 비슷하다.

서유럽은 산업 경쟁력 특히 AI 경쟁력에 있어서 미국과 중국 등에 비해 떨어진다. 지금도 대부분의 생필품을 중국 등

아시아에서 수입한다. 우크라이나 전쟁 이후 러시아의 위협에 맞서 국방비를 거의 2배 이상 늘려야 한다. 이미 외국 출생자 비율은 EU 전체로 13%에 육박하는 가운데, 영국은 15%, 프랑스 13% 이상, 독일은 20%에 근접하고 있다.

이민자들과 유럽 원주민 간의 갈등이 커지는 상황에서 이민자를 추가로 늘리기도 어렵다. 그러나 고령화 사회로 진입함에 따라 부족한 노동력을 보충하기 위해 이민자가 더 필요해지는 난처한 상황에 처하고 있다. 일자리를 두고 이민자와 유럽 태생이 경쟁하면 종교와 정치적 갈등이 확산될 것은 충분히 예측 가능하다. 이런 상황이 지속된다면 유로화도 안정성을 유지하기 어려울 것이다.

유로화 가치가 약화되면 반대로 달러화에 대한 선호가 높아질 수 있다. 미국보다 유럽이 먼저 나빠질 가능성이 높아서 취약해진 달러화가 가치를 유지하는 행운(?)을 가질지도 모른다. 환율은 약한 통화를 팔고 더 강한 통화를 매입하는 것이다. 그러나 달러의 미래 역시 밝지 못하다. 유로화에 비해 상대적으로 덜 나쁜 정도다. 흠결 있는 취약한 통화가 기축통화가 되면 장기적으로 세계 경제는 불안정해진다. 따라서 미국이 서유럽을 다시 동맹으로 껴안아 공생을 추구하지 못하면 중국에게 세계를 헌납하는 꼴이 될 수 있다.

러시아의 쇠퇴는 충분히 예측 가능하다. 러시아 인구는 완만하게 감소하겠지만 고령화 현상은 피하기 어려울 것이다. 앞으로 10년 정도가 지나면 러시아의 위협에 대응해서

유럽의 국방비가 증가하면서 재래식 전력에서 나토와 러시아는 균형을 이룰 것이다. 2040년을 넘기면 러시아는 핵무기 이외에는 존재 가치가 미미해질 것이다. 중국의 러시아 자동차 수출은 2022년 15만 4,000대에서 2025년 117만 대로 7.6배나 증가했다. 반면 현대차는 상트페테르부르크 공장을 1만 루블(약 14만 원)에 넘기면서 철수했다. 결국 러시아는 중국과 더 밀접한 동맹으로 전환하면서 영향력은 다소 줄어들 것이다.

지금 유럽의 미래는 100년 전 유럽이 재연될 가능성마저 상상하게 한다. 서유럽에서 파시즘 정당의 지지율이 평균적으로 20%대에 육박하는 것은 서유럽 토착민들이 암울한 미래에 대응하는 방식이다. 인구 감소 등 수축사회 진입과 백인 중심의 패권 상실에 대한 공포는 미국과 서유럽의 공통 위기다. 이런 상황에 맞서 미국은 트럼프 대통령을 선택한 것이고, 유럽은 파시즘 정당이 출현하고 있는 것이다. 길을 잃고 있는 서구의 혼란은 향후 20여 년 동안 정점에 이를 것으로 예상된다. 일본도 큰 그림으로 보면 유럽과 별 차이 없는 미래가 기다리고 있다.

중국: 사회적 부담 급증

중국의 인구는 이미 줄어들고 있다. 1차 베이비부머인 1962년생이 은퇴하기 시작했다. 연간 2,000만 명 이상의 대규모 은퇴가 시작되었다. 20년 후부터는 인구가 빠르게 감소한다. 지금까지는 고성장이 이어지고 있지만 지속 가능하지도 않다. 중국은 빠르게 세계 최대 인구구조의 역피라미드를 쌓고 있다. 이런 와중에 미국의 집중 공세로 고성장도 만만치 않다.

NEAR재단이 2021년에 발간한 《극중지계 Ⅱ : 경제편》에서 앞으로 중국은 네 개의 함정에 빠질 위험이 있다고 평가했다. ①누구나 알고 있는 중진국의 함정(Middle income trap), ②국가가 강한 리더십을 갖춰도 국민의 신뢰를 잃게 되면 어떤 정책도 먹히지 않는 타키투스의 함정(Tacitus Trap), ③하드파워가 강하더라도 소프트파워가 부족하면 여타 국가로부터 신뢰를 상실하는 킨들버거의 함정(Kindleberger Trap), ④새로운 강대국이 부상하면 기존의 강대국이 이를 두려워하게 되고 이 과정에서 전쟁이 발발한다는 투키디데스의 함정(Thucydides Trap)이다.[2]

그러나 여기서 고려하지 않은 것이 '인구 함정'이다. 1960년대 중반 2,700만 명대이던 중국의 출생아 수는 2016년 1,787만 명으로 줄었다. 최근에는 4년 연속 줄면서 2024년에 954만 명, 2025년에는 792만 명으로 급감했다. 결혼 건수는 611만 건에 불과하다. 출산율 하락 속도가 빨라도 너무 빠르다. 오죽했으면 중국 정부는 콘돔, 피임약 등에 13%의 세금을 부과하기로 했다.[3] 2070년이 되면 중국 인구는 지금보다 약 4억 명이 줄어서 10억 명 선이 붕괴될 전망이다.

이런 상황이라면 사회 골격을 유지하기 어려워진다. 다른 국가들도 역피라미드 인구구조로 전환되고 있지만 고령자 숫자에서 중국은 비교할 수 없을 만큼 많다. 앞으로 연간 2,000만 명씩 은퇴하고, 고령자가 5억 명쯤 되는 나라를 상상해보기 바란다. 지금의 중국 고령자는 지난 40년간 경제성장의 핵심 주역이었다. 그러나 이들이 은퇴 후 고령자가 될 때 사회적 부담으로 역할이 역전되는 것은 확정되어 있다.

엄청난 무질서 속에 제로섬 파이 쟁탈전은 중국에서 막 시작되고 있다. 정상적인 방법으로 국가를 유지할 수 없다면, 지금과 같이 강력한 파시즘 독재 체제를 유지하는 것이 유일한 방법일 것이다. 인구구조 때문에 향후 중국은 서구의 모델로는 성장이나 국가의 유지가 불가능하다.

한국: 완벽한 고령사회 진입

고령화가 한국보다 약 10여 년 빠른 일본은 편의점 종업원의 13%가 외국인이다. 버스 기사가 부족해서 버스 운행이 단축되고 있다. 일본 중소기업청에 따르면 336만 개의 중소기업 중 245만 개 기업은 70세를 넘긴 사장이 경영하고 있다. 127만 개의 기업은 후계자를 구하지 못한 것으로 추정된다.

한국은 2040년이 되면 전체 인구는 2025년 5,160만 명대에서 5,000만 명 선에 간신히 턱걸이하고 있을 것이다. 외국인 이민자를 제외하면 5,000만 명은 어림도 없다. 완벽한 역피라미드 인구구조가 완성된 사회에 도달한다. 생산연령인구 비중은 2012년 73.4%을 정점으로 감소해서 2022년 71.0%, 2040년

56.8%, 2070년에는 46.1% 수준까지 낮아질 것으로 전망된다. 중위 연령은 55세에 육박하면서 세계에서 가장 고령화된 국가가 될 것이다. 불과 15년 후 일이다.

2. 지속 불가능한 사회

20년 후 현재 선진국들은 제2차 세계대전부터 1970년대 초반까지 태어난 베이비부머가 사망하거나 대부분 경제 현장에서 은퇴한다. 중국은 10여 년 정도 베이비부머 출생이 늦어서 지연될 수 있다. 그러나 서구 선진국에 비해 조기 은퇴와 복지시스템 미비로 사회 혼란은 서구와 유사한 속도로 악화될 것이다. 한국도 빠른 고령화로 사회 시스템이 한계에 부딪칠 것이다. 인구구조만 놓고 보면 2030년경부터 격렬한 변화의 소용돌이가 발생할 수밖에 없다. 아무런 준비 없이 가장 빨리 고령화가 진행 중인 한국을 중심으로 사회를 들여다보자.

사회 시스템은 지속 불가능하다

건보공단에 따르면 2021년에 한 40대 환자는 24곳의 의료기관을 2,050번 이용한 것으로 나타났다. 하루에 5~6회 외래 진료를 받은 것이다. 연간 외래 진료를 150회 이상 받은 사람만 최근 5년 동안 매년 20만 명 안팎에 달하는데 대부분 고령층이다.

건강보험 진료비에서 65세 이상이 차지하는 비중은 2023년 44%에서 2030년 53%, 2040년 64%, 2050년 70%로 증가할 것으로 예상된다.

모든 국가에서 한국의 건강보험과 같이 대부분의 사회 시스템은 점점 작동하기 어려워질 것이다. 국민연금 개혁 문제는 수십 년째 논의하고 있지만 미세 개혁에 그치는 것을 반복하고 있다. 2023년 1월 프랑스 정부는 퇴직 연령을 62세에서 64세로 상향하는 연금개혁안을 발표했지만 노동자의 강력한 반대로 지지부진한 상태다. 오히려 연금개혁안을 제시했던 마크롱 대통령의 지지율은 취임 초기인 2017년 62%에서 2025년 10월 말 11%까지 낮아졌다. 다급한 프랑스와 선진국들이지만 빠른 개혁에 나서지 못하고 있다. 선거를 치러야 하는 정치권은 유권자의 강력한 반대를 돌파하기가 쉽지 않기 때문이다. 그래서 시간만 보내면서 다음 정부로 개혁을 넘기고 있다.

의료보험, 연금, 교육 체계, 재정 개혁 등은 보수와 진보 모두 반대한다. 보수의 개혁은 거의 시장 논리에 충실한 '신자유주의'적 방식이다. 개인이 스스로 알아서 준비하라는 개인 책임 방식이다. 진보는 보수의 개혁이 4不을 강화해서 불평등을 심화한다고 본다. 세금을 올리고 약자를 구제하는 진보의 방안을 보수 우파는 받아들이기 어렵다.

최근 영국은 주기적으로 증세 카드를 내놓지만 그때마다 여론의 반대로 꼬리를 내린다. 신자유주의 경제 체제인 영국은 고육지책으로 세출을 줄이는 선택을 하고 있다. 그러나 세출을 줄이면 4不은 더욱 고착화된다. 이렇게 결론 없는 논쟁이 20여 년째 이어지고 있지만, 확정된 암울한 미래를 선제적으로 준비하는 나라는 찾기 어렵다. 유럽의 많은 국가에서 파시즘이 등장하는 배경에는 사회복지 시스템의 한계와 관련된다.

민간 분야의 사회 시스템도 지속 가능하지 않다. 우리는 다양한 사회에 소속되어 있다. 동창회, 지역 사회, 혈연, 취미 등 전통적으로 이어져온 사회는 피라미드 인구구조를 가정해서 만들어졌다. 새로운 회원이 계속 유입되면서 이 조직이 영원히 유지될 것으로 생각한다. 그러나 역피라미드 인구구조로 이제 다양한 사회는 수명을 다하고 있다.

기존 종교는 종교인과 신자가 동시에 줄어들고 있다. 불교 조계종 출가자 수는 2005년 319명이었다. 그러나 2022년에는 61명으로 줄어든 후 100명 미만을 유지하고 있다. 조계종의 총 사찰 개수는 약 3,100개 정도로 추정되는데 시간이 지나면 사찰을 유지할 스님이 없어지게 된다. 가톨릭도 마찬가지다. 성당은 1,800여 개지만, 연간 사제 서품을 받는 인원은 80~90명에 불과하다. 이렇게 20년쯤 흐르면 기존의 사찰이나 성당이 유지될 수 있을까? 종교인과 신자 부족으로 사회는 더욱 정글화되면서 도덕의 타락은 심해질 것이다. 최근 AI교敎가 출현하는데 대세 종교가 될 것인가?

같은 조상의 자녀들이 모인 문중은 선대가 불려준 재산(종답, 종산 등)을 기반으로 제사를 지내거나 다양한 행사를 주관한다. 지금과 같이 고령화되면 20년 후 문중이나 족보가 존재할까? 정당 가입자, 시민단체 역시 문중과 별반 차이가 나지 않을 것이다. 미리 준비해야 하지만 명분과 현실적인 대안 부재로 시간만 보내고 있다. 민간 영역의 다양한 사회는 나름 민간 복지 체계의 역할을 했다. 또한 정신적으로 의지하는 기반이기도 했다. 그러나 역피라미드 인구구조에서는 과거에 만들어진 사회는 지속 가능하지 않다.

공공 사회 시스템이 한계를 보이는 상황에서, 민간 영역의 다양한 사회가 하나둘 사라질 때 개인들은 고립되고 고독해질 것이다. 그 고독과 상실감을 AI로 채우면서 파시즘 열차에 올라타려 할 것이다.

재정이 고갈된다면?

국가 재정은 저수지와 같은 역할을 한다. 경제가 잘 돌아가서 세금이 많이 걷히면 재정을 절약해서 경기 과열을 식힌다. 그러다가 경제가 어려워지면 저축한 재정을 풀어서 4不을 완화하고 경기를 회복시킨다. 마치 우기에 빗물을 가두었다가 가뭄 때 사용하는 것과 마찬가지다. 그런데 저수지가 말라가고 있다. 평상시에 너무 많은 물을 흘려보낸 것이다. 비는 찔끔찔끔 와서 저수지 수량은 계절과 무관하게 말라가고 있다.

지금 각국의 국가 부채는 제2차 세계대전 이후 가장 많다. 수축사회 진입으로 경제성장률이 낮아지면서 앞으로 세금 수입은 줄어들 것이다. 세계적 차원에서 전쟁이 거의 없는 평화의 시기였지만, 정치권은 선거에 승리하기 위해 재정을 마구 풀어댔다. 또한 인류 역사상 가장 많은 사람이 동시에 탄생한 후 함께 늙어가자, 이들을 부양하기 위한 비용도 준비하지 못했다. 장기적 관점으로 재정을 운용해야 하나 단기적인 이해로 좌우 정권 모두 재정을 방만하게 사용해왔다.

앞으로가 더 문제다. 고령화로 복지비용 증가는 불가피하다. 새로운 패권 전쟁으로 국방비도 늘려야 한다. 기후위기에도 대비해야 한다. 재정을 사용할 곳은 많으나 장기적인 경기침체가 예정된 상황이라서 세금은 늘지 않을 것이다.

각국의 정부 부채를 정확하게 예측하기는 쉽지 않다. 예측 기관마다 차이가 있지만 확실한 것은 엄청나게 늘어날 것이라는 점이다. IMF는 2040년 미국의 정부 부채는 GDP의 145%, 약 80조 달러로 전망하고 있다. 당시 국채 금리를 3%로 예상하면 국채 이자로만 연간 약 2.4조 달러를 쓰게 된다. 2025년부터 국채 이자 비용은 이미 국방비를 넘어섰다.

중국의 중앙정부 부채는 GDP의 88%지만 지방정부 부채를 합치면 2024년에 110%에 도달했다. 2040년이 되면 중국의 사회복지 비용이 크게 늘어날 것이다. 서유럽은 평균적으로 150% 수준에 도달할 것이다. 영국 예산처(OBR)의 2020년 예측에 따르면 2070년 공공부문의 순부채는 GDP의 4배를 초과할 것이라고 전망한다.[4] 한국도 정부 부채는 100%에 근접할 것이다. 거의 동시에 모든 국가의 재정이 나빠지는 것은 확정되어 있다. 노르웨이 등 유럽 강소국, 산유국 정도만 재정 문제에서 자유로울 듯하다.

국가 부채를 해결하는 전통적 방법은 물가를 올려서 부채 가치를 낮추는 것이다. 돈을 더 풀고 물가를 올리면 세금은 더 걷히고 GDP 대비 국가 부채 비율은 낮아진다. 그러나 물가 상승은 양극화를 가중시키면서 서민들을 생활고에 빠지게 한다.

해결 방법은 없는 것인가? 불평등과 같은 4不을 용인하자는 보수 우파와 복지를 늘려서 해결하자는 진보 간의 갈등은 끝없이 이어질 것이다. 보수 우파의 주장대로 신자유주의 방식으로 재정 문제를 해결하면 4不은 더 강화될 것이다. 참혹한 계급사회가 될 것이다. 그렇게 되면 진보는 강력하게 반발하면서 사회는 혼란에 빠질 것이다. 이를 명분으로 우파는 저항 세력을 진압하기 위해 폭력을 사용할 수도 있다. 파시즘적 치방 밖에 달리 대안이 없게 되는 것이다. 반대로 세금을 올리고 복지를 확대할 경우 경제성장률이 하락하고 기득권 계층의 저항이 예상된다. 기업, 개인의 해외 탈출을 막기 위해 글로벌 공조가 필요하지만, 오히려 타국 부유층을 유입하기 위한 국가 간 경쟁만 치열해질 것이다.

뚜렷한 해법 없이 보수와 진보가 재정 문제를 놓고 전투에 돌입하면 금융시장은 마비된다. 국채 공급이 지금보다 2배 늘어난다면 시장이 소화할 수 있을까? 국채를 가장 많이 매입하는 연금과 생명 보험은 고령화로 전체 잔고가 줄어들고 있을 것이다. 연금과 보험 지급이 늘어나면서 채권을 매입하기보다는 팔아야 하는 상황에 처할 수도 있다. 만일 이런 상황이 되면 국채 공급 증가로 금리가 더 오를 것이다. 금리가 오르면 경기는 침체된다. 그러면 세금이 덜 걷히는 악순환 구조에 빠지게 된다.

합리적으로 본다면 이런 암울한 상황은 충분히 예측 가능하다. 그럼에도 각국은 우리만은 이런 상황을 회피하겠다는 이기적 심리로 관세 장벽과 같은 울타리만 높이고 있다. 중국의 파워가 더 커진 상황에서 미국은 재정 부족만으로도 세계의 경찰 역할을 수행하기 어려워질 것이다. 재정 문제의 종착역에서 파시즘은 우리를 기다리고 있다.

3. AI가 지배하는 세상

AI 기술은 2040년이 되면 사회의 거의 모든 영역을 장악하고 있을 것이다. 어쩌면 일론 머스크가 우주, 위성통신, SNS, 로봇, 자율주행 시장을 완전 장악해서 오웰이 《1984》에서 예측한 '빅브라더'가 되어 있을지 모른다. 국가의 기능이 약화되면서 거대한 기술기업이 세상을 통치할지도 모른다.

피지컬 AI는 인간 노동을 상당 부분 대체하고 있을 것이다. 사무직, 생산직 모두 AI에게 자리를 내주고 있을 것이다. 가솔린 자동차 생산은 중단되고, 자율주행 전기차는 도로를 질주하고 있을 것이다. 택시 운전사, 대리 기사뿐 아니라 택배 배송에 있어서도 AI의 활용이 크게 증가할 것이다. 모든 생산 공정에 로봇이 투입되면서 생산성은 높아지고 가격은 저렴해질 것이다. 불과 10여 년 후 세상 이야기다.

하버드대 경제학자 제이슨 퍼먼에 따르면 AI 인프라와 관련된 '정보처리 장비 및 소프트웨어 투자'는 미국 GDP의 4%에 불과하지만, 2025년 상반기 경제성장률의 92%를 차지했다고 한다. AI 투자가 사상 처음으로 소비 지출보다 미국 경제에 더 큰 기여를 했다는 분석이다. AI 기술은 지금 기하급수적으로 성장하는 'J-커브'의 바닥에서 살짝 올라가기 시작하는 부근에 위치하고 있다고 판단한다.

2026년 세계 경제가 유지되고 있는 것은 AI에 대한 대규모 투자 때문이다. 미국의 경제성장을 견인하는 동시에 주식 시장에서 AI 관련 주식의 상승에 따른 부富의 효과도 상당하다. AI 중심으로 경제가 흘러가고 있지만 일각에서는 AI 투자 버블론도 꾸준히 나오고 있다. 특히 AI 관련 주식에 대한 우려가 커지고 있다. JP모건 분석에 따르면 AI 산업에서 2030년까지 10% 수익을 내기 위해서는 연간 6,500억 달러의 매출이 필요하다고 본다. 이는 애플 아이폰 이용자 15억 명이 매월 35달러를 지불하거나 혹은 넷플릭스 이용자 3억 명이 연간 180달러를 지불하는 수준이라면서 경계했다.

만일 21세기 초반 인터넷 산업과 같이 AI 버블이 발생하고 이후 붕괴된다면 경제는 큰 충격을 받을 것이다. AI 관련 경제 규모가 너무 커졌기 때문에 자본 투자자, 자금을 대출해준 금융 기관의 피해는 불가피할 것이다. 특히 AI 투자의 경제 의존도가 높은 미국, 중국, 대만, 한국의 피해가 상대적으로 클 것이다. AI 버블 붕괴 후 다시 경제가 정상화되려면 엄청난 시간과 자금이 필요할 것이다

세계 경제를 지탱하는 미국 주식시장과 경제에도 부담이 될 것이다. 미국 주식시장의 PER은 24배나 된다(2025년 말 기준). 24년치 연간 순이익을 합한 것이 지금의 기업 가치라는 의미다. 역사적으로 가장 높은 가치로 평가를 받고 있다. 미국 주식시장이 비싼 평가를 받게 된 것은 단연 AI 관련주의 상승 영향이다. 미국 S&P500 지수에서 AI 관련 주식의 비중은 2025년 12월 말 기준 약 45%나 된다. 이 주식들이 급락하게 되면 가계 자산이 감소하면서 소비가 줄고, 경제성장률도 하락할 것이다.

AI 버블이 붕괴된 이후 금융시장이 다시 안정을 되찾은 뒤에는 어떤 일이 벌어질까? 20여 년 전 인터넷 버블 붕괴 이후와 비교해보자. 당시 우후죽순으로 설립되었던 인터넷 기업들은 거의 도산하면서 대기업 몇 개로 압축되었다. 이번에도 마찬가지일 것이다. AI 버블 붕괴 이후에는 강력한 소수의 빅테크가 세계 경제를 주무를 것이다. 나머지 기업은 빅테크의 하청 업체로 전락할 가능성이 높다. 테크노 봉건주의 시대가 더 강화될 수 있다.

1929년 대공황은 '광란의 20년대' 주가 버블이 무너지면서 시작되었다. 이후에는 모든 재화가 공급 과잉에 빠지는 대

공황 즉 디플레이션이 발생했다. 부채를 늘리기 어려운 상황에서 AI를 포함한 모든 산업이 공급 과잉인데, 각국은 협력보다는 서로 싸우면서 관세 전쟁에 열중하고 있다. 1930년대 초반의 모습 그대로 재연될 가능성도 배제할 수 없다.

AI 세상은 앞으로 가장 큰 도전이 될 것이다. 그러나 앞서 많은 언급이 있어서 짧게 줄인다. 그런데 우리는 무엇을 준비하고 어떻게 세상을 바꿔야 할까?

4. 마지막 패권 전쟁

미국은 다른 국가로부터 끊임없이 자금을 수혈받아야 작동하는 국가다. 미국인들은 경제 체력에 비해 너무 많이 소비하고 특권을 누리고 있나. 미국 인구는 전 세계 인구의 5%도 안 되지만 전 세계 소비의 26%를 차지한다. 미국은 과도한 특권을 제2차 세계대전 이후 유지하면서 글로벌 불균형 체제에 길들여져 있다. 어쩌면 미국이 특권과 과소비를 유지하는 것이 글로벌 4不 현상의 최초 원인으로도 볼 수 있다.

미국인들은 그들이 누리는 특권을 포기할 생각이 전혀 없다. 공화당이나 민주당 모두 미국의 특권 유지는 공통의 목표다. 그러나 지금 미국은 허약해져 가고 있다. 중국이라는 역사상 단 한 번도 없었던 경쟁자가 미국을 위협하고 있다. 과거 미국에 도전했던 영국, 독일, 소련, 일본은 미국 GDP의 40%

를 넘지 못했다. 전쟁이 장기화되는 소모전으로 가면 미국은 늘 절대 우세였다. 2025년 기준으로 중국의 GDP는 달러 기준으로 미국의 63%지만, 물가를 감안한 PPP 기준으로는 이미 중국이 미국을 추월했다.

미국이 제조업을 부활시킬 수 있을까?

더 시간이 지나면 미국은 중국을 영원히 극복하지 못할 것이라는 두려움에 싸여 있다. 따라서 지금 벌어지고 있는 미국과 중국의 패권 전쟁은 피할 수 없는 운명이다. 패권 전쟁의 출발은 제조업에서 시작되었다. 미국은 소비하는 거의 모든 상품을 수입하기 때문에 제조업이 없으면 미국은 패권 유지는커녕 생존도 어렵다. 2025년 미국의 관세 부과에 중국이 희토류 수출을 통제하자 미국은 바로 꼬리를 내렸다. 중국 희토류 없이는 로봇이나 무기 등 어떤 것도 만들 수 없기 때문이다.

중국은 성장 특히 제조업 중심의 성장이 멈추면 공산당 일당 체제가 흔들릴 수 있다. 2000년 기준 중국의 제조업 부가가치는 전 세계의 6%였는데, 2030년에는 30%로 전망된다.[5] 이미 2021년에 중국은 미국, 일본, 독일, 프랑스, 한국의 제조업 생산을 합친 것보다 더 많이 생산하기 시작했다.

더군다나 중국은 제조업에 AI를 가장 빠르게 장착하고 있다. 제조업 생산이 압도적인 국가가 가장 효율적으로 생산한다면 다른 국가 특히, 미국이 추월할 수 있을까? 100년 전 미국의 경쟁자는 없었다. 당시 성장 산업이었던 제조업은 미국이 세계를 완전히 제패하고 있었다. 그러나 지금 미국의 제조업은 존재 가치가 미미하다. 한국 등 동맹국이 투자를 해도 생산 시설이 완공되고 제조업 생태계를 구축하려면 예상보다 더 많은 시간이 필요해 보인다.

미국 경제의 70%는 서비스업이다. 맥도날드 매장에 근무하던 사람이 반도체 라인에서 1일 3교대 방진복을 입고 근무할 수 있을까? 조선소에서 용접을 할 수 있을까? AI를 장착한 일론 머스크의 '옵티머스' 로봇이 반도체 라인에 투입되고 용접을 하려면 얼마나 시간이 걸릴까? 예를 들어 5년이 걸린다고 예상하면, 중국은 동일한 로봇을 더 싸게 만들어냈을 것이다. 이미 로봇 산업에서 중국이 미국을 앞섰다는 분석도 상당하다.

제조업에 있어 자국에 원자재, 노동력, 기술과 소비 시장까지 모두 갖춘 국가는 중국이 유일하다. 이런 중국을 미국이 따라잡을 수 있을까? 미국은 전략 기술 논문에서 20년 전에는 전 세계의 94%를 차지했지만, 지금은 중국이 90%를 차지한다고 호주전략정책연구소(ASPI)는 밝히고 있다. 원자력·소형 위성·인공지능(AI) 등 국가 안보와 산업 경쟁력을 좌우하는 '국가 전략기술' 연구 분야의 비교 결과다.[6]

네덜란드 라이덴대 과학기술연구센터(CWTS)가 발표하는 라이덴 랭킹(2025년)에서 세계 최고의 대학인 하버드대 순위가 1위에서 3위로 내려앉았다. 반면 중국의 저장대학浙江大学

은 라이덴 랭킹에서 1위를 차지하고 있다. 그뿐만 아니라 상위 10위권에는 중국 대학이 7곳이나 포함돼 있다.

특허와 대학의 실력은 미래 과학기술 수준을 규정하지만 미국은 점점 밀리고 있다. 과학기술 분야에서 시간은 중국 편이다. 지난 80년간 소비에 치중한 결과 지금 미국은 부족한 분야가 너무 많다. 미국은 시간이 없지만 중국은 모든 것을 갖추고 천천히 미국을 압박하고 있다. 2040년이 되면 세계의 패권과 경찰 국가가 모호해질 수도 있다.

기술 분기 상황이 된다면?

엔비디아의 젠슨 황Jensen Huang은 트럼프 대통령의 중국 압박과 중국의 대만 봉쇄 전략에도 불구하고 대만을 방문해서 반도체 산업의 육성을 강조한다. 중국이 중요한 파트너라고 하면서 대중국 관세 전쟁을 완화시키려고 노력하고 있다. 미국의 대중국 반도체 수출 제한 조치로 엔비디아의 매출이 줄어드는 것이 표면적 이유지만 사실은 더 큰 이유가 있다.

미국의 반도체 수출 규제로 중국 정부는 바이든 시절부터 경제 논리를 무시한 채 반도체 산업에 집중 투자하고 있다. 반면 미국의 AI 기술 투자는 민간 중심이다. 지금 AI 분야 세계 민간 투자의 3분의 2가량은 미국 민간 기업이 도맡고 있다. 반면 중국 정부는 전 세계 국가의 정부 투자를 합한 것보다 1.5배나 더 많이 반도체 등 미래 기술에 투자한다.[7] 물론 중국의 민간 기업도 AI 투자를 크게 확대하고 있다. 미국이 주력하는 민간 투자는 경기 상황에 따라 부침을 반복한다. 반면 중국 정부는 AI 최고 국가가 되겠다는 국가 비전으로 손익을 따지지 않고 투자 중이다.

중국은 강력한 통치를 바탕으로 교육 제도를 AI 기반으로 바꾸고 인재를 양성하는 데 유리하다. 실제 기술 적용을 위한 규제 해제도 빠르다. 부작용이나 인권을 감안하지 않는 파시즘 국가의 특성상 밀어붙이기가 쉽다. 자율주행에 있어 안전보다는 실제 적용을 강조하는 중국 때문에 최근 미국 테슬라의 위상이 낮아지는 추세다. 신약을 개발할 때 오랜 시간이 걸리는 임상실험도 부작용에 개의치 않는 중국이 유리하다.

지금 미국은 AI와 반도체 분야에서 다소 앞서 있지만, AI 기술의 응용과 AI 기반 사회로의 전환은 중국이 앞설 가능성도 있다. 기술 패권 전쟁의 모든 것은 AI 반도체로 집약되고 있다. 앞으로 드론, 전투기, 핵 미사일 등 모든 무기에는 AI가 탑재될 것이다. 거대한 항공 모함도 드론 몇 대로 기능을 마비시킬 수 있다. AI 기술은 하나의 기술이 아니다 거의 무한정의 응용 기술로 전환시킬 수 있다. 이런 상황이 되면 상대방이 어떤 AI 무기를 가지고 있는지 모를 수 있기 때문에 선제 공격은 어려워진다. 이른바 'AI 공포의 균형' 상황이 전개되는 것이다. 더 우수한 성능의 AI를 개발하고 이를 무기에 적용한 국가가 세계의 군사 패권을 거머쥘 것이다.

지금 미국은 미국 이외 모든 국가와 싸워도 이길 수 있다.

그러나 'AI 공포의 균형' 상황이 되면 미국은 선제 공격도 후속 타격도 어려워진다. 미국은 이런 상황을 절대 받아들일 수 없다. 그렇다면 여기에 소요되는 투자를 감당할 수 있을까? 미국의 국가 재정은 거의 한계에 부딪치고 있는데, 민간 기업이 정부를 대신해서 지속적으로 투자할 수 있을까?

만일 중국이 가성비를 기반으로 AI와 반도체에서 미국을 따라잡으면 세계질서는 어떻게 될까? 중세시대와 같이 중국과 미국 등 서구 간에 교역이 줄면서 분리된 두 개의 생태계도 예상 가능하다. 그러나 모든 경제 요소를 갖춘 중국도 폐쇄된 자급자족 경제는 견딜 수 없다. 세계는 상호 의존적으로 연결되어 있고, 미국이 그랬듯이 타국과의 관계를 통해 이득을 얻으려고 할 것이다. 제조업 국가인 중국 입장에서는 수출이 지속적으로 늘어야만 국민의 지지 속에 공산당 독재 체제를 유지할 수 있다.

사실 더 다급해지는 것은 주변 국가가 될 것이다. 러시아, 인도, 중동, 동남아 등은 경제적 이유로 중국 진영에 기대려 할 것이다. 그렇다면 미국 진영은? 유럽 정도가 될 텐데 유럽은 국가 재정, 산업 경쟁력 약화, 고령화 사회의 부작용 등 구조적 문제로 미국을 지원하기는 쉽지 않을 것이다. 다만 캐나다, 멕시코와 중남미 일부 국가는 여전히 미국 진영에 설 것이다. 최근에 미국이 무력을 동원해 많은 나라를 침공 혹은 점령하려는 시도는 미국 중심의 새로운 진영을 만들려는 시도로 봐야 한다.

새로운 형태의 양극 체제가 된다면 어느 쪽이 생명력이 강할까? 당연히 중국 쪽이다. 제조업의 생산, 원자재 공급, 소비 시장 등에 있어서 중국 진영이 압도적이다. 이런 기술 분기diver-gence의 위험을 인식한 미국은 2026년 1월 대중국 수출을 제한하던 엔비디아의 고성능 AI 반도체인 H200의 중국 수출을 조건부로 허용했다. 중국의 독자적인 반도체 개발을 막아서 미국 기술에 종속시키기 위해서다. 그러나 더 큰 반전은 중국이 이 제품의 수입을 거부한 점이다. 스스로 개발해서 미국 기술로부터 독립하고 독자적인 기술 생태계를 구축하겠다는 것이다.

산업혁명 이전까지 동서양은 서로 다른 기술을 사용했다. 자신들의 기술만으로도 생활이 가능하고 전쟁도 할 수 있었다. 그러나 산업혁명 이후, 세계는 기술 표준을 마련하고 특허를 보호하면서 동일한 기술을 함께 사용해왔다. 기술 패권을 가진 서방의 기술이 중국을 압도했기 때문에 근대近代가 형성된 것이다.

같은 상황이 반복되어 이번에는 중국 기술이 미국 기술을 추월하게 된다면 어떤 일이 벌어질까? 먼 미래의 상황이 아니지만 그렇다고 당장 발생하지도 않을 듯하다. 나는 중국의 AI 기술력이 미국의 80% 정도 수준에 도달하게 되면 맹렬한 변화가 있을 것으로 본다. 미국과 중국의 중간지대에 있던 국가들은 중국 쪽으로 돌아설지 모른다. 반대로 미국은 이런 상황을 저지하기 위해 수단과 방법을 가리지 않으면서 중간지대 국가들을 압박할 것이다. 현재 중국의 AI 기술력은 평가

기관에 따라 다르지만 미국의 50~70% 수준으로 평가하는 분위기다. 다만 중국의 추격 속도는 점점 가속도가 붙고 있다.

나는 기술 분기 문제가 현실적으로 가장 중요한 미래로의 전환 포인트라고 본다. 미·중 양국이 서로 다른 AI 기술을 개발하게 되면 상대방에 대해 파악이 안 될 것이다. 전면적인 무력 충돌은 예방될 수 있겠지만, 상대 진영을 '소 닭 보듯이' 할 수 있을까? 시간이 지나면 경제적으로 지구력이 강한 측이 승리할 것이다. 2022년 2월 발간된 중국의 《국가안전연구》에서는 미·중 간의 전략적 경쟁을 '신지구전新持久戰'이라고 표현하기도 했다. 지구력 게임의 끝이 보일 때 드디어 미국 등 많은 국가들이 새로운 미래를 준비하기 시작할 것이다.[8]

미국과 중국이 기술 분기 상황에서 중국이 희토류 수출을 규제하면 한국, 일본, 대만의 반도체, 태양광과 여타 IT 산업의 생태계는 중국이 쥐게 된다. 환경문제가 심각한 국내에 희토류 제련 시설을 건설하기도 쉽지 않다. 시간도 오래 걸린다. 이런 상황이 되면 중국은 한국, 일본, 대만 등 동아시아 3개국에게 중국 진영으로 들어오라고 압박하지 않을까?

기술 분기가 고착화되고 새로운 양극 체제가 완성되면 거의 모든 산업의 생산 시설을 자국 내에 건설해야 할지도 모른다. 엄청난 비효율이 발생하는 것이다. 가장 골치 아픈 나라는 한국, 일본, 대만이 될 것이다. 중국의 실질적인 안보 위협과 수출 시장 확보라는 측면에서 중국이나 미국 어느 쪽도 포기할 수 없다. 선택의 순간은 다가오지만 확실한 것은 하나도 없다.

이런 상황을 저지하기 위해 미국은 향후 10여 년간 총력전을 벌일 것이다. 중국을 제재하고 여타 국가들의 배신을 막아내기 위해 모든 수단을 동원할 것이다. 베네수엘라 침공, 그린란드 매입, 이란 폭격 등은 간보기 정도에 불과할 것이다. 문제는 이제 미국 입장에서 관세와 군사력 이외에 사용할 수단이 없다는 점이다

다극화 시대는 새로운 혼란을 유발

이런 예상 때문에 최근에는 냉전시대 종식 후 한때 유행했던 '다극화 시대'에 대한 논의가 부상하고 있다. 지정학 분석가인 페페 에스코바르Pepe Escobar는 최근작 《다극 세계가 온다Eurasia v. NATOstan》에서 미국의 쇠퇴로 중국, 러시아, 인도, 브릭스BRICS+ 국가들, 상하이협력기구(SCO) 등 디양한 행위자들이 주체가 되는 새로운 형태의 다극적 국제질서가 형성될 것이라고 주장한다.

우리는 양극 혹은 단극 체제보다 다극 체제가 정의롭다고 생각하는 경향이 있다. 다극 체제는 다양한 나라의 이해를 반영해야 하기 때문에 글로벌 보편 질서를 추구할 것으로 기대하기 때문이다. 무엇보다도 패권국의 착취에서 벗어날 수 있다는 희망의 단어로 '다극 체제'를 이해한다. 만일 2030년경 다극 체제가 나타난다면 평화로운 시대가 될까?

나는 각자도생의 무질서한 국제질서가 되면서 혼란만 커질 것으로 본다. 페페가 주장하듯이 달러 패권이 무너지고 기

존의 안보 체제가 무너지면, 세계는 전쟁의 공포에 싸일 것이다. 아직 세계는 달러 패권 약화와 안보 질서의 분산에 대해 준비가 되어 있지 않다. 오히려 보호무역은 강화될 것이다. 2025년 G20 국가가 새로 제정한 무역 규제는 역대 최대로, 전년 대비 74%나 늘었다고 한다. 안정적인 다극 체제는 고사하고 불확실성만 높일 것이다.

그렇다고 미국과 중국이 바로 물리적 전쟁에 돌입하지는 못할 것이다. 미국은 바이든, 트럼프와 같이 타국의 투자를 유치하고 관세를 올리면서 AI 기술의 독점권을 유지하려 할 것이다. 중국도 상황은 녹록지 않다. 중국은 지금부터 고령화와 저성장에 따른 내부 관리에 어려움이 커지는 시기에 진입한다. 더군다나 양국은 모두 지구를 파괴할 정도의 핵무기를 가지고 있다. 핵무기를 가진 국가 간에는 전쟁을 할 수 없다. 선제 핵공격에 대한 2차 보복 핵공격에 대한 두려움 때문이다.

중심이 없는 혼란한 상황이 지속되면 각국은 안보와 다른 국가와의 경쟁에 초점을 맞춰 국가 대항 총력전에 나설 것이다. 국가 자원을 총동원하기 위해 정치 체제는 '전체주의'로 흐를 것이다. 일사불란한 국가 체제를 원하는 여론이 형성될 수 있다는 것은 파시즘 체제와 유사해진다는 얘기다.

이기적 동맹: 미국만을 위한 동맹이 필요해

위기를 인식한 미국의 속내를 보여주는 문서가 있다. 미국은

2026년 1월 '2026~2030 전략계획(ASP)'에서 국가 안보에 영향을 미치는 첨단 제조 제품과 핵심 기술 분야에서 "시장 지배권을 외국 세력에게 내주지 않겠다"면서 "미국 기업이 주도하는 강력한 친미 경제 블록을 구축할 것"이라고 밝혔다. 문서는 "모든 양자 협상에서 미국 기업과 솔루션을 동맹국의 최우선 선택지로 만들어, 미국 기업과 미국의 수출(상품 및 서비스, 기술 등)을 활용하는 강력한 경제블록을 구축하겠다"고 했다. 나아가 "동맹국이 미국 기술과 방어 시스템을 구매하면 미국의 재산업화를 재정적으로 뒷받침할 뿐만 아니라 미국의 경제 및 기술 리더십을 보장할 것"이라고 기대했다.[9]

미국은 기술 분기에 대응하면서 중국의 도전을 막아내겠다는 목표로 동맹국을 미국 진영으로 완전히 종속시키고, 미국의 이해관계로만 관계를 맺겠다는 선언이다. 동맹국의 투자로 미국의 산업 기반을 재건히고, 생산물을 동맹국이 수입하는 배타적인 양자 관계를 바라는 것이다. 물론 안보는 동맹국의 자체 자금으로 해야 한다.

미국 정부가 핵심 산업에서 리더십을 유지하기 위해 '친미 경제블록'을 구축하겠다는 계획이지만 내용은 완전히 미국만을 위한 이기적인 정책이다. 이런 미국의 속내는 과연 실현 가능할까? 우선 시간이 오래 걸린다. 다음 정부에서도 실행이 가능할지 미지수다. 중국에 대한 실질적인 통제 수단에 대한 언급은 없다. 여타 친미 국가들에게는 불평등 관계이고, 경제적 부담이 상당하다. 이런 상황에서 견고한 동맹으로 발전할 수 있을까?

미국과 중국의 줄다리기 경쟁이 거세질수록 나머지 국가들은 친미와 친중으로 여론이 갈라서면서 다양한 사회 분야에서 갈등이 확산될 것이다. 이 갈등 속에서 패권 전쟁이 종반부로 향할수록 파시즘은 조금씩 사회를 장악해갈 것이다.

5. 파시즘 기반 아령 사회에서 바벨 사회로

일본의 다카이치 총리는 대만 문제에 대해 미국의 입장을 지지하면서 중국과 심각한 마찰을 빚고 있다. 2026년 2월 8일 조기 총선을 실시하면서 중의원 해산부터 투·개표까지 불과 16일 만에 선거를 밀어붙였다. '극우 여성 아베'로 불리는 다카이치 총리는 개헌이 가능한 전체 의석의 3분의 2를 확보했다. 다소 시간이 걸리겠지만 자위대의 존립 근거를 헌법에 명시하는 등 파시즘 정책 도입은 확실해 보인다.

일본 국민들이 자발적으로 파시즘 성향의 다카이치 정부를 압도적으로 선택한 것은 한국에도 많은 시사점을 준다. 일본과 같은 선진국에서도 미래에 대해 뚜렷한 대안이 없을 때 파시즘 성향이 강화될 수 있음을 보여주는 중요한 사례다. 일본마저 파시즘 성향이 강해지면서 한국은 미국, 중국, 러시아, 북한에 이어 일본까지 파시즘 국가들에 포위된 외로운 민주주의의 섬이 되고 있다.

지금부터 전 세계적 차원에서 사회 시스템을 개혁하지 못하면 100년 전 유럽과 비슷한 파시즘 세상이 불가피하다. '우리' 대 '그들'이라는 이분법적 사회 구도는 점점 강화되고 있다. 한국을 포함한 모든 나라에서는 경쟁 세력에 대한 강력한 메시지를 내야만 정치적으로 영향력을 확보할 수 있는 세상이 되었다. 트럼프 대통령 이후 민주당 출신 대통령이 나와도 파시즘적 경향은 정도의 차이일 뿐 줄어들지 않을 것이다. 만일 공화당이 다시 집권한다면 더 강력한 파시스트 대통령의 출현이 예상된다.

'우리' 대 '그들'이 대결하는 세상

2024년 미국 대통령 선거 기간 중 테슬라의 일론 머스크는 유명한 트윗을 날린다. 자신의 이념적 판단은 늘 같은 자리, 즉 중도 좌파에 위치했지만 진보 좌파가 너무 왼쪽으로 가버려 자신은 저절로 중심의 오른쪽인 우파가 되었다는 카툰이다.

　일론 머스크의 카툰을 반대로 역전시키면 정반대의 해석이 가능하다. 원래 중도 우파였던 사람이 우파가 너무 오른쪽으로 이동하면서 제자리에 있던 사람이 좌파가 되는 것이다. 그렇다면 세상이 반쪽으로 나뉜 이유가 우파가 너무 오른쪽으로 간 탓일까, 아니면 좌파가 너무 왼쪽으로 간 탓일까? 냉정하게 판단하면 우파가 더 오른쪽으로 이동했다는 것이 맞을 듯하다. 물론 가장 오른쪽에는 파시즘이 위치하고 있다.

　지난 시절 우파와 좌파의 극단주의자들은 소수에 불과

했다. 그러나 이제는 중간 지점에 있던 사람들이 속속 좌우 양 진영으로 갈라져서 결집하고 있다. 거의 모든 나라에서 중도층이 축소되면서 우파와 좌파 진영이 5:5로 갈리고 있다. 양극화된 사회는 운동기구인 ‘아령’과 유사하다. 그런데 양쪽이 계속 좌우로 늘어나면 중간지대는 얇아지고 아령은 역도 선수가 사용하는 바벨barbell의 모습이 되면 부러질 가능성이 높아진다.

우리 사회가 위험해진 것은 바벨 사회가 됨으로써 어떤 행위든지 절반의 지지를 얻어 정당성을 확보할 수 있게 되었기 때문이다. 옳고 그른 것의 차이가 아니라 ‘우리’ 대 ‘그들’의 대결 구도로 모든 현상을 판단하게 되었다. 이렇게 되면 사람들은 국민의 절반이 자신과 비슷한 생각을 가지고 있다고 믿게 되고, 정치인이라면 절반의 국민이 자신을 지지한다고 믿게 된다. 불법이나 범죄를 저질러도 자기 진영이면 용서한다. 죄책감이나 양심이 설 자리가 없어진다.

트럼프 대통령은 가족 정치와 가상자산 등을 이용해 재산을 불리는 위법 행위를 저지르고 있다. 그러나 미국의 보수 우파에게는 전혀 문제가 되지 않는다. 윤석열 내란 사태나 서부 지원 폭력 사태 등은 용납할 수 없는 범죄다. 그런데 피고인석의 당사자와 변호인, 그리고 지지자들이 당당한 태도를 보이는 이유는 국민의 절반이 자신들을 지지한다고 믿기 때문이다.

내란 사태 이후 국민의힘 지도부가 윤석열을 방어하면서 탄핵 찬성론자들을 내치려고 한다. 그것이 가능한 이유는 윤석열 탄핵 찬성 세력이 탈당 후, 새로운 정당을 차려봤자 5:5

구도에서는 존재감이 없을 것이라는 확신 때문이다. 이런 한계 상황을 이해하고 있는 탄핵 찬성파는 끝까지 당내에서 버티고 있는 것이다.

보수 우파에서 노골적인 파시즘 경향이 나타나자 반대편의 진보 좌파에서도 유사한 현상이 벌어지고 있다. 거의 모든 이슈를 '내로남불'식으로 해석하고 대응한다. 진보 좌파에 속하는 사람들은 자신들이 정의로운 애국자라고 생각한다. 따라서 진보 세력의 잘못은 실수이거나 사소한 것으로 여긴다. 진보의 잘못을 공격하는 우파나 언론은 정치적 목적으로 좌파를 공격하는 것으로 간주한다. 지금 이 시간에도 5:5의 이념 양극화가 진행되면서 바벨 사회의 중간지대는 계속 가늘어지고 있다.

사회 모든 영역이 5:5 갈등 구조

언론도 좌파와 우파로 완전히 나뉘어져 자기 진영만을 위한 뉴스를 의도적으로 내보낸다. 어떤 이슈는 기계적 중립으로 본질을 혼탁하게 만든다. 이런 상황이 지속되면서 중도와 중립은 사라졌다. 사안에 따라 진실에 부합되는 선택을 하는 것이 이제는 불가능해졌다. 중간지대에 있던 사람들도 사회가 5:5 구도화되고, 의도된 뉴스에 중독되어 결국 어느 한 진영을 선택하게 된다.

미국에서 트럼프 대통령이 당선된 2016년 말 공화당 지지자의 경제 인식은 일거에 경제가 좋아지고 있다고 답했다. 반면 민주당 지지자들은 경제가 나빠지고 있다고 응답했다. 이후 바이든 대통령이 당선될 때 정반대의 결과가 나왔다. 민주당 지지자는 경기가 좋아지고 있다는 의견으로 급선회했다. 공화당 지지자는 반대로 나빠진다고 봤다. 2024년 말 트럼프 대통령이 재선되자 1기 당선 때와 동일한 행태가 나타났다. 지금 한국에서도 비슷한 현상이 벌어지고 있다. 2025년 이재명 후보의 당선이 유력해지면서 진보 세력은 경제가 매우 좋아질 것이라고 답했다. 반면 보수층은 어렵다고 봤다(한국 갤럽 조사). 경제는 심리인데 엄청난 인식의 차이로 인해 경제 정책을 펴기도, 효과를 내기도 어려운 상황이 되었다.

좌파와 우파 간의 갈등은 본질적으로 정치적인 주제다. 그러나 지금은 생활 속으로 파고들어갈 정도로 일상의 생활을 지배한다. 같은 이념을 가진 사람끼리 결혼하고 교류하며 함께 살아간다. 자기 진영이 보내주는 정보만 보고, 그들과 생활하면서 좌우 양 진영 간 거리는 시간이 지날수록 더 벌어지고 있다.

완벽하게 진영이 나뉘면 사회는 더 많은 폭력과 착취, 즉 4不이 일상화된다. 실제로 두 집단 사이에 힘의 균형이 존재할 때 가장 치열한 경쟁이 벌어진다. 모든 것을 걸고 벌이는 완벽한 제로섬 전쟁이 된다. 패배하면 모든 것을 상실하기 때문이다. 따라서 5:5 구도보다는 5:3:1:1의 이념적 구조가 보다 안정적이다. 그러나 지금 세계는 완벽한 5:5 구도를 만들어가고 있다.

　　어떤 일을 해도 국민의 절반이 자신을 지지한다면 용감해질 것이다. 적을 물리치는 전쟁 중이라고 인식하기 때문에 당장의 승리가 중요하다. 이런 사회는 전투만 있을 뿐 발전은 불가능해진다.

　　파시즘에 중독된 극단주의자들의 공격으로 내전이 벌어지는 국가도 있을 것이다. 바버라 월터Barbara F. Walter는《내전은 어떻게 일어나는가》에서 이미 미국은 내전 단계에 돌입했다고 주장한다. 양극단으로 갈라지면서 인종주의 기반의 내전을 예상하고 있다. 인종 청소를 관찰하는 제노사이드 워치Genocide Watch의 스탠턴Gregory Stanton은 〈제노사이드 10단계〉를 제시했다. 그는 인종 청소는 단순히 '학살'로 끝나는 사건이 아니라, 분류→상징화→차별→비인간화→조직화→양극화→준비→박해→학살→부인의 연속 과정으로 파악한다. 현재 미국은 10단계 중 조직화와 양극화 단계인 5~6단계를 거치고 있다고 경계한다.[10]

　　월터는 미국에서 두 번째 내전이 일어난다면 전투원들은 들판에 모이지도 않으며 군복도 입지 않을 것으로 예상한다. 지휘관이 아예 없을지도 모른다. 그들은 "그늘을 들락거리면서 게시판과 암호화된 네트워크에서 소통할 것이다"라면서 새로운 형태의 내전을 제시했다.[11] 물리적 전쟁이 아니라 파시즘 기반의 선전·선동, 혐오가 난무하는 사이버 전쟁을 예상하고 있다. 그렇다면 지금 벌어지고 있는 온라인 속에서의 전투가 내전인가?

파시즘의 세계화

이념은 국경을 넘어 세계를 관통한다. 아시아, 아프리카, 중남미의 개도국들은 혼란을 수습하기 어려울 정도로 이미 경제가 무너져 있다. 파시스트의 오랜 집권으로 4不은 일반적인 사회 현상으로 굳어졌다. 미래를 준비하는 교육 투자도 거의 없다. 우수한 인재들은 선진국으로 탈출한다. 아프리카는 논외로 치더라도 가까이 있는 태국, 인도네시아, 필리핀, 미얀마 등 한때 성장 가능성이 높았던 나라들은 여전히 수십 년 전 수준의 민주주의와 깊은 양극화 사회에 머물러 있다. 이런 악순환이 반복되면서 경제는 침체하고, 민주주의보다 '생존'에만 집중하는 정글형 나라가 되었다.

파시즘에 무감각해지면 주변국이나 비슷한 환경에 있는 국가로 파시즘은 확산된다. 100년 전 이탈리아를 시작으로 파시즘이 퍼져 나갈 때 독일, 스페인, 포루투갈, 동유럽, 발트 3국 등에서도 파시즘이 동시에 득세했다. 파시즘의 세계화가 발생했던 것이다.

지금 민주주의를 제대로 구현하는 국가는 얼마나 될까? 아메리카 대륙에서는 캐나다 정도, 아시아에서는 한국, 대만, 일본, 싱가포르 정도다. 서유럽과 북유럽 국가 역시 민주주의가 작동하고 있지만, 이들 국가의 세계 인구 대비 비중은 빠르게 줄어들고 있다. 167개국의 민주주의 상태를 조사한 영국 EIU의 전 세계 민주주의 지수에 따르면(2025년 2월 발표), '완전한 민주주의Full democracy' 국가는 약 25개국(약 15%)에 불과하다고 한다. 반면 파시즘 경향을 띤 권위주의 국가의 비중은 약 36%에 이르는 것으로 나타났다.

민주주의와 파시즘의 파워게임

지금 벌어지고 있는 파시즘 현상은 세계적 차원의 위기다. 특별한 개혁이 없으면 미국, 서유럽, 중국, 러시아, 한국 등 많은 국가들은 기존 시스템을 유지할 수 없게 될 것이다. 안타깝지만 타자를 배제하는 반이민 정책이나 이민자 착취를 위해 파시즘이 필요할지도 모른다. 민주주의, 인권, 평등과 같은 사람만의 차별성을 추구하기보다는, 번식을 줄여 오직 생존에만 집착할 것이다. 지금 세계가 얼마나 절박한 상황인지 우리는 재인식해야 한다.

파시즘은 정글에서 당장의 생존만을 도모하는 이념이다. 생존을 위한 투쟁은 앞으로 20여 년간 가장 치열하게 벌어질 것이다. 그때는 지금의 번영을 만든 베이비부머들이 거의 동시에 퇴장하는 시점이다. 그러나 그에 앞서 베이비부머들은 잘못된 세상을 되돌려야만 자신의 지난 삶이 가치가 있다고 믿는다. 자신과 자신의 후손만이 잘살아야 한다는 이기적 유전자가 최대로 발동하는 기간이 될 것이다.

원론적인 해결 방법은 앞서 논의한 4不을 제거하는 것이다. 그러나 역사적으로 4不을 완화하기 위해 사회 시스템을 선제적으로 고친 사례는 없다. 오히려 시스템을 고치기 이전에는 더 참혹한 상황으로 몰아가는 경우가 많다. 대공황 당시와 같이 견디기 어려울 정도로 사회가 무너져야 비로소 시스템 개혁에 나설 것이다.

파시즘 성향의 독재자, 군벌, 독점자본과 사회 기득권 계층의 힘이 과연 줄어들 수 있을까? 나는 지금부터 파시즘 세력과 이에 저항하는 민주주의 세력 간에 엄청난 파워게임이 지구촌 차원에서 벌어질 것으로 예상한다. 특히 한국이 가장 심할 것으로 예상된다.

6. 몇 가지 희망의 근거

그동안 우리는 '어떻게든 되겠지'라는 식으로 세상의 변화를 애써 무시하고 살아왔다. 실제로 '어떻게든 되었다'. 또한 새로운 개혁은 자신의 문제로 직접 와 닿지 않았기 때문에 전환의 과제는 남의 얘기였다. 그러나 이제 파시즘을 방어하고 미래의 난제를 풀어가는 것은 저절로 해결되지 않는다. 파시즘 사회는 우리 세상과 바로 나 자신의 문제가 되었다. 회피할 방법도 없다. 따라서 모두가 행동에 나서야 하지만 시간이 별로 없다.

미래 예측 결과는 늘 틀린다. 좋은 미래가 예상되면 사람들은 사전에 행동에 나서서 좋아지는 예상 시점을 앞당긴다. 어떤 기업의 이익이 1년 후에 늘어날 것이 예상되면 주가가

1년 전부터 상승하는 것과 같은 이치다. 반대로 나쁜 상황이 예상되면 그런 상황에 대비하기 위해 미리 대응책을 마련한다. 결과적으로 예상된 나쁜 상황은 지연되거나 혹은 원인을 제거해서 발생하지 않도록 사회는 움직인다.

최악의 상황은 확정적이지만 이에 대응하는 개혁에 나설지는 의문이다. 우파는 좀 더 오른쪽으로 이동해서 기득권을 지키는 데만 주력할 전망이다. 반면 진보는 대안 제시 없이 파시즘 세력과의 싸움 자체에만 집중할 가능성이 크다. 실로 암담한 미래다.

카터의 법칙: 언제쯤 개혁이 가능할까?

1970년대 말 미국의 카터 대통령 임기 중에는 스태그플레이션, 에너지 위기 등 심각한 경제·사회저 위기가 발생했다. 카터 정부는 현상을 무시하고 적절한 대책도 내놓지 못했다. 당시 미국은 2차 오일쇼크로 물가가 폭등하고, 금리는 무려 20%에 육박해서 역사상 가장 높은 수준이었다. 그러나 카터는 민주주의 확산, 군비 축소, 기후위기와 같은 정의로운 정책에만 주력했다. 경제가 거의 무너지고 강력한 리더십과 경제 성장의 욕구가 커지자 미국인들은 레이건을 선택한다. 레이건은 신자유주의를 기반으로 미국 사회를 전혀 새로운 방향으로 이끌었다.

부유한 민주주의 국가에서 의미 있는 개혁이 시작되려면

심각한 위기 상황이 먼저 발생해야 해야 한다. 이를 카터 대통령을 빗대 '카터의 법칙'이라고 한다. 위기가 개혁의 필요조건이라는 얘기다. 사람들은 단순한 불편함이나 만성적 문제만으로 급진적 변화를 요구하지 않는다. 상황이 더 나빠져야만 변화의 필요성을 인식하고 개혁을 수용한다. "상황이 좋아지기 위해서는 상황이 더 나빠져야 한다Things have to get worse to get better"는 역설이다. 대공황이 뉴딜 혁명을 만든 것과 같은 이유다.

카터의 법칙이 이번에도 적용된다면 과연 어떤 일이 벌어질까? 썩어 문드러질 정도로 세상이 혼탁해져야 개혁에 나선다고 예상할 수 있다. 그렇다면 이 시대를 살아갈 사람들에게는 최악의 미래가 된다. 향후 개혁의 목표는 파이를 키우는 플러스섬Plus-Sum 사회를 만드는 중차대한 개혁이 되어야 한다. 수축사회를 팽창사회로 만드는 역사상 최초의 전 지구적 대전환이 되어야 한다. 사람들의 마음부터 사회 시스템, 과학기술, 정치구조, 국제질서까지 망라하는 개혁이어야 한다.

희망을 만들자

흔히 미래는 오는 것이 아니라 만들어가는 것이라고 한다. 맞는 말이다. 그러나 지금까지 논의한 내용은 전혀 경험해보지 못한 환경이다. 미래를 만들가는 것은 고사하고 변화의 방향을 파악하기도 어렵다. 사람들은 세상의 질서를 바로잡아줄 메시아를 찾겠지만, 메시아는 과거에도 오지 않았고, 미래에도 오지 않을 것이다. 우리 스스로 메시아가 되어 기존의 상식과 기득권을 버리고 사회 전체를 바꾸는 것만이 유일한 해법이다.

이런 극단적이고 비관적인 상황이지만 우리는 희망을 찾아내 확산시키면서 사회를 고쳐 나가야만 한다. 몇 가지 긍정적 상황을 정리해보자.

첫째, 현재의 복합 위기에 대해 공감하는 사람들이 늘어나고 있다. 그만큼 상황이 나빠지고 있다는 증거이기도 하다. 과거의 관성으로 미래가 오지 않을 것이라는 생각에 동의하는 사람이 증가하고 있다. AI가 노동을 근본적으로 바꿀 것이라는 점도 잘 알고 있다. 4不이 모든 갈등의 원인이라는 것도 이해하고 있다. 인구가 줄어들 것이라는 점, 연금·의료보험·교육이 지속 가능하지 않다는 것 역시 모두 이해한다. 재정의 한계 역시 대부분 인지하고 있다. 파시즘의 확산으로 우리 공동체가 위기에 처해 있다고 판단하는 사람도 증가하고 있다.

각자 자신이 속해 있는 사회의 미래 변화를 우려의 눈길로 바라보면서 다양한 영역에서 벌어지는 암울한 미래에 대한 정보를 수시로 살피고 있다. 100년 전보다 훨씬 많은 정보가 미래에 대해 눈 뜨게 하고 있는 점은 긍정적이다.

유발 하라리는 사람들의 결정은 대부분 이성적 분석보다는 감정적 반응과 어림짐작식의 손쉬운 방법에 기초하고 있다면서, '사람은 스스로 생각하는 경우가 드물고 집단 속에서 사고한다'고 주장한다.[12] 어두운 미래와 파시즘으로 향하는 세상에 대해 더 많은 사람들이 집단적으로 공감하기 시작하면 우리는 미래를 향한 개혁에 나설 수 있다.

둘째, 인구구조가 극적으로 변화하지만 역피라미드형 인구구조가 어느 정도 완성되면 현재의 난제는 다소 해소 가능하다. 한국의 경우 2040년이 되면 1차 베이비부머의 끝세대인 1963년생이 77세, 2차 베이비부머도 70세에 도달한다. 이런 상황이 되면 경제활동인구가 줄어들면서 실업률이 하락할 것이다. AI가 노동을 대체해도 사람이 할 수 있는 일자리는 여전히 존재할 것이다.

최근 일본에서 발생하고 있는 노동시장의 희망적 변화를 살펴보자. 일본에서 청년 고용 문제가 해결된 것은 불과 2~3년 전이다. 2024년 3월 기준 대학 졸업 예정자의 구인 배율은 1.7배에 달했다. 대학을 졸업하는 학생 한 명당 거의 2개 가까운 일자리가 있다는 통계다. 일본 베이비부머의 끝세대는 1949년생이고, 한국은 1963년생이다. 14년 차이가 난다. 한국이 일본과 유사한 궤적을 보인다는 가정하에 판단하면 대략 10년 정도 지나면 청년 고용 등 일자리 문제는 안정될 것으로 보인다.

이미 한국의 요양병원 간호 인력은 거의 중국 출신 외국인 노동자다. 중소기업 근로자도 외국인 노동자 중심이다. 외국인 노동자 없이 한국은 가동되기 어려워질 것이다. 이런 상황이 되면 이민자와의 일자리 경쟁이 약화되면서 사회 갈등도 다소 완화될 것이다.

셋째, 수도권 과밀이 만들어낸 다양한 문제가 해결되고 있을 것이다. 연금, 의료보험 등은 여전히 해결이 어려울 것이다. 그러나 수도권 집중 현상과 누적된 교통수단 투자로 지방과 수도권의 시간적 거리는 크게 단축될 것이다. 생활비가 싼 지방으로 고령자의 이동도 예상된다. 지방은 '선택과 집중'으로 광역시 등 핵심 지역 중심으로 인구가 밀집되면서 지방 소멸의 대안을 찾을 것이다.

심각한 주택 문제도 어느 정도 해결이 가능할 것이다. 산업화 세대와 베이비부머 세대의 사망과 결혼 적령기 인구 감소로 주택 수요와 공급도 안정권에 돌입할 것이다.

넷째, 사회 유지 비용이 줄어들 수 있다. AI는 노동력을 기계로 대체하겠지만, 쓰레기 처리·긴급 재난 구조·고령자 돌봄·위험한 작업 등에서 사람을 대체할 것이다. 사람들은 사람 본연의 일에만 집중할 수 있을 것이다.

인구가 줄어들지만 AI는 질병을 치료하는 다양한 방법을 찾아낼 것이다. 의약품 가격이 하락하고 암 치료제와 같은 불치병 치료제를 개발하게 되면 의료 비용을 획기적으로 줄일 수도 있다.

다섯째, 연령적으로 파시스트 독재자 세대의 퇴장이 불가피하다. 파시즘 경향이 강한 독재자의 출생 연도를 살펴보자. 중국의 시진핑 주석은 1953년생이다. 러시아의 푸틴 대통령은 1952년, 벨라루스의 루카셴코와 튀르키예의 에르도안 대통령은 1954년생이다. 태국의 탁신은 1949년생, 캄보디아의 훈 센은 1952년생이다. 니카라과의 오르테가 대통령은 1945년에 출생했다. 시리아의 알아사드 대통령은 1965년, 헝가리의 오르반 빅토르는 1963년에 출생했다.

독재자들은 서로 연합 전선을 구축하면서 세계적 차원에서 파시즘 기반의 동맹 관계를 맺어왔다. 이들의 퇴장이 동시에 임박했다는 것은 파시즘 방어 과정에서 좋은 기회다. 더군다나 이들의 강력한 지지층이었던 기득권 계층이 고령화 혹은 사망하게 되면 사회 전환의 가능성이 높아진다.

여섯째, 정보 효과의 글로벌 확산도 중요하다. 서구 이외의 젊은 층은 스마트폰을 통해서 이미 세계의 변화를 잘 알고 있다. 완고한 이슬람 지역이나 사회주의 진영 국가의 젊은이들도 SNS에 활발히 참여하면서 무의식적으로 민주주의, 인권 등의 가치를 알게 되었다. 최근 개도국에서 발생하는 시위는 SNS를 통해 조직화되고 확산된다. 참여하는 주류 계층도 MZ세대의 비중이 절대적이다.

2040년이 되면 SNS 환경에서 성장한 세대가 사회의 중심 계층이 된다. 이들은 정치적 무관심 계층이지만 자유와 평등, 인권의 중요성을 잘 이해하고 익숙한 세대다. 이들이 과연 파시즘을 받아들이고 복종할 수 있을까? 특히 사회주의 지역의 정치적 혼란이 민주화로 진행된다면 거의 100년 가까이 진행된 이념적 냉전이 종말을 고할 수도 있다.

독재자의 퇴장과 국민들의 깨어 있는 의식이 결합되면 우선은 무질서 성향이 강해질 것이다. 그러나 장기적으로는 의외의 개혁도 가능해진다. 경제적으로 이슬람과 공산권에서 파시즘적 요소가 약화되면 새로운 시장이 열리는 효과가 있다.

일곱째, 미국과 중국의 패권이 팽팽한 접전 상태에 있을 가능성이 높다. 어느 한 진영도 일방적인 우세가 어려운 상황이 되면 미·중은 주변국들과 새로운 동맹 체제를 만들어야 한다. 현재 미국과 중국은 동맹국을 압박하는 파시즘적 행태를 보이고 있다. 그러나 절대 강자가 없는 상황에서 세계가 양대 진영으로 나뉘게 되면 불안정하지만 균형을 유지하는 시간이 생길 수 있다. 이때 미·중 양국은 자국의 이해를 떠나 합리적이고 안정적인 국제질서를 만들어야만 자신의 진영을 공고히 할 수 있는 상황이 올 수도 있다.

미중 간에 힘의 균형 상태가 되면 국가 간의 관계는 지금의 양자 체제에서 느슨한 다자 체제와 유사해질 수도 있다. 이때 상대적으로 강한 경쟁력을 가진 국가는 완전하지는 않겠지만 다소의 독자 노선을 유지할 가능성도 있다. 2040년이 되면 관세 전쟁, 이민과 난민 문제, 에너지 문제, 기후위기 문제 등은 더 악화될 것이라서 양 진영이 협조하지 않으면 해결이 불가능해질 것이라는 공감대 형성도 기대해본다.

앞서 살펴본 일곱 가지 희망적 상황이 가동되기 위해서는 전제 조건이 있다. 민주적인 체제를 잘 보완하고, 경제와 4不을 안정적으로 관리해야 한다. 그런 나라들은 희망적 조건들이 상호작용을 일으켜 파시즘을 예방하고 번영을 이어갈 것이다.

실낱같은 가능성이지만 우리는 이런 사회를 준비해야 한다. 그렇지 못하면 전쟁과 폭력이 난무하는 파시즘 세상이 된다.

6장

루스벨트인가,
히틀러인가?

100년 전 파시즘 시대를 분석하고 지금 시대와의 비교 및 미래 전망을 통해 새로운 개혁의 필요성에 대해 살펴봤다. 그렇다면 무엇을 어떻게 고쳐야 할까?

나는 우리가 살아가는 모든 시스템을 바꿔야 한다고 판단한다. 그러나 이 책에서 모두 다루기에는 범위가 너무 넓다. 파시즘은 기본적으로 정치와 사회의 영역이다. 또한 파시즘은 4不을 유발하는 경제 구조에서 발생한다. 따라서 정치·사회 개혁, 그리고 경제 등 핵심 영역의 중요한 개혁 방향만 제시한다.

가장 빨리 성장했지만 성장의 한계와 사회적 혼란에 빠진 한국의 입장에서 개혁의 성공 모델인 루스벨트 모델과 실패 사례인 히틀러의 실험을 비교하면서 살펴보자.

100년 전 세계 최강의 권력을 확보했고, 서로 싸웠던 루스벨트와 히틀러는 공통점이 많다. 이들이 집권한 시점은 과거와 단절되고 극단적인 분열이 나타나던 시대였다. 대공황으로 굶어 죽는 사람이 속출하고 실업자가 넘쳐나던 비참한 시기였다. 은행이 문을 닫고 관세 전쟁과 무력 충돌이 수시로 발생했다. 공산주의 혁명으로 기득권 계층은 떨고 있었고, 대안과 결론 없는 사회적 저항은 모든 것을 불안하게 만들고 있었다.

루스벨트와 히틀러: 비슷하나 다르다

우리는 루스벨트가 뉴딜을 통해 미국의 절대 패권을 만든 대통령으로 인식하고 있다. 그러나 1930년대 루스벨트와 히틀러는 유사한 파시스트로 비난받았다. 정치나 역사학계에서는 두 정권의 성향이 유사했던 것으로 보는 견해가 다수 발견된다. 두 사람은 모두 강력하게 정권을 장악하고 국가를 혁명적으로 변화시키려 했다. 당시 세계는 자유와 평등의 가치가 사회를 지배하면서 경제 시스템은 정부 간섭을 철저히 배제하는 자유방임형 자본주의 체제였다. 사회는 혼란했지만 두 사람이 공통적으로 추진했던 국가 중심의 강력한 통치를 지식인들은 파시즘으로 받아들였던 것이다.

서로 다르지만 유사했던 두 사람에 대한 학문적 논란은 이 책에서 중요하지 않다. 오히려 100년 전 두 사람의 정책 대결이 중요하다. 비슷한 혼돈 상황에서 출발했지만 왜 정반대의 다른 길을 가게 되었을까? 결과는 우리가 아는 대로 루스벨트는 역사적인 성공이었고, 히틀러는 대실패였다. 두 사람의 정책을 비교하면 100년 전과 유사한 환경에 놓인 우리가 어떤 정책을 펴야 하는지 단서를 찾을 수 있다.

시대적 상황과 우연

히틀러는 운이 좋았다. 당시 독일 정치권은 거듭된 실패, 부정부패와 무능력으로 이미 수명을 다하고 있었다. 1932년 들어 정치적 혼란이 한계에 도달하자 내각이 수시로 바뀌면서 정부 기능이 거의 멈추게 된다. 공산주의 세력의 위협도 가세하고 있었다. 당시 독일인들은 강력한 리더십을 가진 나치 세력 이외에는 대안이 없다고 생각했다. 독일 경제를 장악했던 18개 재벌 기업들은 대통령이었던 힌덴부르크에게 편지를 보내 히틀러를 내각에 등용할 것을 요청하기도 했다.[1]

독일 국민이 히틀러를 선택한 것은 적극적 지지층 때문이 아니다. 대안 없는 혼란 속에서 두려움에 떨고 있던 중산층과 기득권 계층이 어쩔 수 없는 차선책으로 히틀러를 선택한 것이다. 결과는 알다시피 사회 전체의 오판이었다. 대안이 없다는 생각, 바로 이 점이 현대의 파시즘 출현과 닮아 있다.

총리에 취임한 히틀러는 편법, 불법, 폭력을 통해 일거에 정권을 장악한다. 한국의 유신헌법이 참조한 바 있는 '수권법授權法'을 통해 법률적 장치까지 일사불란하게 완비한다. 1933년

1월 30일 히틀러는 총리에 취임하고, 불과 2개월이 지난 3월 23일에 수권법을 통과시킨다. 수권법은 의회를 무력화하고, 내각에 입법과 헌법 변경 권한까지 부여하는 강력한 법이다. 거의 권력을 상실하고 있던 힌덴부르크 대통령이 1934년 8월 사망하자 히틀러는 총통에 취임한다. 총리 취임 후 불과 19개월 만에 법적으로 완벽한 독재 체제를 구축한 것이다.

또한 히틀러는 '장검의 밤' 사건을 통해 자신의 적극적 지지 세력이었던 돌격대를 제거하기도 했다. 다소 엉성하고 조직화 단계가 낮았던 돌격대는 히틀러 정권에 부담이 되었을 것이다. 훗날 저항 세력이 될 우려도 있었다. 그렇다면 사회 감시를 제도화해서 일사불란한 체제를 갖추는 것이 필요했다. 결국 SS(친위대) 등과 같은 정부 내 조직으로 독재의 강력한 방어망을 구축한다.

루스벨트도 운이 좋았다. 대공황이 발생한 후 3년이 지난 최악의 상황에서 민주당과 루스벨트는 압승한다. 공화당의 장기 지배는 1896년부터 시작되어 약 40여 년간 지속되고 있었다. 윌슨 대통령 시기(1913~1921년)만 예외다. 1932년 대통령 선거에서 민주당은 48개 주 중 42개 주에서 압도적으로 승리한다. 의회도 완전히 장악한다. 하원은 전체 435석 중 민주당은 97석이 늘어서 313석을 차지했다. 반면 공화당은 101석이 줄어서 117석으로 줄어들었다. 총 96석인 상원에서 민주당은 12석이 늘어서 59석을 확보한다. 대통령과 상·하원을 민주당이 완전 장악하면서 소위 '뉴딜 입법 폭주'라 불릴 만큼 신속한 개혁이 가능해졌다.

민주당의 압승은 대공황이 직접적인 원인이다. 물론 사회 문제에 있어서 독일 정도는 아니었지만 미국도 큰 혼란에 빠져 있었다. 대표적인 사건으로 제1차 세계대전 참전용사와 관련된 '군인 보너스' 사건이 있었다. 정부는 퇴역 군인 1인당 1,000달러의 보너스를 지급하기로 약속했다. 하지만 총 24억 달러에 달하는 이 금액은 대공황을 겪고 있던 미국 정부에 재정적으로 큰 부담이었다. 즉시 지급 법안이 1931년 부결되고, 1945년부터 지급한다는 타협안이 나오자 사회 갈등은 확산되었다. 이때 2만 5,000명의 퇴역병이 무일푼 유랑자 무리가 되어 1932년 워싱턴으로 들어왔다. 당시 대통령이었던 후버는 군대를 동원해서 진압했다. 이때 진압군의 지휘자는 우리가 잘 알고 있는 맥아더, 패튼, 아이젠하워 등 제2차 세계대전의 영웅들이다. 이후 퇴역병들은 뿔뿔이 흩어졌지만, 일부는 200만 명에 이르는 방랑자 무리에 합류하기도 했다.[2] 당시 사진을 보면 최근 이스라엘의 무차별 폭격을 당한 가자지구나 아프리카 난민촌을 연상시킬 정도다.

강력한 정권 수립이 우선

루스벨트와 히틀러는 개혁 정책을 추진하기에 앞서 정권을 강력하게 구축하는 다양한 조치를 먼저 시행했다. 혼란기를 끝내고 사회를 개혁하기 위해서는 정권의 기반이 강력해야 한다. 이런 선결 조건이 완성된 후 두 사람은 빠르게 개혁에 나선다.

물론 차이점도 있다. 권력을 장악하는 방식에서 근본적인 차이가 있었다. 루스벨트는 민주적 선거를 거쳐 합법적으로 정권을 장악했다. 반면 히틀러는 선거를 통해 정권을 장악하기는 했지만, 형식적인 선거에 불과했다.

권력을 독점하는 수권법 통과 당시 상황을 보자. 당시 독일 의회의 법정 의석수는 647석이었다. 그러나 공산당(KPD) 의원 81명은 체포되거나 입장이 금지되어 투표 참여 자체가 불가능했다. 히틀러 집권의 직접적 계기가 되는 국회의사당 방화사건(1933년 2월 28일)을 공산당이 저지른 것이라고 몰아붙이는 거의 계엄 상황이었다(정확하지는 않지만 역사가들은 나치의 자작극으로 보는 견해가 많다). 수권법은 헌법을 넘어서는 권한을 부여했기 때문에 헌법 개정과 동일한 기준이 적용되어 3분의 2 이상의 동의가 필요했다. 이때 인원은 '재적 인원'이 아니라, '투표 인원'의 3분의 2로 바꾸는 편법을 동원했다.

돌격대와 친위대는 의사당 출입로를 점거하거나 회의장을 무장한 채 포위했다. 120석이던 사회민주당(SPD) 의원들과 중소 정당들은 투표에 참가하더라도 폭행과 협박 등으로 인해 반대표를 던지기 어려웠다. 가톨릭 계열인 중앙당에게는 교회를 존중하겠다고 회유했다. 수권법 통과 후 히틀러는 "나는 합법적으로 권력을 얻었고 합법적으로 사용한다"라고 선언했다. 히틀러의 수권법 통과 방식은 이후 100년 동안 거의 모든 독재자의 부정 선거 매뉴얼이 되었다.

세상을 바꾼 뉴딜 혁명
― 혁신적 아이디어, 훌륭한 참모와 실행력, 리더십의 결합

뉴딜은 하나의 정책이라기보다는 거대한 시스템 혁명으로 파악해야 한다. 왜냐하면 기존의 사회 시스템을 완전히 바꾸는 것을 목표로 하고 실행되었기 때문이다. 또한 뉴딜이 만든 시스템은 이후 세계의 기본 질서와 제도가 되었다. 뉴딜 혁명은 흔히 3R 정책이라고도 부른다. 참담한 대공황 속에서 생존이 중요한 시기였기 때문에 먼저 국민들을 살려야 했다. 이것이 구호(Relief) 정책이다. 성장 사회로 복귀하기 위해 경제 회복(Recovery)을 위한 정책도 과감하게 추진한다. 가장 중요한 것은 4不과 같은 자본주의의 근본적인 문제점을 치유하기 위해 사회 구조 전환(Reform) 정책을 획기적으로 실행한 점이다.

3R은 시간적으로 순차적인 성격을 띠는 것으로 보이지만, 실질적으로는 정교한 설계도를 기반으로 거의 동시에 실시되면서 시너지 효과를 높였다. 따라서 복잡하고 다양한 뉴딜 혁명을 구제, 경기 회복, 구조 전환 정책 등으로 구분하는 것은 사실 의미가 없다.

전시체제 수준의 대공황 탈출 복합 처방

루스벨트는 대공황이 발생한 지 3년 후에 집권했다. 여전히 실업자는 넘쳐나고 굶어 죽는 사람도 많았다. 따라서 시급한

번호	법안 이름(한글)	법안 약자	주요 내용	통과일자
1	긴급은행법	EBRA	은행 점검 후 건전 은행만 재개장	1933-03-09
2	시민보존단법	CCC	청년층 고용을 위한 자연보존단 설립	1933-03-31
3	연방증권법	SA1933	기업의 투자 정보 공개 의무화	1933-05-27
4	농업조정법	AAA	농산물 생산 제한 및 보조금 지급	1933-05-12
5	테네시강 유역개발법	TVA	저소득 지역 전력 및 인프라 개발	1933-05-18
6	농가 긴급 모기지법	EFMA	농민 부채 재조정 및 저금리 대출	1933-05-12
7	긴급철도구제법	ERTA	철도 구조조정 및 연방정부 지원	1933-06-16
8	글래스-스티걸법	Glass-Steagall	상업은행과 투자은행 분리, 예금자 보호	1933-06-16
9	국가산업부흥법	NIRA	산업 규제, 최저임금·최대 근로시간 도입	1933-06-16
10	공공사업진흥국법	PWA	공공 인프라 건설로 고용 창출	1933-06-16
11	주택 소유자 대출법	HOLA	주택 소유자 모기지 전환 및 구제	1933-06-13
12	금준비법	GRA	금본위제 폐지 및 달러 평가질하	1934-01-30
13	농업신용법	FCA	농민에게 저리 장기 대출 제공	1933-06-16
14	연방긴급구제법	FERA	주 정부에 구호 자금 지원	1933-05-12
15	상호무역협정법	RTAA	무역 장벽 완화 및 관세 인하 협상	1934-06-12

문제는 생존을 위한 구제였다. 연방긴급구제법(FERA, 이하 괄호 안의 영문은 법안 명칭)을 통해 생계 위기에 처한 국민을 살리기 위해서 현금과 물자를 지원했다. 은행을 선별해서 건전한 은행만 영업을 재개하도록 했으며, 중앙정부가 금융 시스템의 최종 보증자임을 명확히 했다(EBRA).

정부가 실업자를 직접 고용해서 도로와 학교 건설에 투입
했다. 예술가·작가·음악가도 고용해서 문화를 보존하고 위축
된 사람들의 심리를 북돋았다(WPA). 청년 실업자를 고용해서
산림 복원, 공원 조성 등 환경 인프라 사업에 투입했다(CCC).

당시 미국 인구의 약 44%를 차지하고 있던 농촌은 농산
물 가격 폭락과 막대한 부채에 시달리고 있었다. 농촌을 구제
하기 위해서 농산물 생산을 줄이고 농민들에게 보조금을 지급
했다(AAA). 낙후된 농촌 지역에 전력 공급을 확대해서(REA)
농촌의 인프라를 확충했다. 부채에 시달리던 농가의 고금리
대출을 저리·장기 대출로 전환하고(EFMA, FCA) 다양한 형
태의 금융 지원을 추가했다. 공급 과잉이던 철도 산업에는 정
부가 개입해서 구조조정에 나섰다(ERTA).

특히 한국에 잘 알려진 테네시강 개발(TVA)로 건설 경기
회복을 시도했다. 이외에도 많은 인프라를 국가가 직접 건설
하면서(PWA) 고용 창출과 신규 수요를 유발했다. 국가 간 관
세 전쟁의 종지부를 찍기 위해서 대통령에게 관세를 낮추는
권한을 부여했다(RTAA). 이 정책은 제2차 세계대전 이후 자
유무역의 기반이 된다.

당시 미국은 인구 증가와 빠른 도시화로 주택난이 심각
했다. 주택대출mortgage을 장기 고정 금리로 전환했다(HOLA).
또한 저소득층 대상의 공공 임대주택을 건설하고 도심 재개
발에 나선다(USHA).

뉴딜의 구제와 경기 회복 정책은 지금도 거의 모든 국가

에서 실시하는 경기 회복책이다. 코로나 당시 한국 정부의 경제 정책을 '한국판 뉴딜'이라고 불렀다. 뉴딜과 비교할 때 범위와 강도는 매우 미약했지만, 그럼에도 과도한 시장 개입이라고 비난받았다.

사회 시스템을 통째로 바꾼 뉴딜 혁명

뉴딜은 거의 전시 체제로 전환해서 구제와 경기 회복 정책을 통해 대공황에 시달리던 국민들의 생계를 지원하고 대공황으로 무너진 국가의 정상화를 추진했다. 그러나 이 정도로는 부족했다. 동시에 사회 시스템을 완전히 바꾸는 근본적인 구조 전환을 추진한다.

경제의 혈맥이지만 방치되었던 금융시장을 근본적으로 개편했다. 금본위제 폐지를 주요 골자로 하는 금준비법(GRA)을 통해 국가가 시장에 개입하는 근거를 만들었다. 기업의 재무 상태나 투자 정보를 의무적으로 공개하고(SA1933), 자본시장에 대한 상시 감독 체계를 마련했다(SEA). 예금자 보호제도를 도입하고, 상업은행과 투자은행을 분리해서 경영하도록 했다(Glass - Steagall Act).

노동자의 권리를 획기적으로 강화했다. 노동자의 최저임금, 최대 노동시간, 노동자 단결권, 단체교섭권을 인정하고, 사용자의 부당노동행위를 금지했다(NIRA, NLRA). 사회보장제도를 도입해서 노령연금, 실업보험, 장애·유족 급여제도

(SSA)도 도입한다.

뉴딜의 구조 전환(Reform) 정책은 자본주의 출현 이후 가장 과감한 개혁이었다. 사회를 근본적으로 치유하는 성격 때문에 뉴딜은 '정책'이 아닌 '혁명'으로 인식해야 한다. 이전의 자유방임형 자본주의 체제를 근본적으로 바꾼 혁명이었다.

뉴딜이 수정한 자본주의는 오늘날까지 자본주의 시스템의 골격을 이루고 있다. 국가의 역할과 책임에 대한 새로운 인식이 핵심이다. 국가는 국민을 구제하고 사회와 경제에 개입하는 것을 명문화했다. 이 결과 빈민 구제, 실업, 주택 문제, 노동자 보호 등이 새롭게 국가의 책무가 되었다. 사회 복지 체계의 기틀도 마련했다. 자본시장의 투명성을 확보하면서 거대 자본가의 특권을 철저히 배격했다. 그리고 이 모든 것을 법률로 제정해서 되돌릴 수 없게 만들었다.

이런 엄청난 조치들은 발상의 전환이 필요하기 때문에 지금도 만들기 어렵다. 더군다나 법률로 제정하려면 정치적으로 큰 부담이 되었지만 일사천리로 실행된다. 날짜 계산을 해보자. 대통령과 국회의원 선거일은 1932년 11월 8일이었다. 대통령과 국회를 장악한 민주당은 정교한 계획을 거쳐 대통령 취임일인 1933년 3월 4일부터 불과 5일 만에 뉴딜 '100일 계획'을 발표하고, 대공황의 수습과 새로운 개혁에 착수한다. 완벽하게 준비된 정권이었다.

과감한 뉴딜의 구조 전환 조치가 가능했던 것은 19세기 말부터 누적된 양극화와 사회 혼란이 대공황을 거치면서 미국 사회를 혼란에 빠트렸기 때문이다. 이대로는 미국이 더 이상 전진할 수 없다는 위기 인식이 사회 전반, 특히 엘리트 계층을 압박했다. 1920년대 미국이 고립주의 정책을 편 것도 해외 문제보다 미국 내부를 치유하자는 의도였다. 그만큼 미국 사회는 혼돈 자체였고, 이 상황을 절묘하게 이용해서 루스벨트는 과감하게 뉴딜을 실행한 것이다.

뉴딜은 전례가 없는 혁명적 정책이었기에 당연히 기득권 계층이나 시장 원리(자본주의)에 충실한 학자들의 반발을 피하기 어려웠다. 당시 루스벨트와 민주당이 파시스트로 비난받은 이유다.

환상의 뉴딜 드림팀

어떤 정책이 성공하기 위해서는 사전 정지 작업이 필요하다. 성교한 계획을 세우고 실천할 참모 그룹과 유능한 관료 집단이 있어야 한다. 우리는 특정인 한 사람으로 시대를 평가하는 경향이 강하지만, 역사를 변화시키기 위해서는 혁신적인 정책, 실행력, 도덕성을 갖춘 광범위한 참모 그룹이 필요하다.

뉴딜 정책은 현대에 봐도 혁신적이다. 100년 전에 이런 혁신적 생각을 루스벨트 혼자 했다면 뉴딜 혁명은 성공하지 못했을 것이다. 세상의 전환을 이해하고 선제적으로 정책을 개발, 실천하면서 사회를 설득하는 개혁 주도 그룹이 루스벨트 주변에 포진하고 있었다.

뉴딜의 초기 설계자는 브레인 트러스트Brain Trust라는 비공식 정책 싱크탱크였다. 기존의 정당이나 관료의 머리로는 해법을 제시하지 못하자, 대학 교수·연구자·실무 전문가의 아이디어를 바탕으로 뉴딜 정책을 수립했다. 레이먼드 몰리Raymond Moley는 뉴딜의 실질적 총책으로 금융·행정 개혁을 설계하고 은행휴업Bank Holiday, 농업 개혁을 구상했다. 렉스퍼드 터그웰Rexford Tugwell은 농업 생산량을 강제 감축하면서 농민에게 보조금을 지급하는 농업조정법(AAA)의 이론적 토대를 마련했다. 금융과 대기업 정책 전문가인 아돌프 벌리Adolf A. Berle는 월가를 규제하는 증권법 논리를 만들고 현대 기업규제 이론을 창시했다.

브레인 트러스트 멤버들은 자본주의의 기초 질서를 바꾸는 혁신적인 정책 아이디어를 제공했다. 이러한 아이디어를 정책으로 수행한 프랜시스 퍼킨스 Frances Perkins는 미국 최초의 여성 장관으로 사회보장제도Social Security Act 설계를 주도해서 최저임금, 실업보험, 노동시간 규제를 시행한다. 뉴딜의 도덕적 측면을 완성한 것이다. 해럴드 아이키스Harold Ickes 내무부장관은 뉴딜의 수요 유발 정책인 대규모 공공투자를 집행했다. 그는 부패에 극도로 엄격해서 뉴딜 자금 집행의 신뢰성을 확보했다. 해리 홉킨스Harry Hopkins는 연방긴급구호청(FERA)과 공공근로청(WPA)의 책임자로서 백악관에서 사실상 상주할 정도였다.

루스벨트의 뉴딜팀은 지금 봐도 '환상의 드림dream팀'이었다. 훌륭한 리더와 헌신적이고 혁신적인 아이디어, 빠른 실행력과 도덕성까지 겸비한 참모진이 있었다.

히틀러: 선동가 중심의 충성 집단

히틀러는 괴벨스, 힘러, 괴링 같은 익히 알려진 정치 선동가 외에는 특별히 눈에 띄는 정책 참모가 없었다. 히틀러의 부하는 아니었지만, 1923년부터 1929년까지 외교장관이던 슈트레제만Gustav Stresemann은 제1차 세계대전 이후 능수능란한 외교력으로 승전국에게 독일의 재무장 우려를 불식시켰다. 그는 국경을 확정하고 점령군 철수를 협상으로 처리함으로써 독일이 다시 도약하는 외교적 기반을 세웠다.

경제 분야에는 경제장관 등을 역임했던 샤흐트Hjalmar Schacht가 있었다. 하이퍼인플레이션의 절정기였던 1923년에 등장한 샤흐트는 과감한 화폐 개혁으로 독일 경제를 안정화시키는 데 공헌했다. 뛰어난 협상력으로 전쟁배상금 협상을 유리하게 처리해서 경제 회복에 기여한다. 슈트레제만과 샤흐트는 제1차 세계대진 후 혼란 속의 독일이 정상화되는 데 큰 역할을 했다. 이들의 공로로 독일의 빠른 재건이 가능했지만, 역설적으로 히틀러가 침략 전쟁을 일으키는 데 필요한 핵심 기반을 제공했다는 양면성이 있다.[3]

루스벨트에 비해 히틀러는 정책 참모진이 빈약했다. 뚜렷한 정책 비전 없이 1930년대 후반부로 가면서 독일 경제가 재차 어려워지자 인종주의를 강화한다. 경제는 거의 제로 성장에 가까워지고 있었다. 점점 궁지에 몰려가고 있었지만 대안이 없게 되자 제2차 세계대전으로 향한 것이다. 히틀러의 광기를 제어할 참모진이 단 한 사람도 없었다는 점이 역사적 비극이다.

정책을 제도화하는 것이 중요

히틀러 정권 초기에는 분명한 경제적 성과가 있었다. 집권 후 3년 만에 산업 생산은 50%나 증가했다. 실업률은 30%대에서 5%대로 낮아졌다. 국민차 보급과 고속도로인 아우토반 건설, 국민 라디오 보급과 사회 인프라 재건으로 빠르게 침체에서 벗어났다. 그러나 지속 가능한 성장은 아니었다. 오히려 군국주의 기반의 동원형 경기 회복 성격이 짙었다.

실업률 하락에는 경기 회복 요인도 있지만, 여성과 유대인, 정치적 반대자를 노동시장에서 쫓아낸 것도 중요한 요인이다. 취임 당시 약 10만 명이던 군인 숫자는 1930년대 후반에는 130만 명으로 증가한다. 노동 공급을 인위적으로 줄였기 때문에 실업률 하락은 당연하다. 히틀러가 외환 부족으로 늘 시달렸다는 점은 본질적으로 경제가 회복되지 않았다는 증거다.

히틀러와 루스벨트의 차이는 명확하다. 드림팀을 구축하고 어떤 제안도 받아들인 루스벨트 팀은 뉴딜을 성공적으로 수행하면서 미국을 완전히 개혁했다. 거의 모든 정책을 법률로 제도화하는 제도 축적형 개혁이라서 지속 가능한 정책이었다.

히틀러 시대 초기의 경제적 성공은 숫자로만 보면 미국보다 빨랐다. 그러나 이면에는 거의 망가진 경제 시스템을 전쟁 준비로 전환하는 과정에서 나타난 일시적인 회복으로 이해해야 한다. 뉴딜은 전쟁 없이 지속 가능한 정책이었지만, 나치 경제는 전쟁을 준비하는 제한적인 회복이었던 것이다.

이제 파시즘으로 가는 기관차를 멈추고 미래의 번영을 위한 개혁 과제 일곱 가지를 제시하고자 한다. 구체적인 정책이라기보다는 우리 사회가 지금 지향해야 할 근본적인 목표이자 방향성이다.

1. 국가 모델: 어떤 사회를 만들 것인가?

과거 방식으로는 파시즘과 수축사회로 향하는 열차를 멈출 수 없다. 뉴딜과 같은 전혀 새로운 정책이 필요하다. 우리가 겪고 있는 전환은 역사적 차원의 전환이다.《불평등의 역사The Great Leveler》를 쓴 발터 샤이델Walter Scheidel은 기후위기, 질병, 전쟁만이 불평등을 해소해왔다고 한다. 역사상 처음으로 기후위기, 질병(코로나), 전쟁(미·중 패권 전쟁)이 동시에 벌어지고 있다. 특정 세대가 한 가지도 경험하기 힘든 역사적 전환이 동시에 발생하고 있는 것이다.[4]

반대로 얘기하면 기후위기, 질병, 전쟁이 동시에 발생하고 있기 때문에 우리는 불평등과 같은 4不을 치료할 기회를 잡았다고 볼 수도 있다. 그러나 팽창사회에서 성장한 사람들의 인식은 변화를 거부하고 있다. 오히려 극단적 대안인 파시즘 경향만 강해지고 있다.

먼저 인식 전환이 필요하다

플라톤은 《국가Republic》에서 '동굴의 비유Allegory of the Cave'라는 유명한 우화를 제시했다. 태어날 때부터 동굴 안에 사슬로 묶인 죄수들이 있었다. 그들은 뒤편에서 비추는 불빛 앞을 사물들이 지나갈 때 벽에 생기는 그림자만을 보고 살아간다. 죄수들은 그림자만이 진짜 현실이라고 믿는다. 곧 '우리가 보는 것이 전부라고 착각하는 상태'에 빠진 것이다.

그런데 한 죄수(철학자)가 풀려나서 동굴 밖으로 나간다. 처음에는 눈부심 때문에 아무것도 보지 못하지만, 서서히 진짜 사물, 자연, 그리고 태양(진리)을 보게 된다. 그는 그동안 자신이 본 그림자가 모두 허상이었음을 깨닫는다. 진실은 눈앞의 현상 너머에 있다는 사실을 인식한 것이다. 그는 다시 동굴 안으로 돌아가 다른 사람들을 깨우치려 하지만, 죄수들은 그가 미쳤다거나 위험하다고 여기며 그를 해치려 한다. 깨달음을 거부하는 대중의 폭력성을 플라톤은 2,400년 전에 이미 경고했다. 봉준호 감독의 영화 〈설국열차〉 내용도 유사하다.

우리는 익숙한 과거와 파시즘으로 향하는 동굴에서 벗어나야 한다. 철학자가 아니더라도 누구든지 파시즘의 실체와 위험성을 인식하고 새로운 전환에 맞춰 사회를 다시 세워야 한다. 그러나 이 과정은 고통스럽다. 알을 깨고 밖으로 나가야 하지만 시간이 얼마나 걸릴지 예측하기도 어렵다.

현대의 동굴은 플라톤의 동굴보다 훨씬 강력하다. TV, 인터넷, SNS, AI 알고리즘의 필터 속에서 우리는 무수한 그림자에 둘러싸여 있다. 동굴 안에서는 누군가가 스마트폰과 PC를 조종해서 새로운 그림자를 끊임없이 만들어내고 있다. 그 그림자는 우리를 두려움에 빠지게 하고 파시즘으로 향하게도 한다. 공포에 질린 사람들은 두려움을 한 번에 해결해줄 메시아를 기다린다. 이런 마음을 이용해서 극우 정치인, 사이비 종교는 자신들이 메시아라고 주장한다. 유튜버는 자신만이 진실을 전달해준다고 주장한다.

기후위기, 저출산, AI가 만들어낸 수축사회의 여러 현상은 사회 시스템을 완전히 전환할 것을 요구하고 있다. 그러나 혁명적으로 바꾸면 부작용이 더 클 수 있다. 신속하고 대담하게 개혁을 시도할수록 내전이 일어날 가능성이 더 커지는 것이 21세기 민주화의 고통스러운 현실이다. 민주주의를 지키기 위해 분투하는 나라에도 늘 패배자들이 존재한다.[5]

2025년 말 한국 정부는 6개 구조 전환 계획을 발표했다. ① 규제 개혁은 사회를 효율적으로 만들어서 저성장 시대를 돌파하자는 의도지만, 현실적으로 규제 해제의 이익은 기득권 계층이 가져가는 경우가 많다. ② 공공 개혁은 관료주의에 빠진 비효율적인 공공 기관을 생기가 돌도록 민간의 경영 문화를 도입하는 것이다. 그러나 철밥통을 지키기 위한 공공기관의 조직적 저항이 예상된다. ③교육 개혁은 선생님, 학부모의 이해관계가 충돌하고 어떤 교육을 시킬 것인지를 놓고 갈등이 불가피하다. ④금융 개혁은 선진형 금융투자 문화와 자금의 물고를 생산적 금융으로 돌리는 것이지만 부동산 가격 하락을 유발할 수도 있다. ⑤연금 개혁은 세대 간의 갈등, ⑥노동 개혁은 사용자와 노동자의 이해관계 조정이지만 우리는 60년째 한 발짝도 못 나가고 있다. 이렇듯 구조 전환은 개혁의 반대편이 존재한다.

구조 전환은 사회 전체에는 꼭 필요하지만, 경제적 차원이나 사회적 권위에서 피해를 보는 사람이 생길 수 있다. 저항하는 사람이 많아질수록 구조 전환은 어려워진다. 이런 이유로 구조 전환은 제로섬 게임적 경향이 강한 것이다.

따라서 다양한 분야의 전환 목표를 세우고 모든 사람이 함께 참여해서 만들어야 한다. 그래서 시대에 대한 공감대가 필요한 것이다. 집권 세력은 늘 좋은 내용만, 도전 세력은 나쁜 것만을 교묘히 가공해서 발표한다. 원격 진료, 고령자 빈곤, 양성 평등, 원전 문제와 같이 곤란하지만 꼭 해결해야 할 문제를 정치는 회피한다.

과감한 개혁은 실상을 정확히 인지하고 국민에게 설명하는 용기 있는 정치인으로부터 시작된다. 루스벨트가 노변담화에서 한 말, 히틀러가 연설을 통해 한 말은 사회적 공감대를 만드는 과정이었다. 사회적 공감대 없이 만드는 정책은 실패와 저항만 불러온다.

구성의 오류에 빠진 세계

명절 때 내비게이션이나 교통 정보가 알려주는 길로 갈 때 오히려 더 막히는 경우가 있다. 같은 내비게이션 사용자가 많기 때문이다. 이와 같이 개인적으로는 합리적인 의사결정이지만 전체로 보면 비합리적인 결론에 도달하는 상황을 '구성의 오류fallacy of composition'라고 한다. 1990년에 버블이 붕괴하고 디플레이션이 발생하자 일본 사람들은 지갑을 닫고 소비를 줄였다. 기업이나 투자가들은 일본보다 해외 투자에 나섰다. 개인이나 기업 입장에서는 합리적인 대응이었다. 그러나 10여 년이 지나자 회복이 불가능할 정도로 경제가 침체되고, 잃어버린 10년은 36년째로 접어들고 있다.

우리가 알고 있는 팽창사회의 상식은 이제 통용되지 않는다. 수축사회 환경에 맞는 새로운 시각과 대응이 필요하다. 진보나 보수는 자신들의 이념에 따라 구조 전환을 주장하지만 지금은 양쪽 주장 모두 맞지 않는다. 자신의 입장에서는 최선의 선택과 주장을 하고 있지만, 국가 전체 차원에서 보면 예상치 못한 결과가 나올 수 있다. 이는 우리 사회 엘리트 계층이 현실을 제대로 직시하지 못한 채 심각하게 분열되었다는 증거다. 오직 자신과 자신이 속한 조직의 생존에만 장기간 몰입하면서 시야가 좁아진 결과다.

사람이 신념을 바꾸는 것은 쉽지 않다. 특히 한국과 같이 전 국민이 성장에 올인해서 단기 고속 성장한 나라에서는 자신의 이념과 판단에 대해 확신이 강하다. 앞으로 한국의 성공 신화를 간직한 고령자 비중은 계속 높아질 것이다. 그만큼 전체 인구 중 '자기 확신' 경향이 강한 인구 비중이 높아지고 있다는 얘기다.

우리는 지금 과거의 성공과 확신을 내려놓고 새로운 환경을 인정하고 받아들여야 한다. 특히 정치권, 시민단체, 기업인 등 사회의 리더 그룹이 구성의 오류에 빠져 있다는 자각이 선행되어야 한다.

거의 모든 정권은 자신들의 치적 홍보에만 열중하다가 시대적 전환을 놓치곤 한다. 정부는 현재와 미래가 얼마나 어려운지 인정하고, 새로운 개혁 정책에 대한 지속적인 홍보와 교육을 통해 사회적 공감대를 마련해야 한다.

1) 사회적 목표 수립

"건강하고 강한 민주주의의 기초에는 어떤 신비로운 것도 없다. 우리 국민이 정치적, 경제적 제도에 기대하는 기본적인 것들은 단순하다. 그것들은 다음과 같다.

젊은이들과 모든 사람들에게 동등한 기회를 보장하고, 일할 수 있는 사람들에게 일자리를 제공하고, 도움이 필요한 사람들에게 안전을 보장하고, 소수 특권층의 특권을 폐지하며, 모든 국민의 시민적 자유를 보존해야 하고, 과학의 진보가 가져온 결실을 보다 넓게 누리며 생활수준이 꾸준히 향상되는 사회다.

이것이야말로 건강한 민주주의의 토대이며, 우리가 지키고 확장해야 할 미국식 삶의 기본 원칙이다."

루스벨트 대통령이 1938년 국정연설에서 밝힌 내용이다. 파시즘의 도발이 본격화되면서 제2차 세계대전으로 향하던 시기였다. 당시 미국은 뉴딜 혁명에도 불구하고 '이중 침체double-dip recession'에 빠져 경기는 침체하고 실업률은 올라가고 있었다. 1934년부터 뉴딜의 성과로 고성장하다가 1938년에는 (-)3.3%로 경제성장률이 낮아졌다. 실업률도 19%대로 다시 높아졌다. 재정적자를 줄이기 위한 세금 인상과 긴축 재정으로 사회 분위기는 어수선했다. 1920년대에 비견될 정도로 국제질서와 국내 정치는 혼탁하고 불확실했다. 정치적으로 매우 위험한 상황이었지만, 루스벨트는 뉴딜에 이어 장기적으로 미국이 추구하는 국가의 정체성에 대해 자신의 견해를 밝혔다.

트럼프 정부 출범 이후 미국 공화당은 DEI(Diversity, Equity, Inclusion)를 거부하고 있다. 우리가 파시즘을 피하고 새롭게 건설해야 할 사회는 반대로 DEI 중심 사회가 되어야 한다. 다양성Diversity은 인종, 성별, 연령, 출신 국가 등 다양한 정체성을 가진 사람들의 차이를 인정하고 존중하는 것이다. 형평성Equity은 모든 구성원이 공정한 기회를 누릴 수 있도록 하는 것이고, 포용성Inclusion은 각자의 의견과 경험을 존중하며, 소속감과 참여 기회를 제공하는 것이다.

　DEI를 목표로 정하면 기득권 계층은 다소 손해를 보지만, 사회의 다수를 구성하는 사람들의 평균적인 행복은 증가한다. 이재명 정부의 정책 목표로 보면 ‘모두의 성장’, ‘공정한 성장’과 일맥상통한다.

　DEI를 사회적 목표로 세우면 기득권 계층의 반발은 불가피하다. 그럼에도 불구하고 상황이 더 나빠져서 파시즘 세상 혹은 혁명이 발생한다면 기득권 계층이 더 큰 피해를 볼 수 있음을 사회적으로 설득해야 한다.

　사회가 어떤 전환을 하려면 목표가 있어야 한다. 개혁의 최종 종착지에 대해 담론을 형성하면서 다양한 의견을 수렴하는 과정을 거치면 목표 달성은 용이해진다. 나치의 거대한 국가 목표는 ‘폴크스게마인샤프트Volksgemrinschaft’였다. 한국어로는 ‘민족 공동운명체’ 정도로 이해하면 될 듯하다. 히틀러는 나치를 진실로 믿는 모든 사람에게 밝고 새로운 독일이 기다리고 있다고 약속했다. 새로운 독일은 다음 달에 달성할 수 있는 실질적인 목표가 아니라 싸워서 얻어내야 할 유토피아적 이상이었다.

　이런 관념은 엄청난 심리적 힘을 부여했다. 생리학적으로 사람들은 목표에 가까이 다가가면 도파민이 분비된다고 한다. 도파민은 보상 자체보다 보상에 대한 기대와 더 많은 관련이 있다. 게다가 사람들은 그 목표를 달성할 수 있다고 믿는 한 ‘비정상적으로 오랜 기간 만족감을 지연’할 수 있다고 한다.[6] 루스벨트도 뉴딜이라는 목표와 이상이 있었다. 사람들을 결속시키고, 행복에 젖게 하는 분위기 속에서 상식을 파괴하는 과감한 뉴딜 혁명을 실행할 수 있었다.

지금 미국은 압도적인 우위를 유지하기 위해서 무엇을 할 것인가를 고민하고 있다. 무역적자를 줄이고, 핵심적 공급망과 광물에 대한 접근을 확보하고, 산업을 부흥시키고, 방위 산업 역량을 재건하고, 에너지 주도권을 강화하고, 금융과 통화의 지배력을 유지하자는 미국의 목표는 부상하는 중국에 맞서는 미국의 장기 비전이다. 2025년 기준 약 30조 달러인 GDP를 40조 달러로 증가시켜 세계 1위의 지위를 유지하겠다는 구체적인 성장 목표까지 등장한다. 많은 비난을 받고 있는 트럼프 대통령과 주류 계층이지만 미국의 목표만큼은 명확히 하면서 지지율을 유지하고 있다.

언제부터인지 한국은 사회적 목표가 희미해졌다. 그냥 세상의 흐름에 끌려가는 모양세다. 어떻게 사는 것이 바람직한지? 그러려면 뭘 해야 하는지? 우리는 제대로 진지하게 논의해본 적이 없다. 그렇다고 개발독재 시대로 돌아가지는 것은 아니다. DEI를 목표로 하고 다양한 영역을 동시에 바꿔 나가자는 것이다. DEI가 중요한 이유는 불균형 기반의 혁신은 오히려 사회를 파괴하기 때문이다.[7]

구조 전환은 먼저 고통이 따르지만 결과는 오랜 시간이 지난 후에 확인된다. 고통과 시간을 줄이려면 전환 과정의 참여자가 많으면 된다. 또한 정치 지도자들이 '내가 다 잘 알고, 나만 잘할 수 있다'는 착각에서 벗어나야만 가능하다. 사회적 공감대와 자발적 참여가 중요한 이유다.

우리 사회에서 양극화와 혐오가 확산될 때 우리가 선택할 수 있는 길은 두 가지가 있다. 골을 더 깊게 파거나, 아니면 독재자가 가장 두려워하는 연대, 사랑, 대화를 확산시켜 반대편을 향해 손을 내미는 것이다. 새로운 파괴의 굴레를 멈추는 것이다.[8]

새로운 사회로의 전환과 파시즘 확산을 방지하기 위해서는 국민으로서 책임을 느끼고 동시에 직접 연대하고 참여하는 것이 유일한 방법이다. 파시즘은 평범한 사람들의 소극적인 용인에서 출발한다는 점을 잊어서는 안 된다.

2) 미국식? 스웨덴식?

진보와 보수 우파가 오랜 기간 주장했던 국가 발전 모델은 이제 실효성이 사라졌다. 지금 양측이 주장하는 이념이나 정책은 팽창사회를 기반으로 하고 있다. 경제는 늘 성장하고, 인구도 증가하고, 과학기술의 발전으로 사람들이 행복해지는 사회를 가정한 이념이다. 그러나 지금 세상은 성장의 한계에 도달한 수축사회다.

경제학은 사람의 행동이 합리적이라고 가정하지만, 비합리적인 사람들이 너무 많아졌다. 평균을 도입해서 경제 논리를 설명하지만 평균에서 멀어진 사람들이 양극단으로 향하고 있다. 과거의 정치적 신념은 이제 산산이 무너졌다. 파시즘의 독재와 착취를 막기 위해서, 수축사회를 돌파하기 위해서 우리는 어떤 세상을 꿈꿔야 하는가?

스웨덴 복지 모델의 종말

우리는 오랜 기간 지향해야 할 국가 모델로 스웨덴을 지목해왔다. 지금도 스웨덴은 복지국가지만 스웨덴 모델은 점점 한계에 도달하고 있다. 스웨덴도 모든 국가가 겪고 있는 수축사회 현상이 점점 강화되고 있다. 범죄 증가, 복지재정 부담, 고령화, 이민자 통합 실패 등 복합적인 문제가 겹쳐지면서 전통적 사회연대 모델이 흔들리고 있다.

2024년 스웨덴 정부는 복지 모델의 한계를 인식한 정부 보고서(Future Challenges for Sweden)를 발표했다. 핵심 문제를 인구 고령화에 따른 의료·요양 예산 폭증과 디지털 경제 확산, 복지 재원 확보가 어려워진 것을 인정했다. 저성장과 대규모 이민자의 유입으로 사회적 불평등이 심화되는 것을 우려했다. 중산층의 세금 부담은 이미 OECD 최고 수준이라서 세금을 올리기 어렵다고 자인했다.

IMF는 스웨덴을 '부족한 연료로 나는 큰 꿀벌(불가능해 보이는 복지국가)'로 비유하기도 했다. 1990년대 이후 복지지출은 과거부터 이어진 수준을 유지했다. 그러나 성장에 대한 욕구로 신자유주의 모델을 도입하면서 세율을 낮추자 재정 흑자 구조가 무너졌다. 상위 1%가 전체 부의 35% 이상을 보유하는 등 양극화가 심화되고 있다. FT는 이제 스웨덴은 더 이상 평등한 복지국가가 아니라, '부유한 자가 복지를 사는 나라'로 변했다고 평가하기도 했다. 아직 정부 부채는 여유(GDP의 33%대)가 있지만 지금부터가 문제다.

스웨덴과 인접한 핀란드 역시 스웨덴과 유사해지고 있다. 복지 지출이 GDP의 40%인 상태에서 러시아의 위협에 맞서 국방비를 증액하고 있다. 2025년 GDP 대비 국가 부채는 약 88%, 연간 재정적자는 무려 4.5%에 도달했다. 신용 등급도 강등되었다. 성장 산업이 부족한 프랑스의 사회복지 지출은 전체 GDP의 35%에 이른다. 거의 유럽 최고 수준이다. 참고로 유럽 평균은 약 30%대다. 특히 코로나 이후 방만한 재정 지출로 2025년 재정적자는 GDP의 5.4%로 추정된다. 누적 국가 채무는 2025년 기준 GDP의 116%로 추정된다. 이런 상황이 지속되면 10년 후인 2035년에는 정부 부채가 GDP의 150%에 육박하면서 GDP의 5%를 정부 부채의 이자 지급에 사용할 것이라는 전망까지 있다. 유럽의 우등생이었던 독일 금리는 이제 스페인과 비슷해졌다. 독일의 발전 모델도 한계를 맞고 있다.

2008년 글로벌 금융위기 이후 불어 닥친 유럽 재정위기 당시 위험 국가였던 PIGS(포루투갈, 이탈리아, 그리스, 스페인) 국가들은 지출 구조조정으로 국가 부채 비율을 낮췄다. 이 결과 국채 금리는 낮아졌지만 이는 착시에 불과하다. 지출 구조조정을 한 것은 맞지만, 국가 부채 비율이 낮아진 것은 명목 GDP가 고물가로 크게 늘어난 영향이 크다.

운이 좋았던 측면도 있다. 가장 적극적으로 개혁한 스페인과 그리스는 관광객 증가가 도움이 되었다. 스페인은 풍부한 일조량으로 재생에너지 중심의 전력 투자로 전기 요금이 하락하면서 산업 경쟁력이 높아졌다. 약간 정신을 차렸지만 근본적인 해결은 여전히 요원하다. 영국은 프랑스와 유사하지만 프랑스에 비해서는 다소 안정적이다. 신자유주의 체제라서 정부 역할이 상대적으로 적고 미국의 지원도 있기 때문이다. 프랑스, 영국, 포르투칼, 이탈리아, 그리스, 스페인, 일본 등이 비슷한 상황에 처해 있다고 보면 된다.

스웨덴과 핀란드는 국가 행복지수 세계 최상위 국가다. 그러나 진보의 이상향이었던 스웨덴 모델은 서서히 수명을 다하고 있다. 진보 입장에서 지향해야 할 대안이 사라지고 있는 것이다. 복지국가 모델의 한계로 새로운 국가 모델에 대한 논의 자체를 회피하는 분위기마저 감지된다. 과연 우리는 어떤 나라를 만들어야 할까?

도금시대 vs. 대압착시대

미국에서는 도금시대Gilded Age라는 시대가 있었다. 겉은 금처럼 번쩍이지만, 속은 부패·불평등·착취로 가득 찬 시대를 일컫는다. 넓게는 1865년 남북전쟁 종전부터 1914년 제1차 세계대전 직전까지 기간이다. 이 기간에는 폭발적인 경제성장과 극단적인 불평등이 공존하던 시기였다. 철도, 석유, 철강, 금융 등에서 생산성이 빠르게 향상되면서 산업혁명이 경제 전반으로 확산하고 있었다. 그러나 경제성장의 성과는 상위 1%

에게만 집중되고, 노동자·농민·이민자들은 극심한 빈곤에 시
달렸다. 성장으로 경제는 도금되어 있었지만 내부(분배)는 썩
어가던 시절이다.

세계적인 기업가인 록펠러(석유), 카네기(철강), JP 모건
(금융), 밴더빌트(철도, 선박) 등이 독점적으로 경제를 지배하
던 시기였다. 모든 산업에서 몇 개의 기업이 독점적 이윤을 추
구하자 '강도 귀족Robber Barons'이라는 용어가 나올 정도였다.
오늘날 빅테크가 점령한 유통업이나 SNS 업계와 비슷한 상
황으로 보면 된다. 당시 미국 정부는 이런 상황을 방치하거나
독점기업 편에 섰다. 독점 규제, 누진세, 상속세가 없던 시절
이었다. 노동권은 아예 존재하지도 않았다. 파업이 발생하면
군대나 사설 경비회사가 투입되었다. 민주주의는 타락해서
금권 정치, 선거 매수, 부패가 일상화되었다.

도금시대는 현재 상황과 거의 유사하다. 이런 도금시대
를 계속 이어가겠다는 것이 현재 각국 파시스트의 생각이라
고 보면 된다. 미국에서 파시즘이 사라진 것은 이런 상황을 개
선하기 위해 루스벨트가 대압착시대를 열었기 때문이다.

대압착이란 소득, 임금 등을 강하게 압축한다는 의미다.
압착이란 위에서 누르고, 아래에서 받쳐서 전체 두께를 평평
하게 만드는 것이다. 핵심은 자연스럽게 줄어드는 것이 아니
라 외부의 힘이 가해져 두께를 강제로 좁아지게 만드는 것
이다. 이런 이유로 '대평등기'라고 표현하기도 한다. 뉴딜이
시작되어 정책이 효과를 발휘한 1935년부터 1차 오일쇼크와

닉슨 쇼크 직전인 1973년까지를 가리킨다. 이 시기는 미국의 황금기였다.

제2차 세계대전 말기에 들어서면 최고 소득세율이 94%에 이를 정도로 올라갔다(실제로는 다양한 세액공제 등으로 40~50% 정도 부담했다고 한다). 당연히 상위 1%의 소득 점유율이 줄어들면서 고소득층과 저소득층 간의 소득 격차가 크게 줄어들었다. CEO와 노동자 간의 임금 격차는 역사적으로 최저 수준에 도달한다. 대압착시대의 많은 정책은 뉴딜로 제도화된다. 증세와 더불어 사회보장제도, 최저임금제, 노동조합 보호 등 지금도 유지되는 복지 제도의 근간을 만든다. 또한 금융 규제Glass-Stea-gall Act를 통해 투기 자본을 억제하고 자본의 정치적 영향력을 약화시켰다.

이런 혁명적 조치들은 루스벨트의 업적이지만, 대공황이라는 경제적 참사와 보호주의, 그리고 제2차 세계대전으로 국가가 총동원된 사회였다는 시대적 특성으로 우파 기득권 계층은 저항하기 어려웠다. 시장 원리보다 국가가 적극적으로 분배에 개입한 사회주의적 성향이 강한 정책이었다.

역설적으로 대압착시대는 이전의 도금시대의 폐해를 장기간 경험했기 때문에도 가능했던 측면이 있다. 도금시대의 착취 경제로는 경제적 파이를 키울 수 없고, 불평등만 강화시킨다는 사회적 공감대가 형성되어 있었다. 월남전 패전과 1970년대 두 차례의 오일쇼크로 미국 경제가 침체하자, 보수 우파와 시장의 연합군이 반격에 나서 다시 신자유주의 시대로 넘어간다. 대압착시대는 종료되고 이후 새로운 형태의 도금시대가 지속되고 있는 것이다.

성장과 복지에 대한 사회적 공감대

어느 사회이건 중심 이념이 있다. 사회가 나아가는 방향에 대한 사회적 공감대다. 교과서적인 얘기지만 '성장'과 '복지'는 모든 이념을 함축하고 있다. 성장을 중심으로 사회를 이끌어 갈지? 아니면 복지를 중심 가치를 둘 것인지는 진보와 보수 우파를 가르는 핵심적인 이념 차이다.

성장과 복지에 대한 갈등은 길게 보면 1848년 공산당선언 이후 180여 년간 이어진 정치 갈등의 본질이다. 어디에 중점을 둬야 할지에 대한 갈등이 엄청난 전쟁과 학살, 빈곤 등 치열한 역사를 만들었음을 잊지 말아야 한다.

그러나 두 가지 상반된 이데올로기는 모두 필요하고 서로 연결되어 있다. 성장을 해서 얻게 되는 수익을 분배해서 복지가 증진되면 더 많은 사람들이 소비를 늘릴 수 있다. 소비가 늘어나면 경제가 다시 성장하는 선순환 구조가 되어 다수가 행복해질 수 있다. 국가 이념을 이런 식으로 모든 사람들이 인식하고 방향을 설정하면 그 사회는 지속적으로 번영할 수 있다.

최근 일본에서 참고할 만한 사례가 발견된다. 기시다 후미오岸田文雄 전 총리는 '성장과 분배의 선순환을 통한 새로운 자본주의'를 정책과제로 제시했다. 뒤이어 집권한 이시바 시게루石破茂 총리가 이어받으면서 최근 경제 회복의 이념적 배경이 되었다.

장기 저성장에 빠져 있는 일본에서 민간 부분은 소비 부진이 이어지고 고령화로 미래를 준비할 여력이 없는 상태였다. 반면 기업들은 내부에 많은 자본을 축적하고 있었다. 흔히 '밸류업Value Up' 정책이라고 하는 새로운 자본주의는 배당과 자사주 매입을 통해 기업의 주주환원을 늘리는 정책이다. 주주환원이 많아지면 주식투자가들은 배당 소득과 주가 상승으로 소득이 증가한다. 늘어난 소득으로 소비가 늘면 내수가 활성화된다. 그러면 기업의 매출과 수익이 재차 증가하게 된다. 이를 도식화하면 '주주환원 증가→가계 소득 증가→소비 증가→내수 활성화→기업의 매출/이익 증가→주주환원 증가/세수 증가'의 선순환 구조가 완성된다. 물론 밸류업 정책만으로 일본 경제가 개선된 것은 아니다. 그러나 주주환원이 증가하면서 만들어진 선순환 구조가 상당한 역할을 한 점은 참조해야 한다.

그러나 성장 - 복지의 균형을 맞춘다고 해도 한계는 분명히 있다. 경제성장의 과실이 사회 상층부로만 집중되는 불평등 구조에서는 성장이 세금을 통해 복지로 연결되기 어렵다. 해외에 자산을 투자하고 해외에서 소비하는 사람들과는 무관한 얘기가 된다. 여행 등 한국의 해외 소비는 무려 30조 원 가까이 된다. 국내 서비스 소비 530조 원의 5.6%, 비내구재 소비 350조 원의 8.6%나 된다.

불평등이 심각해지면서 어느 나라나 성장과 복지에 대한

논쟁이 정치 갈등의 중요한 요인이 되고 있다. 일본은 주주환원 중심의 밸류업 정책을 '새로운 자본주의'라고 명명했다. 성장과 분배의 선순환 구조로 자본주의의 취약점을 시정해 보겠다는 발상이다. 반면 더 강력한 조치를 단기 간에 밀어붙이는 우리는 적절한 용어 없이 그냥 '주주환원 강화', 혹은 '주주가치 증대'라는 신자유주의에 가까운 정책으로 부른다. 성장과 분배라는 이념적 차원에서 정책을 만들어야 명분과 사회적 수용성이 증가한다.

2. 강력한 민주주의

정치권은 여야 모두 '비정상의 정상화'라는 말을 흔히 사용한다. 그러나 지금은 '비정상이 정상'인 세상이 되었다. 불후의 히트작인 〈오징어게임1〉에서는 양극화가 만들어낸 제로섬 사회를 상징적으로 묘사했다. 이어 발표된 〈오징어게임2,3〉은 민주주의의 치명적 결함을 주제로 하고 있다. 매 게임이 끝날 때마다 투표를 통해 게임 지속 여부를 결정하지만, 그 과정에서 무수히 많은 음모가 있고, 다수결 원칙으로 의사가 결정되어도 참여자들은 행복해지지 않는다. 불을 끄면 익명성을 기반으로 한 폭력이 난무한다.

'2025년 한국인의 의식·가치관 조사' 결과에 따르면 우리 국민이 희망하는 미래상을 묻는 질문에 '민주주의가 성숙한 나라'가 32%를 기록해서 '경제적으로 부유한 나라'(28%)를 앞질렀다. 경제성장보다 민주주의 가치를 우선하게 된 것은 이 조사가 시작된 후 30년 만에 처음이다. 물론 내란 사태를 겪은 이후라는 시간적 특성도 작용했을 것이다. 그러나 정치적 후진성과 민주주의 약화에 대한 불만이 꾸준히 증가하고 있는 점은 인정해야 한다.

지금 우리가 알고 있던 민주주의는 작동하지 않는다. 그러나 민주주의 외에는 달리 대안도 없다는 것 역시 잘 알고 있다. 그렇다면 '민주주의를 민주화'하면서 변화한 상황에 맞게 고쳐 써야 한다.

파시즘은 민주주의를 거부한다. 표면적으로는 민주주의를 외치지만 실제 가동되는 것은 1인 독재 시스템이다. 민주주의의 허점을 교묘히 이용하거나 파괴하면서 집권한다. 파시즘으로 향하는 세계를 지킬 가장 강력한 처방은 민주주의를 더욱 강력하게 만드는 것이 유일한 정치적 처방이다.

민주주의를 위협하는 심리적 기초는 4不이다. 불평등, 불공정을 완화시키고 미래의 불확실을 제거해서 사회를 안정시키는 수단은 민주주의밖에 없다. 정치적으로 안정되어야만 우리는 사회 개혁에 나설 수 있고, 수축사회를 돌파하는 성장 전략을 추진할 수 있다. 강력한 민주주의 기반 위에서 자본주의를 작동하게 만들어야 한다.

나는 정치와 법률 분야에 전문성이 없다. 다만 파시즘으로 향하는 사회를 막기 위해 몇 가지 정치적 아이디어만 제시한다.

1) 정치: 재도전이 가능한 시스템

가장 치열한 제로섬 전투가 벌어지는 분야는 정치 영역이다. 정치는 선거에서 이기거나 혹은 패하든지 딱 두 가지 선택밖에 없다. 따라서 정치인들의 경쟁과 투쟁은 끝없이 이어지는 속성이 있다. 왕정시대는 영구독재라서 선거가 없었지만, 선거를 통해서만 권력을 쟁취하는 민주주의 체제에서는 피할 수 없는 한계다. 역사적으로 심각한 정치적 투쟁이 벌어질 때 사람들은 모든 것을 한 번에 해결해줄 메시아를 찾는다. 그러나 다수결 제도 기반의 민주주의에서는 메시아도 투표로 선출해야 한다.

누구는 제로섬 전쟁 양상의 권력 투쟁만 보면서 정치 과잉이라고 하고, 다른 사람은 대안을 제시하는 못하는 상황을 정치 빈곤이라면서 상반된 주장을 한다. 정치 세력 간의 경쟁과 갈등이 불가피하지만 지금의 권력 투쟁은 유래가 드물 정도로 치열해졌다. 대안 마련은 고사하고 사회의 정체성을 흔들고 미래 준비를 오히려 방해할 지경이다. 왜 그럴까?

무엇을 위한 정치인가?

선거에 승리해서 정권을 획득하면 따뜻한 생활이 보장된다. 반면 정권을 잃게 되면 정치적 소신을 잃는 것뿐만 아니라, 자신의 이해관계까지 심각하게 훼손된다. 정치가 권력 투쟁에만 집중하면서 정치인에 대한 신뢰가 급속히 낮아지고 있다. 영국의 정치·경제 비평가인 마틴 울프 Martin Wolf는 "책임 있는 위치에 있는 정치인을 거부하면, 아무도 믿지 않게 되는 동시에 아무나 믿게 된다", "안타깝게도 그들이 찾아낸 사람은 사기꾼, 갱스터, 광신주의자 또는 이 세 가지가 모두 섞인 치명적인 인물인 경우가 많다"[9]면서 현재의 정치인을 질타했다.

정치의 책무는 불평등과 불공정을 완화하는 것이다. 국가와 사회를 안전하게 유지시키면서 미래 변화에 맞서 선제적으로 대안을 마련해야 한다. 정치인은 사회의 중심을 잡고 방향을 설정한다. 성장인가? 복지인가? 관료 사회를 감시하면서 시민들의 욕구를 정치에 반영해야 한다. 그러나 정치인들은 목표를 상실한 채 우물 안에서 제로섬 전투에만 열중하고 있다.

누구나 정치에 참여할 수 있는 현대에는 정제되지 않은 다양한 의견들이 표출되면서 포퓰리즘 성향이 높아진다. 중심을 잡아야 할 정치인이 공동체의 미래나 정치적 소신이 아니라, 자신의 이해관계에 따라서만 정치를 하면 어떤 정책도 실행할 수 없다. 이제 정치인을 만나면 왜 정치를 하는지, 어떤 사회를 꿈꾸는지 꼭 질문해야 한다.

재기가 가능한 정치 체제인가?

많은 정치학자들은 파시즘을 막고 민주주의의 회복을 위해서는 재기가 가능한 정치 구조가 필요하다고 주장한다. 선거에서 낙선해도 다음에 출마할 기회가 있고 승리할 수 있으면 자신의 정치적 소신에 따라 정치를 할 수 있게 된다. 정권을 잃더라도 노력하면 재집권할 가능성이 있을 때 치열한 선거전는 다소 완화될 수 있다.

통상 정권을 획득한 정당은 자신들의 이해관계를 영원히 지키기 위해 야당 정치인들을 다양한 방법으로 압박한다. 부정 선거, 부패 등으로 경쟁자를 구속하거나 제거한다. 재산까지 압수하는 경우도 종종 있다. 가족도 피해를 입고 사회적으로 완전히 매장된다. 선거에 패배하면 실질적으로 재기가 불가능하다.

스티븐 레비츠키는 '정당이 지는 법을 배울 때 민주주의는 비로소 뿌리를 내린다'고 주장한다. 패배를 받아들이는 규범을 유지하는 것이 중요하다고 보는 것이다. 앞으로 다시 승리할 기회가 얼마든지 있고, 재충전해서 다시 붙어보자는 환경이 조성되어야 한다.

개인적 차원에서도 권력 이양이 재앙으로 이어지지 않을 것이라는 믿음이 있어야 한다. 정당이 두려움을 느끼면서, 앞으로 다시 승리할 수 없고, 선거 패배 이후 더 많은 것을 잃어버릴 것이라고 두려워할 때, 패배를 인정하지 않고 권력 이양에 필사적으로 저항한다.[10] 패배 후 다음 선거에서 재기할 수 없다면 수단과 방법을 가리지 않아야 한다. 음모론과 거짓 정보를 이용하는 포퓰리스트가 될지언정 선거에 질 수 없는 환경이 된 것이다.

파시즘을 유발하는 공천제도

국회의원 등 모든 선출직 지망자가 가장 먼저 거쳐야 할 관문은 소속 정당에서 공천을 받는 것이다. 공천을 받기 위해서는 당원들의 지지가 절대적이다. 경쟁자가 여러 명이기 때문에 당원들의 표를 얻기 위해서는 당원 개개인의 정치적 취향에 맞춰야 한다. 자신의 소신이나 정책 비전이 아니라 후보자가 당원들과 동일한 생각을 하고 있다는 점을 알리는 것이 중요하다.

통상 한국의 정당은 강성 지지자들의 입김이 강하다. 최근에는 4不 현상으로 정당 활동에 참여하는 사람들은 정치적으로 양극단으로 쏠리는 경향이 강하다. 그렇다면 후보자 입장에서 유일한 선택은 강성 지지층의 견해를 대변하는 것이다. 이런 상황을 개선하기 위해 오픈 프라이머리Open Primary라는 제도가 있다. 대통령 후보나 공직 후보를 선출할 때, 특정 정당의 당원만이 아닌 일반 유권자가 후보 선출에 참여할 수 있도록 하는 예비선거제도다. 이 제도는 후보 선출 과정에서 민주성을 강화하고, 계파 정치와 소수의 권력 독점을 견제한다. 더 많은 유권자의 검증을 받았기 때문에 본선 경쟁력도 높아진다.

그러나 한계도 있다. 타당 지지자가 상대 당의 약한 후보를 고르는 역선택의 위험이 있다. 비용도 많이 든다. 특히 당원의 권한 축소로 정당의 정체성이 약화된다. 최근 한국 정치에서 당원 주권주의라고 해서 당원 중심으로 후보자를 선출하자는 움직임이 보수와 진보 모두에서 강해지는 이유이기도 하다.

나는 일부 부작용에도 불구하고 오픈 프라이머리 제도의

확대를 선호한다. 당원의 선택 비중이 지나치게 높게 되면 제로섬 정치는 더욱 강화된다. 최근에는 경제적 여유가 있는 강성 지지자들이 자신들의 생각을 대변해주는 정치인을 후원하기도 한다. 정치 자금이 늘 부족한 정치인 입장에서는 강성 지지층의 자금 지원이 절실하다. 이런 식으로 정치인과 강성 지지층은 서로 연결되면서 비슷한 성향을 가지게 된다.

한국의 여야 정당은 20년째 '누가 더 세게 대응하는가' 경쟁에 몰두해 있다. 상대당에 대한 더 강력한 공격만이 강성 지지자의 지지를 얻고 궁극적으로 다음 선거에서 공천받고 승리를 보장하기 때문이다. 이런 포퓰리즘적인 정치 문화가 일상화될 때 사회는 파시즘으로 향하게 된다. 혼란을 한 방에 끝내줄 메시아 추종 세력이 되거나, 아니면 철저한 정치적 무관심으로 파시즘이 활개 치는 공간을 열어주게 된다.

민주주의와 정당 제도는 많은 문제점이 있지만 더 나은 제도를 아직 발견하지 못했다. 그렇다면 현실에 맞게 정당과 민주주의를 진화시켜야 한다. 시간을 두고 일반 유권자의 여론 반영 비중을 조금씩 늘려가면 어떨까? 아예 법적인 구속력을 가지게 하면 어떨까?

정치인 공급의 편향성

한국에서 정치인의 공급은 매우 편중적이다. 22대 국회의원 300명 중 법조인 출신이 통계로는 60명 정도라고 한다. 입법부는 기본적으로 법을 만들기 때문에 법률가 출신 정치인은 법률의 완성도를 높이고, 다른 법률과의 상충 관계 등을 파악하기 위해 필요하다.

법률 영역은 재판에서 승리하거나 아니면 패배하는 것이 기본 속성이다. 오랜 기간 법조계에 있었던 국회의원은 자연스럽게 제로섬 전투에 특화된 의식 구조를 가지고 있을 것이다. 무조건 승리하는 것이 책무이기 때문에 상대방에 대한 배려는 없다.

법률은 기본적으로 현재의 사회 시스템을 지키는 규칙이다. 현상 유지적이고 자기 확신이 강한 법률가 출신들이 새로운 개혁을 받아들이기 어려운 이유다. 법조계의 제로섬적 심리 구조와 현상 유지적 속성 때문에 입법부에 법률가 출신이 많아지면 제로섬 전투는 보다 격화된다. 앞으로 법률 영역의 많은 부분을 AI가 담당할 것이다. 그러나 로스쿨을 통해 법률가가 과잉 공급되면서 법조인의 정계 진출이 늘어날 것이다. 그러면 정치적 대결 구도는 더 치열해질 전망이다.

법조인과 더불어 국회의원 비서관, 전문위원 출신의 정치인 비중도 높다. 젊은 시절 국회에 들어온 비서관 출신들이 처음 접한 국회의원은 중장년이거나 정치 경력이 오래된 사람이었을 것이다. 비서진의 업무는 자신을 채용한 정치인의 정치적 행보에 맞춰져 있다. 옳고 그르다는 판단은 아예 할 수 없는 구조다. 더군다나 계약직이라서 직업의 안정성도 낮다. 정치에 대해, 사회에 대해 깊게 고민할 시간과 여유가 없다. 국회의원 선거뿐 아니라 대통령 선거, 지방 선거, 당내 선거에 참여하면서 전투력만 최강이다.

이들 중 정책 역량이 있는 일부는 청와대나 장관, 지자체장의 정책 자문관을 맡다가 선출직에 출마하는 경우도 있다. 대부분의 비서진이 꿈꾸는 상황이지만 극소수에 불과하다. 대통령실에 진입하지 못했거나 국회의원과의 갈등, 혹은 낙선했을 때는 쿠팡 사례에서 보듯이 민간 기업에 취업해서 대관 업무를 담당하다가 선출직에 도전하기도 한다.

지방 의회나 지자체장 출신도 상당하다. 지방정부의 업무와 국가의 업무는 본질적으로 차이가 크다. 이들은 국가 전체 차원보다는 해당 지역 문제의 전문가 그룹이다. 이들이 자신의 지역 국회의원에 도전해서 후보가 되기까지는 많은 난관이 있다. 지역 국회의원은 지방 의회나 지자체장 출신의 도전을 방어하기 위해 보이지 않게 견제를 한다. 지방의회 출신자들은 공천을 얻기 위해 국회의원과 마찬가지로 지역에서 입김이 센 강성 지지자들과 노선을 같이한다. 기초 의회부터 국회의원이 되기까지 국가와 미래에 대해 고민하는 것이 아니라, 오직 국회의원 선거에 나가 승리하기 위한 제로섬 투쟁에 특화하는 경우가 많다.

전문가 그룹의 한계도 명확하다. 교수, 연구원, 시민단체, 언론인 출신들은 존재감을 높이기 위해 자신의 전문 분야에만 집착하는 경향이 강하다. 비례대표 비중이 높지만, 추후 지역구를 차지할 욕심으로 강성 이미지를 만들어간다. 행정 관료 출신은 곧바로 현장에 투입 가능한 '즉시 전력감'이다. 그러나 자신이 행정부에 몸담고 있는 동안 정치인으로부터 많은 핍박을 당했기 때문에 정치 혐오로 출마를 꺼리는 경우가 많다. 행정가들은 법률가와 마찬가지로 기존의 틀을 깨지 못하는 한계도 있다. 수십 년을 주어진 환경에서 근무했기 때문에 새로운 변화를 만들기보다는 문제가 발생했을 때 수습하는 데 강점이 있다.

몇 명 안 되지만 민간 기업 출신들은 거의 목소리를 낼 수 없다. 통상 50대 이후 늦은 나이에 국회에 들어온다. 민간 영역과 비교해서 치열한 정치권의 환경에 적응하려면 시간이 필요하다. 각종 선거, 의사결정 과정, 지역구 관리 등에서 부적응하는 경우도 많다. 기업인 출신들은 합리성을 중심으로 의사결정을 한다. 그러나 정치권은 상대방을 수단과 방법을 가리지 않고 제압해야만 한다. 자신의 소신과 현실 간의 괴리가 커지면서 당내에서 고립되는 경우도 있다.

최근 정치에 입문하는 청년 정치인들은 강성 지지층의 지원으로 정계에 입문하는 비중이 높다. 사회 경험이 짧고 정치자금 조달도 쉽지 않다. 세상의 변화나 경제 문제 등에 대해 학습이 부족하다. 폭넓은 경험이 없어서 소신 있는 행동 자체가 어렵고 강성 지지층의 나팔수 역할에 그치는 경우가 많다.

견고한 기득권 집단

이런 다양한 부류가 다시 학연, 지연이나 이해관계로 뭉친다. 일부는 법무법인, 회계법인의 고문을 맡아 거액을 챙기면서 정치와 돈벌이 사이를 왕래하기도 한다. 거대한 기득권 유지 집단이 되는 것이다. 최근 농협의 부패 구조에 대해 사회적 관심이 높아졌다. 그러나 농협만이 아니다. 신협, 새마을금고 이사장들은 지역의 토호 세력이 되어 지역 정치권과 긴밀히 연결되어 있다.

부패 연구 분야의 세계적 권위자인 마이클 존스턴Michael Johnston은 저서《부패 증후군》에서 '엘리트 카르텔형 부패'의 대표 국가로 한국을 지목했다. 각계 고위층 인사들이 밀접하게 연결돼 이익을 독점하는 형태의 합법적 부패를 가리킨다.[11] 정치인의 공급 구조가 특정 집단으로 한정되면서 진정성 있게 정치를 하려는 사람들이 진입할 공간은 거의 없다. 이들은 정치권 주위를 맴돌면서 비판과 정책 논의에만 참여한다. 개혁을 추진할 인재가 빈곤해지는 것이다.

한국의 정치인 공급 구조는 이렇게 편향적이다. 리더십에 대한 학습이나 경험이 없다는 공통점이 있다. 앞서 언급한 계층은 대부분 혼자 일하거나 소수의 사람들과 만나는 공통 특징이 있다. 다른 조직과의 소통이나 협업 경험이 아예 없는 사람들이 태반이다. 조직 문화나 리더십에 대한 이해와 관심이 떨어진다. 더군다나 앞으로 공급될 청년 정치인들은 형제 없이 거의 홀로 성장했을 것이다. 이런 정치인 공급 체계 때문에 늘 실수와 설화舌禍가 끊이지 않는 것이다.

편향된 정치인의 공급과 의식 구조로 정치는 파시즘의 방패 역할이 아니라 오히려 파시즘을 촉진하는 세력이 되고 있다. 일반 유권자로부터 존경은커녕 비난과 혐오의 대상이 된다. 궁극적으로 정치적 무관심을 유발시킨다. 정치인의 공급 문제를 공론화하고 심각하게 대안을 마련해야 한다. 현재의 정치인 구조로는 미래의 도전을 극복할 수 없다.

통섭형 리더

2025년 당선된 일본의 다카이치 총리는 최초의 여성 총리다. 그는 경영의 신이라고 불리는 마쓰시타 고노스케松下幸之助 파나소닉Panasonic 창업자가 설립한 정치 학교인 '마쓰시다 정경숙松下政経塾' 출신이다. 일본 기업은 세계적 수준이 되었지만 정치만 낙후되어 있다는 문제의식 아래 세워진 정치인 양성 학교다. 마쓰시다 정경숙은 현실주의를 기반으로 개발독재형 정치 구조와 고성장을 추구한다. 기업의 지원으로 운영되기 때문에 신자유주의적 성향도 강하다. 민간에서 정치 리더십을 교육하는 특이한 기관이다.

프랑스는 국가가 직접 운영하는 국립행정학교(ENA, 현재 INSP)가 있다. 현 대통령인 마크롱을 비롯해서 시라크, 올랑드 등 다수의 대통령과 총리를 배출했다. 독일은 정당 부설 정치 재단 형태를 띤다. 콘라트 아데나워 재단(기민련), 프리드리히 에베르트 재단(사민당), 하인리히 뵐 재단(녹색당) 등이 있다. 정당별로 이념을 교육하고 정치인과 활동가로 훈련시킨다.

정치인은 임시직이고 비정규직이다. 주기적인 선거를 통해 시민의 주권을 위임받아 나라의 일을 하는 사람들이다.[12] 체계적인 학습이나 준비 없이 권력욕으로만 가득 찬 사람들이 정치를 잘할 수 있을까? 임시직은 전문가가 아니다. 전문가가 아닌 사람이 가장 중요한 나라의 일을 처리하는 게 현실이다.

다카이치 총리의 향후 행보에 관심이 가는 이유는 그가 배운 내용이 어떤 것이고, 사회에 대한 인식과 리더십을 제대로 학습했는지를 파악하기 위해서다. 그러나 다카이치의 실력은 바로 확인되었다. 2026년 1월 20일 높은 지지율을 기반으로 조기 총선을 추진하면서 음식료에 대한 소비세를 2년간 한시적으로 중단하겠다는 계획을 발표했다. 이 조치는 연간 약 5조 엔의 비용이 들 것으로 추정된다. 이런 식의 조치는 농업 비중이 높은 인도와 같은 개도국에서 주로 선거를 앞두고 시행하는 정책이다. 2022년 영국의 리즈 트러스Liz Truss 전 총리는 재원 대책 없는 감세안을 추진하다가 국채 시장 폭락을 촉발해 결국 사임에 이르렀다. 다카이치의 감세 정책 발표 당일 일본의 30년물, 40년물 국채 금리는 무려 0.5%포인트나 상승했다.

뭔가 대안이 필요하다. 체계적으로 정치인을 교육시키는 방법은 어떨까? 마쓰시다 정경숙과 같은 제도를 공공에서 도입하면 어떨까? 시장이나 기업에 과도하게 편중된 시각보다는 균형 감각을 키우고, 세계의 향후 과제의 전문가를 육성하면 어떨까? 역사, 철학, 인문학, 국제질서, 리더십, AI 등을 두루 섭렵하면서 정치적 소명의식과 훌륭한 인간성까지 가진 '통섭統攝형 리더'를 양성해야 한다.

2) 법치의 회복

트럼프 1기 행정부 당시 마크 에스퍼Mark Esper 국방장관은 '흑인의 생명도 중요하다'는 시위대를 현역 병력을 투입해서 막으라는 지시를 거부했다가 결국 나중에 해임되었다. 이후 제임스 매티스James Mattis, 딕 체니Dick Cheney, 도널드 럼즈펠드 Donald Rumsfeld 등 전직 국방장관 10명이 성명을 발표해서 자신들은 대통령이 아니라 헌법을 수호할 것임을 분명히 밝혔다. 2025년 그레고리 기요Gregory Guillot 미군 북부사령관은 의회 청문회에서 대통령이 특정 단체를 테러 조직으로 규정하고 공격하라는 명령이 내려오면 "즉시 참모 법무관, 법률 고문과 상의해 합법성을 우선 평가할 것이고, 검토 결과 합법적이지 않다면 수행하지 않겠다"고 대답했다. 군 통수권자인 대통령의 명령이라도 불법 정치 개입으로 판단될 경우 따르지 않겠다는 확고한 의지를 드러냈다.

36년 전 천안문 사태 당시 진압군의 수장이던 쉬친셴徐勤先 장군은 상부의 진압 명령을 거부해서 군사 재판에 넘겨졌다. 최근 공개된 영상 자료에 따르면 계엄 상황임에도 군대의 진압 명령을 거부한 이유는 "정치적 문제는 정치적 수단으로 해결해야 하며, 시민을 상대로 한 군사력 사용에는 동의할 수 없다"는 소신 때문이라고 밝혔다.

이 세 사람이 트럼프와 덩샤오핑에 대항할 수 있었던 것은 법치에 대한 믿음이었다. 반면 12·3 계엄 사태 당시 한국

군대의 장성과 경찰 수뇌부, 경호처, 검찰 등 무력을 보유한 집단은 상관 명령을 법률적인 검토 없이 무조건 따랐다. 국가의 통치는 법치를 기본으로 한다. 한국 군부와 같이 인치人治에 순응하면 정치는 파시즘으로 간다.

법치의 정착 수준은 민주주의와 국격을 판단하는 기준이다. 파시즘 국가에서 법치는 존재하지 않는다. 독재를 법률로 규정할 수는 없기 때문에 법치는 사실상 불가능하다. 파시즘 국가의 성격이 A이면서 A가 아닌 것은 법치가 가동되는 예측 가능한 국가가 아니라는 의미다. 독재자의 의지가 모든 것에 우선하는 인치 국가를 설명하는 말이다.

마틴 울프는 법치주의가 없다면 시장 자본주의는 존재할 수 없고 도둑질만 있을 뿐이라고 했다. 법치는 민주주의뿐 아니라 자본주의의 핵심 요소이기도 하다. 시장에서 벌어지는 불공정을 사전에 예방할 수 있게 한다. 또한 법률에 기반해서 사회가 작동되기 때문에 미래를 예측 가능하게 만든다.

법에 의한 지배가 사회 구성원 모두의 DNA에 각인되어야 한다. 법치가 정착되면 4不을 방지하면서 민주주의와 자본주의를 강력하게 만든다. 불공정에 따른 사회 양극화를 줄여 파시즘적 사회 분위기를 제어하는 기초 조건이 된다.

정교한 법 체계

미국의 법학자 올리버 홈스Oliver Holmes는 "좋은 사람이 아니라 나쁜 사람을 상상하면서 법률을 만들어야 안전하다"고 했다.[13]

파시스트들은 늘 법률적 허점을 활용하는 전문가들이다. 100년 전 독일의 바이마르 헌법은 민주주의의 이상을 구현하려 했지만 허술한 구석이 많았다. 최악의 무질서 시대에 법률이 불완전하면 무정부 상태가 된다.

바이마르 헌법 중 비상 대권과 관련된 부분은 한국 내란 사태의 법률 적용과 유사하기 때문에 비교해서 살펴볼 필요가 있다. 비상 대권과 관련된 바이마르 헌법 조항을 살펴보자.

제48조 위헌. 공안 침해의 방지를 위한 조치

(1) 각각의 주에서 국가의 헌법 또는 법률에 의하여 부여된 의무를 이행하지 아니하는 자가 있을 때에는 대통령은 병력을 사용하여 그 의무를 이행시킬 수 있다.

(2) 국가 내에서 공공의 안녕과 질서에 중대한 장애가 발생하거나 또는 발생할 우려가 있을 때 대통령은 공공의 안녕과 질서를 회복하는 데 필요한 조치를 하고, 필요시에는 병력을 사용할 수 있다. 이 목적을 위하여 대통령은 신체의 자유(체포·구금 제한), 집회. 결사의 자유, 언론·출판의 자유, 재산권 등 헌법이 정한 기본권의 전부 또는 일부를 정지할 수 있다.

(3) 제1항 또는 제2항에 의하여 실행한 모든 조치에 대하여 대통령은 지체없이 이를 의회에 보고하여야 한다. 의회의 청구가 있을 때 그 조치는 효력을 잃는다.

(4) 급박한 사정이 있는 경우에 각 주 정부는 그 영역 내에 있어서 임시로 제2항에 정한 조치를 할 수 있다. 이 조치는 대통령 또는 의회의 청구가 있을 때에는 효력을 잃는다.

(5) 상세한 것은 국가 법률로 정한다.

바이마르 헌법의 중요한 실수는 헌법이 적용되지 않는 예외적 상황을 헌법에 직접 표현한 것이다. 헌법 48조 5항은 비상사태에 대한 구체적 명시를 법률에 유보하고 있는데, 실정법으로 제정되지 않았다. 법률을 모호하게 정의하고 의회가 무력화되자 힌덴부르크 대통령은 대공황 이후인 1929~1933년 사이에 수십 차례에 걸쳐 비상 대권을 활용했다. 1930년대 초반에는 비상 대권이 사실상 일상적인 통치 수단으로 쓰였다. 바이마르 공화국의 비상 대권은 당시 헌법에 명문으로 적시된 비상 대권 권한이었다. 그러나 한국의 12·3 계엄 포고령은 헌법과 계엄법 규정을 위반한 채 발령되었다는 차이가 있다.

바이마르 헌법에서 모호한 조항은 많은 분야에서 발견된다. 이런 법률적 한계는 100년 전 독일의 정치적 무질서의 구체적인 원인을 제공한다. 법률적으로 모호한 규정을 신속히 재정비하는 것도 파시즘의 발호를 막는 중요한 요인이다.

유연한 법률 개정 시스템

최근 개인정보 유출 사고가 빈번하게 발생하고 있다. 그럼에도 사후 조치나 처벌, 보상은 지지부진하다. 우리 법률에서 개인정보 보호에 대한 규정은 상당히 미흡하다. 법적 책임, 기업의 보험 가입 의무는 있지만 한도가 낮다. 피해 입증 등 규제 미비로 해결까지는 오랜 시간이 걸려서 늘 갈등을 불러일으킨다.

과거라면 별문제 없던 것이 현재는 통용되지 않는 사례

가 증가하고 있다. 수축사회의 또 다른 현상은 갈등사회다. 사회가 해결하지 못하는 갈등은 법률적 판결로 가는 경우가 많아졌다. 불공정이 난무하면서 고소·고발이 늘어나고 있다. 더군다나 AI 등 디지털 기술의 발전으로 법률로 규정하기 어려운 새로운 범죄가 만들어지기도 한다. 현재의 법률은 팽창사회의 법률 체계다. 과거의 제도로 21세기를 가동하고 있는 것이다.

SNS를 통한 범죄, 개인정보 유출, 보이스피싱, 배달 노동자의 지위, 독점 규제, 자금 세탁 등 거의 모든 영역에서 법률은 사회 변화를 따라가지 못하고 있다. 피해자가 속출하고 있지만 법률이 사전 예방이나 신속한 타협을 제시하지 못한다. 스테이블 코인 등 가상자산이 아무런 제재 없이 국경을 넘고 있지만 법률 미비로 국부 유출까지 우려된다.

모든 정파들은 선거 과정에서 집권 시 개헌을 약속하지만 일단 정권을 잡으면 유야무야된다. 논의도 주로 대통령 임기와 권력구조 재편에 관한 것이다. 물론 안정적인 정책 수행을 위해 대통령의 임기 문제는 중요하다. 그러나 기후위기, 지역 균형 성장 등 다양한 시대적 이슈를 포함해야 한다. 앞으로도 새로운 이슈는 계속 나올 것이다. 헌법을 포함한 법률 개정이 빠르게 진행될 수 있도록 유연한 법률 개정 조치가 필요하다.

특히 행정 수도 이전과 같이 논란이 있는 영역을 헌법에 과감하게 포함시켜야 한다. 수도를 세종시로 옮기면 강남 부동산 가격의 안정을 넘어 지역 소멸과 교육 불평등까지 완화할 수 있다. 대통령이 세종시에 있으면 지방 대학의 수준이 올라간다. 전력을 대용량으로 사용하는 반도체 기업, AI 데이터 센터 등도 재생에너지가 풍부한 지역에 설치하기 쉬워진다. 구조적 위기에 처해 있는 한국 경제를 살리는 가장 효과적인 방법이기도 하다.

파시스트들은 그들의 재산권과 기득권을 지키기 위해 국토 균형 성장에는 관심이 없다. 오히려 지역 불균형의 폐해를 역이용해서 정치적 이슈로 만든다. 100년 전 베를린에 집중된 정치, 경제, 문화, 교육 시스템에 대한 지방의 불만이 나치에 대한 지지로 이어졌던 점을 정치권은 자각해야 한다.

3) 견제와 균형의 정치 문화

존 에드거 후버John Edgar Hoover 전 FBI 국장은 1924년부터 1972년까지 약 48년간 8명의 대통령을 거치면서 FBI를 이끌었다. 지금은 국장의 임기를 10년으로 제한하고 있지만, 2명 이상의 대통령에 걸쳐 근무가 가능한 구조다. CIA 국장의 근무 기간도 비교적 긴 시간 동안 유지된다. FBI와 CIA 국장은 대통령이 지명하지만 임기 동안 정치적 압력으로부터 독립적으로 업무를 수행하도록 설계되었다. 크리스토퍼 레이Christopher Wray FBI 국장은 트럼프 대통령이 1기 행정부 때 직접 임명한 인사로, 2기 출범 당시 임기가 남아 있었다. 그러나 FBI

가 독립적 노선을 유지하자 트럼프 대통령은 그를 해임하고 측근으로 교체했다.

과도한 정부 부채 문제는 트럼프 행정부의 최대 난제다. 금리가 높으면 국채 이자 지급이 늘어나서 재정이 더 나빠지는 악순환에 빠진다. 2025년 12월 트럼프 대통령은 차기 연준 의장이 금리 수준을 결정할 때 자신과 상의해야 한다고 밝혔다. 1년 뒤 금리를 어느 수준으로 보고 있느냐는 질문에는 현재 3.5%인 금리가 "1% 혹은 그보다 더 낮은 수준"이라고 답했다. 연준이 금리 인하에 나서지 않자 파월 의장에 대해 사소한 이유(Fed 리모델링 비용 관련)로 검찰이 조사에 나서기도 했다. 유례가 없는 일이 벌어지고 있는 것이다.

2026년 5월에 취임 예정인 케빈 위시Kevin Warsh 신임 연준 의장이 트럼프의 희망대로 금리를 1%로 내리면 단기적으로 이자 부담이 줄어들고 주가 등 자산가격 상승이 예상된다. 그러나 중기적으로는 물가가 오르면서 금리는 재차 상승할 수 있다.

단기와 장기 사이에 서로 다른 효과가 있기 때문에 국가 전체의 중심을 잡기 위해서 어느 나라나 중앙은행은 독립적으로 운용된다. 물론 막후에서는 약간의 논의가 있을 수는 있지만, 선거 등 정치적 목적으로 금리 조정을 못 하도록 중앙은행의 독립성은 존중되어야 한다.

권력기관이나 중앙은행 등의 독립성은 특정 정파의 이해관계가 아니라 국가 전체의 이해관계에 따라 운영되어야 한다.

1970년대 이후 이어진 인플레이션을 잡았던 폴 볼커Paul Volcker 연준 의장은 카터와 레이건 대통령 기간 중 8년간 재임했다. 또한 앨런 그린스펀Alan Greenspan은 레이건 시절부터 조지 부시George W. Bush까지 네 명의 대통령 재임 중 약 19년간 재임했다.

견제와 균형은 민주주의 최후의 보루

권력기관인 경찰, 검찰, 법원, 행정부 간의 견제와 균형이 이루어질 때 불공정 시비가 줄어들고 국민의 입장에서 정책을 마련할 수 있다. 공정거래위원회, 금융위원회, 방송통신위원회, 선거관리위원회, 인권위원회, 원자력안전위원회 등이 '위원회' 조직인 것은 정치권이나 해당 기관 수장의 독단적인 의사결정을 막아보자는 의도다.

견제와 균형이 작동되면 업무 처리가 지연되는 등 일부 부작용은 감내해야 한다. 다양한 이해가 충돌하면서 견제와 균형은 갈등을 유발할 수도 있다. 최근 한국의 국가인권위원회와 같이 가끔은 위원회나 독립 기관, 혹은 편향적인 시각의 사람들에 의해 의사결정을 하는 부작용이 있다. 견제와 균형은 권력자 입장에서는 정책을 펴는 데 장애로 받아들이기도 한다. 그럼에도 불구하고 불공정을 사전에 차단하는 가장 효과적인 방법이다.

19세기 초반 미국의 4대 대통령인 제임스 매디슨James Madison은 "인간은 오류가 있기 때문에 정부가 필요하지만, 정부도 오류가 있기 때문에 선거를 정기적으로 실시하고, 언론의 자유를 보장하고, 정부 권력을 행정부, 사법부, 입법부로 분리하는 등 오류를 찾아내고 바로잡을 장치가 필요하다"라고 했다.[14] 견제와 균형을 넓게 보면 3권 분립 정신이다. 윤석열 내란 사건의 본질은 3권 분립을 뭉개서 권력을 사유화하려는 시도였다.

견제와 균형을 제도와 문화로 도입하지 않으면 또 다른 독재 즉, 파시즘으로 향하게 한다. 견제와 균형 없는 통치는 민주주의 말살, 인권의 후퇴, 소수의 지배로 4不을 강화시킨다. 견제와 균형은 극우 독재만이 아니라 진보에서도 동일하게 필요하다. 통상 진보는 급진적 개혁을 원하기 때문에 견제와 균형을 무시하려 하는 경향이 강하기 때문이다.

투명한 자정장치

견제와 균형의 원칙과 더불어 파시스트가 현실적으로 두려워하는 것이 자정장치다. 자정장치self-correcting mechanism란 자신의 오류를 스스로 바로잡는 데 사용하는 메커니즘이다. 사람도 그렇지만 모든 기관이나 법인은 자기 교정 메커니즘이 없으면 죽는다. 자기 교정 메커니즘은 사람은 늘 실수와 부패를 저지를 수 있다는 사실을 인정하는 데서 출발한다.

실수를 인정하는 자만이 성공할 수 있듯이 거의 모든 기관에는 '감사실'이 있고 독립적으로 운용된다. 감사 결과는 조직의 수장에게 직접 보고한다. 자정장치는 시스템의 주변기기가 아니라 핵심에 내장되어 있어야 한다. 또한 자기 교정이 이루어지고 있다는 사실을 주변에 널리 알림으로써 부정을 예방해야 한다.

자정장치는 진실 추구에는 필수적이지만, 때로는 의구심, 논쟁, 갈등, 분열을 일으키고 사회 질서를 유지하기 어렵게 만들기도 한다.[15] 그러나 자정장치가 가동되지 못하면 사회는 부패에 빠진다. 파시즘은 법치 밖에 존재하고 진실보다는 가짜에 얽매여 있다. 따라서 자정장치는 파시즘과 뚜렷이 구별되어 민주주의에 책임성과 투명성을 부여한다.

공수처의 경우 위상을 정립하고 강화해야 한다. 그러나 중요한 것은 범위를 넓히는 것보다 권위를 부여하고 중립성을 확보하는 것이다. 감사원도 정권의 시녀가 되지 않도록 객관성을 확보해야 한다. 민간 기업의 경우에도 (거의 불가능하지만) 총수의 전횡을 견제할 수 있는 독립된 '이사회'와 같은 핵심 자정장치가 제대로 가동되어야 경영의 실패를 방지하고 성장을 이끌어낼 수 있다.

3. 성장 중심 사회

수축사회 진입으로 저성장 구도가 정착되자 거의 모든 국가는 복지보다 성장을 중심으로 사회의 중심 이념이 전환되고 있다. 4不을 극복하기 위한 비용 마련도 어렵고, 치열한 국가 간의 경쟁과 미래 사회의 불확실을 제거하는 유일한 방법으로 성장에 올인하고 있다. 한국의 이재명 정부는 진보 좌파적 성향을 가지고 출발했지만 성장을 모든 것에 우선하고 있다.

관리된 신성장 시대

2010년대 경영난을 겪고 있던 하이닉스를 국민연금이 인수해서 성장시키자는 논의가 있었다. 투자금 마련이 어려웠기 때문이다. 그러나 대기업 특혜와 국민연금이 특정 기업에 투자할 경우 정당성 시비로 수면 아래의 논의로만 끝났다. 이후 하이닉스를 인수한 SK그룹은 2025년 말 첨단 반도체 설비에 600조 원을 투자하겠다고 발표했다. 엄청난 투자금 마련을 위해 국민성장펀드와 자체 자금 등을 합쳐서 장기 투자하는 증손자 회사를 추진하고 있다.

그러나 이 계획은 금산분리 원칙이나 이해 상충 등 다양한 문제와 충돌된다. 맞는 지적이다. 그러나 지금 반도체 투자에서 삼성과 SK하이닉스가 밀리면 한국의 미래는 없다. 삼성전자와 SK하이닉스는 2026년 영업이익이 300조 원을 돌파할 것으로 예상되고 있다. 법인세를 약 20%만 내도 무려 60조 원이나 된다. 그럼에도 600조 원의 투자금 마련이 버거운 것이 현실이다.

미국 등 다른 나라들은 보조금까지 지급하고 있다. 중국은 반도체에 무한정의 자금과 인력을 지원하고 있다. 지금 첨단전략산업에 대한 지원은 어느 나라나 정상적인 경제와 사회의 논리 밖에서 의사결정이 이루어진다. 유일한 경제성장동력이 첨단전략산업뿐이기 때문이다. 한국은 반도체, 배터리, 바이오, 미래차 등을 첨단전략산업으로 지정하고 세제 혜택 등 다양한 지원을 하고 있다. 반도체 등 첨단전략산업에서 밀리면 앞으로 한국이 설 땅은 아예 없어질지 모른다.

AI와 반도체는 이제 국가대항총력전의 유일한 무기다. 그리고 반도체는 한국의 유일한 희망이기도 하다. 거의 전시체제인 세계 경제질서 속에서 유리한 무기를 어떻게 마련하고 사용할지 사회적 합의를 거쳐 조속히 매듭지어야 한다. 이러한 정책은 '관리된 성장Managed-New Growth'으로 표현할 수 있다. 지금과 같은 수축사회에서는 정부가 강력한 정책 리더십으로 성장의 속도와 방향을 정해야 한다. 개발독재와 달리 시장 메커니즘을 유지하면서 선별적으로 개입하는 유연한 정책이다.

어쩌면 국가자본주의라는 비난이 있을 수도 있다. 그러나 이런 주장은 현재의 위험에 대한 무지에서 비롯된다. 국가가 강력한 리더십을 발휘하는 것은 이제 모든 국가 공통의 과제가 되었다. 분산된 과거 자본주의 체제로는 수축사회의 위험을 돌파할 수 없다. 우리가 관리된 성장을 하지 않아도 다른 국가들은 정부와 기업이 원팀이 되어 우리를 공격할 것이다.

모든 나라가 영혼까지 팔아서 성장에 올인하고 있다. 나는 더 과감하게 성장에 나서야 한다고 생각한다. 나라 간에 담

벼락이 높아지고 새로운 과학기술로 싸우는 약육강식의 국제 질서 속에서 성장은 생존의 또 다른 이름이 되었다. 다만 그 성장은 정권을 떠나 장기전략 기반에서 국가가 중심을 잡고 관리된 리더십을 발휘해야 한다.

경제 법칙은 원래 '승자 독식'이기 때문에 성장에 올인한 결과는 다시 불평등, 불공정과 불안정을 유발한다. 새로운 차원의 사회 갈등을 유발할 수도 있다. 따라서 정책과 제도 설계에 앞서 불공정 시비를 예방하기 위한 논의와 보상 등을 사전에 철저히 진행한 후 실행에 나서야 한다. 특히 한국 기업은 총수 일가의 사유화 집중도가 높은 국가라는 한계를 감안해서 세심하고 투명하게 대안을 마련해야 한다. 그래서 체계적인 관리형 성장이 필요한 것이다.

1990년대 민주화 이후 국민 모두가 이처럼 '성장'에 집착했던 적은 없다. 이제 성장은 국가 안보 수준으로 격상되면서 생존의 유일한 해법이 되었다. 또한 성장은 미래의 불확실 등 4不의 공포를 완화시켜서 파시즘으로 향하는 마음을 진정시킨다.

1) 슈퍼 파워 대기업

쿠팡 사태 후 밝혀졌지만, 쿠팡은 본사와 자회사 등에 정부, 정치, 학계 등을 관리하는 대관 인력만 100여 명이 넘는다고 한다. 롯데, 현대, 신세계 등 '빅3' 유통 그룹에서 대관 업무를 담당하는 임원은 1~2명으로, 팀원을 포함해도 4~7명에 불과하다. 대관 인력들은 정부와 국회 출신 비중이 높은데 쿠팡의 바람막이 역할을 하고 있다.

쿠팡은 미국에서도 거물급 로비스트를 23명이나 고용하고 있다고 한다. 쿠팡이 4년간 미국에서 뿌린 로비 자금만 1,076만 달러(약 150억 원)였다. 세계적 기업인 삼성이나 현대차와 맞먹는 수준으로 기업 외형에 비해 이례적이다. 더군다나 한국에서 올리는 매출이 90% 수준인 걸 감안하면 지나치게 많은 인력을 미국 정부와 의회 로비에 할애하고 있다. 이런 로비의 영향인지 로버트 오브라이언(전 미국 국가안보보좌관)은 "한국이 미국 기술기업들을 표적으로 삼아 미국 기업인 쿠팡을 억압하면 매우 불행한 일이 될 것이다"라고 위협했다. 이후에도 쿠팡은 한국과 미국 정부의 갈등을 조장하면서 위기 탈출을 시도했다.

미국까지 참전한 경영권 분쟁

소재 기업인 '고려아연'은 경영권 분쟁으로 오랜 기간 몸살을 앓고 있었다. 불리한 위치에 있던 고려아연의 현 경영진은 미국에 11조 원 규모의 신규 제련소 건설을 추진한다고 갑자기 발표했다. 미국은 이 공장으로 핵심 전략 광물을 확보할 수 있다. 추가로 전체 지분의 10.25%를 3자 배정 유상증자로 미국 정부에 넘기겠다고 한다.

치열한 경영권 분쟁을 벌이는 상황에서 미국 정부가 고

려아연 지분을 인수하면 기존 주주와 경영권을 위협하는 영풍과 MBK 지분율은 줄어든다. 반대로 기존 경영진과 미국 정부가 보유한 지분을 합친 우호 지분은 경영권을 방어할 정도로 높아진다. 관세 전쟁에 대응해서 미국에 투자하는 것을 역이용하는 것이다. 미국 정부의 지분 인수가 완료되면, 한국 정부는 국가 안보적 입장에서 고려아연과 전략적 협의가 가능할까? 미국과의 관세 협상 때문에 지금은 수면 아래 있지만, 상황이 안정되면 상당한 파장이 예상된다.

코스피 시장의 외국인 지분률은 34.5%나 된다. 삼성전자 49.6%, SK하이닉스 53.5%, 현대차 29.2%다. 금융기관은 더 높다. KB금융지주는 76.6%, 신한지주 61.8%, 하나금융지주 67.6%나 된다(2026년 3월 13일 기준). 이 기업의 경영진은 외국인 투자가의 눈치를 볼 수밖에 없다. 한국 안에서의 이해관계와 외국 투자가의 이해가 충돌할 경우 의사결정을 내리기가 쉽지 않다. 한국에서 영업을 하고 있지만 주주의 태반이 외국 투자가이기 때문에 미국 등 다른 국가의 눈치를 봐야 하는 입장이다.

쿠팡은 리스크 관리, 고려아연은 경영권 방어 등을 위해서 강력한 로비를 한다. 주요 대기업은 외국인 지분률이 너무 높다. 이런 기업은 국가의 미래보다 수익 극대화가 최우선 경영 목표가 될 수 있다. 언론은 광고비 때문에 이 문제를 지적하지 못한다. 매수된 학자들은 이 기업들을 옹호하는 칼럼을 써 대고…. 한국의 최근 사례지만 이런 현상은 전 지구적 차원에서 벌어지고 있다. 막강한 트럼프 대통령조차 테슬라의 일론 머스크나 엔비디아의 젠슨 황, JP모건의 다이먼을 제대로 제어하지 못한다. 오히려 이들의 이해관계를 지켜주는 데 충실하다.

미국은 베네수엘라 침공 후 불과 3~4일 만에 베네수엘라 석유 생산 밸류체인 전체를 압수하겠다고 했다. 미국은 엄청난 자본과 막강한 군사력으로 세계를 상대로 불공정 거래를 하려 한다. 더군다나 미국 행정부에는 사모펀드 출신들이 포진하고 있다. 미국의 태세 전환으로 미국 정부와 한국 대기업의 연결이 강화되면 한국 정부의 대기업에 대한 영향력은 약화될 것이다. 기업의 사회적 역할도 줄어들 수 있다. 굴지의 대기업들이 쿠팡과 같이 행동한다면 우리에게 대안이 있는가?

떠나면 그만…

미국과 유대가 강한 대기업은 오직 수익 추구에만 열을 올릴 것이다. 정부의 압박이 있으면 미국의 로비스트를 활용해서 한국 정부에 압력을 가하면 된다. 미국 파시스트 정치인과 개인적 유대를 과시하는 기업 총수도 있다. 그 총수의 생각은 "나는 미국에 깊은 네트워크가 있으니 함부로 건드리지 말고 내가 하겠다는 대로 그냥 두세요"라는 메시지를 보내는 것이다. 한국 기업이 다국적 기업이 되어 기업 이익과 주주만 바라보는 경영을 한다면 사회 개혁은 거의 불가능해진다.

전 세계 조세 피난처에는 수조 달러 규모의 해외 은닉 자산이 존재하는 것으로 추정된다. 경제학자들의 분석을 종합하면, 약 7조~9조 달러에 달하는 부유층 및 법인 자산이 조세 회피·탈세 목적으로 은닉돼 있는 것으로 평가된다. 이런 조세 회피는 전 세계적으로 연간 약 5,000억 달러 수준의 세수 손실을 초래하는 것으로 최근 보고되고 있다. 이중 한국 자금도 상당할 것이다.

향후 스테이블 코인의 활용이 늘게 되면 자금세탁도 용이해진다. 무역 거래 시 환치기는 더 쉬워진다. 상속 증여를 스테이블 코인을 통해 하면 과세 당국의 포착이 어렵다. 기업이나 부유층에 대한 관리와 통제가 어려워지고 있다.

모든 국가의 대기업은 이제 다국적기업으로 전환되고 있다. 2025년 하반기 한국은 환율 방어를 위해 기업에 다양한 협조 요청과 압력을 가했다. 삼성, SK, LG, 현대차 등 주요 대기업이 수출로 벌어들인 달러를 한국으로 들여오지 않고 해외에 예치하고 있었기 때문이다.

자국 내에서 기업이나 부유층에 대압착을 하면 그들은 손을 털고 해외로 떠날 수도 있다. 과거에는 없었던 전혀 새로운 위험이다. 시장의 힘은 보다 강해졌고 정교해졌다. 기업에 대한 국가의 힘은 100년 전에 비해 크게 열세다. 이런 상태에서 개혁 정책의 추진에는 많은 제약이 따른다.

2) 대기업의 새로운 역할

최근의 국제질서를 흔히 국가총력전 혹은 스포츠에 비교해서 국가 대항전이라는 말이 회자된다. 경제 문제뿐 아니라 사회 문제, 안보 문제가 함께 뒤엉켜있다. 2025년 한국과 미국의 관세 협상은 과거의 통상 협상과 달리 복잡하게 진행되었다.

2025년 하반기 미국과의 관세 협상을 복기해보자. 미국에 대한 수출 비중이 20%에 달하는 상황에서 고율의 관세가 부과되면 한국의 수출이 감소한다. 베트남, 멕시코 등 우회 수출 국가에도 동일하게 관세를 부과하기 때문에 우회 수출 역시 줄어든다. 수출이 줄면 기업 이익이 감소하고 세금 수입이 줄어든다. 재정이 부족하면 정부 역할도 축소된다. 이런 위중한 환경에 있던 한국은 제조업에서의 강점과 현금 동원력을 이용해서 복합적인 차원에서 협상에 임했다.

미국이 취약한 제조업 분야를 여러 기업들이 적극 공략하면서 협상에 나섰다. 기존에 투자하고 있던 반도체, 배터리, 자동차는 협상을 지속하면서 투자 규모를 늘렸다. 신규로 조선, 전력, 소재 산업 등에서도 협상이 이루어졌다. 이 과정에서 방위비 문제도 해결했다. 추가로 핵잠수함 도입에 대한 미국의 양보도 이끌어냈다. 이재명 정부는 최초의 위기를 잘 마무리했다.

본질적으로 관세 협상이었지만 내용은 정치, 경제, 사회 모든 분야에서 협상하고 조율한 것이다. 관세 협상이 안보 문제가 되고, 경제 문제이고, 내수 경기, 재정에도 영향을 준다. 거의 모든 문제가 상호의존적으로 미국 등 다른 국가와 기업을 통해 연결되어 있다. 협상의 주역도 정부와 더불어 대기업이 적극적으로 참여하는 그야말로 국가총력전 시대가 되었다. 이제 대기업은 사회 모든 영역을 장악한 중심축이 되었다. 이런 상황에서 대기업이 경쟁력을 잃거나 몰락하면 경제적 차원을 넘어 국가 전체의 국력을 약화시킬 수 있다.

기업의 역할에 대한 재인식

패권 전쟁 기반의 새로운 국제질서는 기업의 역할을 강화시켰다. 지금 벌어지고 있는 국가총력전에서 패배하면 국가의 생존이 위태로워진다. 공포에 질린 국민들은 강력한 정치 체제나 기업의 확대된 역할을 인정하기 시작했다. 생존을 위해서라면 독재형 파시즘 정부, 대기업과 부유층이 만드는 불평등을 용인할 가능성도 높아졌다. 과거와 비교할 수 없는 새로운 환경이다.

기업들은 이런 상황을 단지 즐기기만 하면 안 된다. 불공정 시비를 차단하는 등 성장 정책의 부작용을 치유하기 위해 사회성을 보강해야 한다. 불평등, 불공정 성장으로 사회가 갈라지고 이 책의 주제인 파시즘을 가속화하는 성장의 부작용을 무시하면 더 큰 위험이 있는 점을 무시해서는 안 된다. 새로운 성장은 과거보다 더 치밀하게 준비하고 효과적으로 관리해야 한다. 파시즘 확산을 막는 가장 효과적인 방법은 살기 좋은 사회를 만드는 것이지만 그 방법을 찾기란 쉽지 않고 공감대를 형성하기도 어려운 것이 현실이다.

평화로운 팽창사회에서 정책을 만들고 시행하기는 쉽다.

경제적 파이가 계속 커지고 있기 때문에 대압착과 같은 사회적 압박을 받아도 향후에 돈을 더 벌 수 있는 기회가 있기 때문에 받아들인다. 그러나 지금은 누군가의 파이를 빼앗아야 하는 수축사회, 즉 제로섬 사회다.

내수 기업은 성장과 복지의 선순환이 작용한다. 생산과 매출이 국내에서 이뤄지고 있기 때문이다. 그러나 대기업에서는 예외적 상황이 발생한다. 대기업은 대부분 수출기업으로 해외에서 돈을 벌어온다. 대기업의 하청을 받는 중소기업 중 상당수는 수출기업의 영향권에 있다. 대기업 입장에서는 해외에서 벌어온 돈을 자신들과 무관한(?) 사람들의 복지 비용으로 지출한다는 것은 논리적으로 맞지 않는다고 항변할 수도 있다. 대기업의 주장에 보수 언론이 동조하면서 성장과 복지의 연결 관계는 언제든지 약해질 수 있다.

그러나 이런 논란은 사소한 이유에 불과하다. 한국의 대기업은 국가와 국민들의 도움으로 탄생했다. 오늘날의 대기업은 국가의 지원과 국민들의 헌신이 없었다면 존재할 수 없을 정도로 집중 지원을 받았다. 오래된 얘기 같지만 2차 오일쇼크 직후인 1980년 초반 일본의 산업용 전기요금은 kWh당 11.4센트까지 급등했으나 한국은 5.3센트로 산유국인 미국과 비슷했다. 1962년 경제개발계획 실시 이후 수출 기업에게 제공하는 정책금융 금리는 연 6% 수준으로 10~20%였던 예금 금리보다 매우 낮았다. 이런 식으로 정부와 국민들은 현재의 대기업에게 '보이지 않는 보조금'을 지급했다.

또한 오너 경영자들은 대부분 3세를 넘어 4세까지 이어
지고 있다. 조부나 부친의 업적과 재산을 물려받은 것이지 자
신이 성취한 것은 아니다. 동시에 오너의 경영권은 허약하다.
고려아연과 같이 경영권을 지키기 위해서는 무슨 일이든지
벌인다. 이 과정에서 한국 경제와 해당 기업은 경쟁력이 약화
된다. 이제 다른 대안을 마련해야 한다. 대기업의 경쟁력을 지
키는 것을 목표로 투명하고 합리적으로 경영할 수 있는 사회
문화를 만드는 것이다.

후계자에서 경영자로

우리는 3, 4세 대기업 소유자를 '오너', '후계자', '총수' 등으로
부른다. 경영자라는 호칭을 잘 쓰지 않는다. 3, 4세 후계자라
도 경영을 투명하게 잘하고 성과를 내면 '경영자'로 받아들이
면 어떨까? 불공정한 한국 사회에서는 위험한 생각일지 모르
지만, 수축사회 기반의 국가총력전 시대에 요청되는 시각 전
환이다. 대신에 경영 능력이 부족하면 단지 대주주로 남아 배
당만 받으면 된다. 오랜 역사를 가진 서구의 전통 기업에서 흔
히 발견된다.

　창업자의 4세인 토요타TOYOTA 자동차의 아키오豊田章男
현 회장의 지분율은 약 0.15%에 불과하다. 1대 주주는 공적·
사적 연금을 운용하는 '일본 마스터 트러스트 신탁은행'이고,
2대 주주는 계열사인 토요타 인더스트리가 약 9% 정도를 가
지고 있다. 자사주도 17.5% 보유하고 있다. 그러나 아키오 회

장은 자동차 마니아로 토요타를 세계 최대 자동차 기업으로
발전시키고 경쟁우위를 지키고 있다. 엔비디아의 젠슨 황의
지분율은 3.5% 정도, AMD의 리사 수Lisa Su 지분율은 0.3% 수
준에 불과하다고 한다.

향후 한국 대기업의 지분 구조는 외국인 투자가, 국민연
금, 퇴직연금과 보험사들의 비중이 더 높아질 것이다. 토요타
의 사례가 한국 대기업 오너들의 미래가 되면 어떨까? 후계자
에서 '경영자'로 대기업 오너가 변신해야 하는 것은 시대적 요
청이다. 또한 이런 변화를 경영권 세습 문화로 받아들이면 많
은 사회 갈등이 해결되지 않을까?

3) 국가와 기업은 공동 운명체

성장 중심으로 경제 정책을 전환했을 때 실제 행동 주체는 기
업 특히 대기업이다. 한국의 대기업들은 지금까지 경제성장의
주역이었다. 기업의 일반적인 행태를 넘어서는 다양한 사회적
역할까지 수행했다. 한국의 거의 모든 스포츠, 예술 활동, 그리
고 교육까지 대기업의 투자가 없었으면 불가능했다. 한류의
초기 재정적 기반은 대기업이 담당했음도 인정해야 한다.

또한 한국의 대기업은 이미 세계적인 기업이 되었다. 상
위 기업일수록 수출 비중이 높고 해외 진출이 활발하다. 다국
적 기업으로 전환하는 과도기에 있는 것이다. 대기업이 엄청
난 파워를 가지게 되었지만, 영향력이 과도하게 커지고 있는

것도 부담이다. 대기업과 사회, 국가와의 새로운 관계 설정이
필요해졌다.

국가와 시장의 발전적 관계 설정

이재명 정부 출범 후 상법 개정, 주주환원 확대 등 선진국형 기업 지배구조 확립과 주주 중시 정책이 빠르게 추진되고 있다. 대기업들은 경영권이 투기 자본에 탈취될지 모른다면서 방어에 나서고 있다. 반면 투자가들은 선진국과 유사한 경영 구조를 요구하면서 팽팽히 맞서고 있다. 이 결과 주가도 초강세를 보이고 있다.

지금 대기업은 역사적으로 매우 절묘한 변곡점에 서 있다. 대기업 오너가의 3, 4세 경영이 본격화되고 있다. 또한 형제간의 소유도 빠르게 분산되고 있다. 어떤 후계자는 여전히 조부의 황제 경영 행태를 답습하면서 사법적 제재를 받기도 한다. 또 나른 오너가는 평화로운 승계와 뛰어난 경영으로 창업자 시대보다 더 큰 성취를 이루기도 한다.

과거에는 오너 한 사람이었지만 지금은 가문을 형성해서 수십 명이 서로 다른 기업으로 나눠서 경영하고 있다. 불법 승계도 있을 것이고, 국가적으로 중요한 기업이라서 지원이 필요한 기업도 있다. 이제 특정 재벌은 하나의 기업군이 아니라 내부에서는 여러 개로 분화되고 있다. 또한 이런 기업들 간에 내부 거래도 활발하다. 때로는 불공정 거래도 있을 것이고, 이들 간의 상호 밀어주기도 엄청날 것이다.

따라서 사회적으로 받아들여질 수 있는 일관된 대기업 정책이 절실한 시점이다. 물론 글로벌 차원에서 통용되는 보편성을 갖춰야 한다. 새로운 기업의 역할을 인정하고, 관리된 정책과 시각을 이제는 확정해야 한다. 지금과 같이 주식시장 차원에서 대기업 정책이 이루어지는 것은 졸속이다. 더 큰 그림으로 대기업 정책을 수립하고 이를 경영 문화로 만들어 가야 하는 시점이다.

국가총력전 시대에 대기업의 역할은 더욱 중요해졌다. 대기업에 대한 국가 차원의 지원은 더 적극적으로 해야 한다. 기업들이 빠른 AI 전환에 선제적으로 대응하도록 지원을 아껴서는 안 된다. 기업 스스로 새로운 전환에 대비하도록 사회 환경을 조성해야 한다. 정년 연장, 고용의 안정성, 핵심 기술의 개발과 보호, 산업 재해가 없는 안전사회 역시 기업이 나서야만 정착된다. 특히 기업은 세금과 고용을 통해 국가를 지탱하는 주역임을 재인식해야 한다.

최근 강화되고 있는 주주 중시 정책은 한국적 특수성도 감안해야 한다. 한국의 100대 기업 중 창업자가 경영하는 기업 비중은 선진국에 비해 특히 낮다. 창업자 비중이 10%나 될까? 반면 후계자가 경영하는 기업이 90%이지만 경영권 승계에 대한 준비는 거의 없었다. 미국의 혁신 기업은 대부분 창업자가 경영한다. 미국은 혁신 생태계를 갖추고 있고, 무한대의 자본시장이 떠받치고 있다. 미국 정부의 직간접 지원도 늘 함께한다. 한국에서는 불가능한 환경이지만, 우리 대기업은 이런 미국 기업과 경쟁해서 이겨야 한다.

기업은 혁신의 주역

비록 3, 4세가 경영하더라도 혁신과 뛰어난 성과가 있는 기업은 사회적으로 인정받아야 한다. 2세인 삼성의 이건희 회장은 반도체를 세계 최강으로 만들었고, 이재용 회장도 AI 시대를 준비하고 있다. SK는 반도체와 환경 산업, 현대차는 전기차와 로봇, LG는 배터리, 한화는 방산, 두산은 에너지 등에서 창업자 이상의 성과를 내고 있다. 또한 후계자들 간에는 경쟁을 통해 혁신과 성장을 촉진하는 측면도 있다.

　빠르게 선진형 경영을 추진하다가 기업의 역할이 위축될 수 있는 점은 늘 경계해야 한다. 예를 들어 자사주 의무 소각과 같은 정책은 실행 시점을 당장이 아니라, 향후 10년과 같이 조금 멀리 유예 기간을 두면 어떨까? 그러면 기업들은 계획을 세워 자근차근 대응하면서 완성 시점은 오히려 앞당겨질 수 있다.

　시장과 대기업의 조화와 균형은 21세기 한국 사회를 뜨겁게 달구고 있는 최대 난제다. 대기업의 역할이 더욱 확대된 점을 받아들여야 한다. 또한 국가총력전 시대가 벌어지면서 대기업들은 다시 국가와 국민의 도움이 필요해졌다. 세제와 자금지원, 각종 규제 완화, 산업 인프라 등에서 국가와 대기업이 함께 원팀이 되어야 국가와 기업이 동시에 생존 가능한 시대가 되었다.

정치, 학계, 행정부, 시민단체들이 성장에 대한 절실함과 대기업의 역할을 인정하고 합리적인 대안과 부작용을 막기 위해 선제적으로 나서야 한다. 대기업에 대한 일방적 지원만 요구하는 보수 우파는 불평등 문제와 대기업의 사회적 책임에 대해 관심을 더 가져야 한다. 진보는 대기업의 역할을 인정하고 지원을 강화해야 한다. 과거의 시각으로 미세한 영역의 문제에만 함몰되어 대기업과 국가의 미래를 바라보는 편협한 생각을 걷어내야 한다.

4. 미래형 제조 강국

중국은 세계 선박 건조 시장의 거의 절반을 점유하면서 미국의 232배에 해당하는 건조 능력을 보유하고 있다. 이는 해군력의 차이를 만들어내는데, 만일 남중국해에서 미국과 중국이 분쟁이 발생하면 미국이 전함 1척을 만들 때, 중국은 232척을 만들 수 있다는 얘기다.

프롤로그에서도 언급했듯이, 2026년 CES(국제전자제품박람회)에서 공개된 중국 유니트리Unitree Robotics의 차세대 휴머노이드 로봇은 5,900달러(원/달러 환율 1,450원 가정 시 850만 원)에 불과했다. 극단적으로 표현하면, 이 로봇에게 기관총을 들려주고 로봇 100만 대군을 만드는 비용은 60억 달러면 가능하다. 한화로 8조 7,000억 원이다. 한국의 현역 군인(사병)

을 30만 명으로 추정해서 이 로봇으로 대체하면 약 2.5조 원으로 창군이 가능하다. 한 번 구입하면 유지보수 비용만 든다. 반면 미국이나 한국의 휴머노이드 가격은 1억~2억 원 정도다. 미국 입장에서는 매우 다급할 것이다.

이미 미국은 중국을 추격할 시간을 놓친 것인지도 모른다. 그럼에도 미국은 제조업 특히 로봇에서 중국을 추격하기 위해 마지막 결전을 벌이고 있다. AI 기반의 로봇이 경제와 안보를 좌지우지하는 시대가 오고 있기 때문이다. 미국은 사람의 뇌에 해당하는 AI 반도체 등 소프트웨어에서 강점을 가지고 있다. 반면 중국은 뇌 분야에서는 다소 밀리지만, 몸체를 만드는 데는 비교할 수 없는 우위를 점하고 있다.

두뇌와 몸통의 결합

그렇다면 미국 입장에서 생각해보자. 향후 세계는 사람의 물리적 행위를 대신할 피지컬 AI 시대가 불가피하다. 연일 새로운 기술이 쏟아지고 있다. 미국은 뇌를 잘 만들지만 몸체(제조업)는 거의 만들지 못한다. 미국에서 만드는 로봇의 몸체 중 상당 비중이 중국산이다. 과거 4차 산업혁명을 주도했던 독일의 지멘스Siemens는 두뇌를 만들지 못해서 엔비디아와 협업한다고 한다. 뇌는 미국, 몸통은 독일이 만들려고 시도 중이지만 과연 성공할지 의문시된다.

아쉽게도 미국 진영 국가 중 몸체를 제대로 만들만 한 나라는 한국, 일본, 독일 정도다. 앞으로는 모든 공장에 로봇이 배치되고 무인 광산, 무인 농업까지 가능해진다. 무인 생산 프로그램은 미국이 가지고 있지만, 굴삭기나 농기계는 잘 만들지 못한다. 지금 미국은 속이 타들어가고 있을 것이다. 더군다나 시간이 없다.

한국은 조선, 방산, 건설 기계, 자동차(전기차), IT, 반도체 등 산업의 포트폴리오가 중국 다음으로 다양한 나라다. 이 산업에서 한국은 거의 세계 최고 수준에 올라 있다. 현대차 계열의 보스턴 다이내믹스Boston Dynamics사의 휴머노이드 로봇도 세계적 수준이다.

미국이 한국 제조업에 특히 관심을 보이는 이유가 바로 여기에 있다. 그렇다면 한국의 전략은 명확하다. 몸통인 피지컬 AI에 특화하는 방법밖에 달리 대안이 없다. 생성형 AI와 같은 거대 모델과 GPU 등 AI 특화 반도체는 미국이 담당하고, 한국은 미국으로부터 '두뇌'에 해당하는 AI 기술을 받아서 몸통을 만들면 된다. 모두의 AI라는 이재명 정부의 개념은 사용자 입장이기도 하지만, 모든 산업 특히, 제조업에 피지컬 AI를 도입하는 것이다. 그것도 아주 빠르게 진행해야 한다.

그러려면 AI 교육을 강화해야 한다. 중국과 같이 최고의 인재가 AI를 연구하는 환경을 만들어야 한다. 급여, 복지, 정서적 안정감 등 사회 모두가 동참해서 지원해야 한다. 인재 육성을 넘어 해외 우수 인재를 적극 유치해야 한다.

피지컬 AI의 핵심은 리얼real 데이터의 확보에 달려 있다.

다양한 상황에서 주어진 일을 수행하기 위해서는 일상에서 벌어지는 다양한 상황을 학습해야 한다. 테슬라는 자율주행자동차(FSD) 개발을 위해 이미 100억km 이상의 데이터를 축적했다. 피지컬 AI 기업이 리얼 데이터를 확보할 수 있도록 규제 해제에 나서야 한다. 리얼 데이터 없이 어떤 피지컬 AI도 원활한 작동은 불가능하다.

또한 한국의 피지컬 AI 기업과 엔비디아, 구글, 테슬라 등 기술 기업 간의 연계를 강화하도록 정부와 사회가 지원해야 한다. 미국의 두뇌와 한국의 몸통을 상호의존형 관계로 만드는 것이다. 그러면 다른 국가에서도 한국으로 달려올 것이다.

문제는 사회적으로 이런 상황을 어떻게 받아들일지가 중요하다. 현대차는 보스톤 다이나믹의 아틀라스Atlas 로봇을 생산 현장에 투입하려 하지만 노조는 절대 반대 입장이다. 일자리가 로봇으로 대체되면서 '노-로(노동자-로봇) 갈등'이 발생하고 있다. 산업혁명 당시의 기계 파괴 운동인 러다이트Lud-dite 운동과 유사해 보이기도 한다. 러다이트 운동은 10년도 지속하지 못했다. 강력한 탄압과 경제성장으로 시장이 확대되면서 서서히 완화되었다.

지금 막 시작되고 있는 노-로 갈등은 앞으로 중요한 난제로 부상할 것이다. 인류 역사상 최초로 기계와 사람의 전쟁이 시작된 것이다. 뉴욕의 레모네이드 온라인 보험사는 자율주행으로 운행하는 테슬라의 자율주행자동차가 사람이 운전하는 것보다 안전하다면서, 보험료를 50% 할인해주는 자동차

보험을 출시했다. 피지컬 AI가 만들어내는 세상을 회피할 수 있을까?

거부할 수 없는 변화라면 선제적으로 대응해서 경쟁자를 압도하는 것이 유일한 방책이다. 미국, 중국 수준 이상의 피지컬 AI를 만들어내면 지금의 일자리를 지키고 성장을 지속할 수 있다. 지금 우리에게 필요한 것은 이런 공세적이고 적극적인 생각이다.

희토류 확보 전쟁

미국은 베네수엘라와 그린란드를 거의 무력으로 접수하려 한다. 제국주의 시대인지 착각할 정도다. 미국의 그린란드 접수를 반대하면서 덴마크, 노르웨이, 스웨덴, 프랑스, 독일, 영국, 네덜란드, 핀란드 등 8개국은 그린란드에 소규모 병력까지 파견했다. 그러자 미국은 2025년 1월 말 대규모 관세를 부과하겠다고 하다가 바로 철회했다.

그린란드는 지구 온난화로 빙하가 녹으면서 풍부한 희토류의 채굴이 가능해졌다. 베네수엘라도 석유뿐 아니라 희토류 매장량이 많다. 미국이 레드라인을 넘으면서까지 희토류를 확보하려는 이유는 무엇일까? 희토류는 미래의 기술과 안보에 결정적 영향을 미치는 광물이다. 따라서 중국에 대한 공격을 잠시 미루고 희토류부터 확보하려는 것이다. 향후 결과를 예측하기는 어렵지만 그린란드 접수나 베네수엘라 침공과 같은 유사한 상황은 계속 이어질 것이다.

일본의 상황은 심각하다. 2025년 말부터 대만 문제로 중국과 충돌하고 있는 일본은 희토류 수출금지가 3개월 이상 지속될 경우 일본 기업에 약 6,600억 엔(약 42억 달러)의 생산 손실이 발생할 수 있다고 노무라연구소는 밝히고 있다.

중국이 미국에 대한 희토류 수출을 중단하면 산업을 넘어 안보마저 위험해진다. 예를 들어 사마륨Sm은 F-35 전투기와 미사일 안정화 시스템의 핵심 광물로 미국은 90%를 중국에 의존하고 있다. 가돌리늄Gd은 MRI와 센서용으로 미군 레이더와 이미징 시스템에 필수적으로 사용되는데, 미국의 위성 감시 네트워크LEO ISR와 관련된다. 에르븀Er은 EDFA광증폭기로 LEO 위성 간 고속 통신(1-100 Gbps)의 핵심이다. 그 외에도 군사용과 전기차, 로봇 등 첨단 제조업에 희토류가 사용된다.

중국이 희토류 수출을 문 닫아 놓고 AI 기반으로 첨단 제조업과 군사 기술을 개발하면 미국은 견딜 수 없다. 그래서 제조업에 앞서 희토류를 확보하려고 하는 것이다. 미국, 일본과 마찬가지로 한국도 희토류에 매우 취약하다. 따라서 희토류 확보를 위해 다양한 외교 전쟁에 뛰어들어야 한다. 공급망안정화기금(약 10조 원)을 통해 지원하고 있지만 많이 부족하다. 상당한 수준의 비축도 필요하다.

AI 단체전, 정부가 주장

한국이 제조업 강국이지만 중국에 비해 피지컬 AI 능력이 열세인 것은 분명하다. 우선 정부는 150조 원 국민성장펀드 중 상당 부문을 피지컬 AI에 투입해야 한다. 만일 투자하지 않으면 영원히 경쟁에 뒤진다는 결기가 필요하다. 여타 사회 시스템을 피지컬 AI 확산을 위해 정부가 선제적으로 바꿔야 한다.

CES 2026에서는 의미 있는 시도가 있었다. 중국의 국가 주도 개발력, 미국의 압도적인 자본과 기술력에 대항해서 한국의 피지컬 AI 기업들이 연합군을 구성하여 공동 출품에 나선 것이다. 'M.AXAlliance(엠엑스 얼라이언스)'는 중국 로봇기업이 점령한 로봇 생태계에서 한국의 신선한 시도로 받아들여졌다. M.AXAlliance란 제조(Manufacturing)업의 AI 전환(AX)을 위한 동맹(Alliance)이란 의미다.

지금 많은 개발 기업이 서로 나눠어져 피지컬 AI와 응용 기술을 개발하고 있다. 그러나 거의 독점으로 향해가는 중국에 맞서기 위해서는 단일 기업으로는 불가능하다. 연합군을 편성해서 역할을 분담하고 기술적으로 상호 의존하면서 함께 진행해도 어려운 것이 현실이다. 정부는 게임의 주장이 되어 AX 연합군을 지원하고 문제점을 해결해줘야 한다. 그것도 과감하게….

5. 가짜정보와의 전쟁

- 미국인의 16%와 밀레니얼 세대의 34%가 지구가 둥글다는 사실을 확신하지 못한다.
- 미국인의 15%는 미국 정부가 아동 성착취 범죄 조직을 운영하는 사탄 숭배 소아성애자들에 의해 지배된다는 '큐아논QAnon' 음모론을 믿는다.
- 2021년 미국인의 17%는 기후위기가 사기극이라고 믿는다.
- 2020년 3~4월 영국에서는 5G 통신망이 코로나를 유발한다는 음모론이 퍼지면서 77곳의 휴대전화 기지국이 불타고 이동통신사 직원들이 수차례 공격받았다.
- 2018년 미국 캘리포니아에서 대형 산불이 발생했을 때, 유대인들이 우주에서 레이저를 쏴 산불을 일으켰다는 주장이 있다.[16]

독자들에게 묻는다. 이런 가짜정보를 믿겠는가? 그러나 이런 음모론과 가짜정보는 첨단 과학기술이 지배하는 지구촌 모든 나라에서 통용되고 있다.

누가 이런 황당무계한 거짓말과 음모론을 믿을까? 바로 당신이다. 여론조사 기관인 유고브의 2019년 조사에 따르면, 음모론 신봉자 비율은 프랑스 77%, 영국 79%, 미국·호주·캐나다는 80%, 스페인 85%, 멕시코는 무려 91%에 달한다고 한다. 심리학 연구자에 따르면 한 가지 음모론을 믿으면 다른 음모론도 믿을 가능성이 높다고 한다.[17]

누구나 정보를 생산하고 AI 알고리즘에 세뇌당한 사람들은 음모론 기반의 가짜정보를 신봉한다. 특히 사회 엘리트 계층이 TV나 SNS를 통해 전달되는 음모론과 가짜뉴스를 믿게 되면 그 사회는 더 위험해진다. 이탈리아에서 1994년부터 2011년까지 9년 이상 재임했던 실비오 베를루스코니Silvio Berlusconi는 TV에 나오지 않는 것은 존재하지 않는 것이라고 했다. 트럼프 대통령은 오로지 TV에만 의존해 세상에 대한 정보를 얻는 최초의 대통령이라는 비아냥도 있다.[18] 파시즘 성향의 정치인들이 음모론에 쉽게 넘어가는 것은 제한적인 정보 획득 수단에 중독되어 가짜정보를 구별하는 능력이 약화되었기 때문이다.

영화 〈토탈 리콜〉에서는 기억을 사고팔거나 가짜 기억을 주입한다. 황당하게 들리겠지만, 과학계에서는 이미 뇌 자극을 통해 '움직이고 싶은 욕구'를 인위적으로 만들어내는 실험에 성공한 바 있다. 기술이 더욱 정교해지면 특정 의도를 주입하거나, 욕망 자체를 조작하는 것도 가능해질 것이다. 2024년, 일론 머스크의 뉴럴링크는 인간의 뇌에 칩을 심는 임상시험을 시작했다. 전신마비 환자가 손끝 하나 움직이지 않고 오직 생각만으로 컴퓨터 커서를 움직여 체스를 두었다. 바야흐로 '뇌 - 컴퓨터 인터페이스(BCI)' 혁명이 시작된 것이다.[19] 그러나 이런 기술은 인간의 뇌 속에 있는 모든 정보가 노출되고 조작이 가능해진다. 불치병을 앓는 환자들에게는 희망이 되겠지만 새로운 형태의 가짜정보 시대가 될 수 있다.

정보의 진실성을 부여하면서 공적인 권위를 가진 '믿음의 중심'이 사라지고 있다. 1970년 갤럽 여론조사 결과에 따르면 미국인의 약 70%가 'TV 또는 라디오가 뉴스를 완전하고 정확하며 공정하게 보도'해서 신뢰한다고 응답했다. 그러나 2016년에 이르러 32%대로 급락했다.

음모론, 가짜정보에 빠진 사람들은 AI 알고리즘이 보내주는 가짜정보에 무방비로 노출되어 있다. SNS를 조금만 뒤져도 자신과 유사한 확증 편향을 가진 사람을 너무 많이 발견하면서 음모론적 신념은 더 굳어진다. 더군다나 SNS 상에서는 자신의 신분을 속일 수 있고 눈앞에 보이지도 않는다. 사람은 부정적 뉴스에 더 빠르고 강렬하게 반응하는 특성이 있다. '진실'과 'SNS상에서의 혐오, 차별, 공격 등 가짜정보'와의 전투가 시작되었다.

민주주의는 대화를 기본으로 한다. 많은 영역이 AI 알고리즘에 의존하면 사회의 경직성은 강화된다. 왜냐하면 AI 알고리즘은 설득되지 않는 존재라서 의견을 절대 바꾸지 않는다. 또한 AI 알고리즘과 대화를 하면 할수록 AI는 우리에 대해 더 많이 알게 된다. 그 결과 AI 알고리즘은 자신의 주장을 가다듬어 우리의 생각에 영향을 행사하기 쉬워진다.[20] AI 알고리즘의 사용 빈도가 늘어갈수록 자신을 신이라고 믿게 되지만, 실제로는 AI 알고리즘의 아바타가 되는 것이다.

가짜정보의 정화장치

SNS에 주도권을 내준 언론은 SNS와 구별이 어려울 정도로 유사해지고 있다. 2025년부터 언론사 뉴스 클릭이 빠르게 줄어들고 있다고 한다. 수많은 언론사 간에 '클릭 경쟁'이 무한대로 벌어지면서 이제 언론은 가짜정보의 확성기가 되고 있다. 전 세계적으로 광고비 지출의 태반이 SNS 등 온라인에서 이루어지고 있다. 기존 언론에 대한 광고비 지출이 줄자, 언론은 자극적인 가짜정보를 유포해서 더 많은 클릭을 유도해야만 생존할 수 있게 되었다.

가짜정보와 제공자에 대한 강력한 자정장치가 필요하다. 한국에서는 '허위조작정보근절법(정보통신망법)'이 국회를 통과했다. 고의로 '허위 또는 조작된 정보(가짜뉴스)' 유포로 피해가 발생했을 경우 행위자에게 손해액의 최대 5배까지 책임을 부과하는 것이 내용이다.

기존 언론과 유튜버 등은 표현의 자유 후퇴 우려, 규제 남발의 위험, 권력 남용 가능성 등을 제시하면서 강하게 반대하고 있다. 정치적 목적으로 악용되는 사례를 우려하고 있지만 실상은 자신들의 수입이 줄어들지 모른다는 우려 때문이다.

지금 가짜정보는 사회의 정상적인 작동을 방해한다. 궁극적으로는 우리 공동체를 파괴할 정도로 심각한 상황에 도달했다. 지금 우리에게 사회의 뿌리부터 흔들고 민주주의를 파괴하는 것보다 더 중대한 위협은 없다. 상황이 더 나빠지기 전에 강력한 자정이 필요하다.

언론인 박종면은 "우리는 정보시장에 대해 완전한 자유를 보장하면 저절로 진실과 질서가 생긴다고 믿지만 그것은

'정보에 대한 순진한 생각'이다. 유발 하라리는 '표현의 자유' 또는 '정보의 자유'는 허구이며, 가짜뉴스를 생성하고 확대 재생산하는 것을 규제하고, 이들에 대해 세금까지 물려야 한다고 주장한다. 유튜브든 뭐든 네트워크가 강해질수록 '자정장치'가 중요하며, 알고리즘이 민주적인 대화를 가로막고 여론을 조작한다면 당연히 엄격하게 책임을 물어야 한다. 민주주의 정부라면 당연히 정보시장을 규제할 수 있고, 민주주의의 생존 자체가 이런 규제에 달려 있다"고 강조했다.[21]

서강대 전상진 교수는 음모론(가짜정보) 대책으로 ①음모론 공급자의 소통 채널(SNS 계정)을 폐쇄함으로써 예방하고, ②법적인 처벌을 통해 사후적으로 음모론 공급을 제한하면서, ③학교 교육을 통해 음모론에 대한 내성을 키우고, ④음모론에 '중독'된 사람들을 치료하자고 제안한다.[22]

2023년 미국의 퓨리서치 여론조사에 따르면 미국의 성인은 정부(55%)와 기술기업(65%)이 잘못된 정보를 제한하기 위해 조치를 취해야 한다고 응답했다. 유네스코가 2023년 세계 16개국 인터넷 사용자 대상 설문조사 결과도 비슷하다. 90% 이상의 응답이 온라인 허위정보·혐오 표현 문제를 SNS플랫폼이 해결해야 하고, 88% 이상이 정부 및 규제기관이 이 문제를 해결해야 한다고 응답했다. 한국의 동아시아연구원의 2024년 조사에 따르면, 81%가 가짜뉴스의 심각성에 동의했고 60%는 자신도 가짜뉴스에 속을 가능성이 있다고 응답했다. 가짜정보의 심각성과 규제에 대한 동의가 빠르게 증가하고 있다.

한국 포브스에 따르면 1위 유튜버인 '구래'는 구독자 2,880만 명, 조회 수 202억 건, 연간 수입은 124억 원이라고 한다. 정치 유튜버들도 상위권에 포진하고 있다. 이중 일부 유튜버들은 편향된 가짜정보로 파시즘을 자극하고, 구독자의 뇌를 썩게 하면서 돈을 벌고 있다. 상위 100위권 유튜버의 추정 소득이 무려 5.7억 원이나 된다. 이외에도 부가적인 수익을 올리고 있지만 확실한 통계는 알 수 없다.[23]

가짜정보와의 전쟁

이들이 가짜뉴스를 전파할 경우 계정을 폐쇄하고 징벌적 배상을 해야 한다. 수입을 월간 단위로 공개하고 강력하게 과세해야 한다. 2025년 10월 "막장 유튜버는 부천역에서 물러가라"는 시위가 있었다. 부천역 인근이 폭력, 욕설, 노출이 난무하는 막장 유튜버의 성지가 되면서 다양한 부작용이 나타났기 때문이다. 용기 있는 시민들의 저항운동도 필요하다.

최근 모 대기업은 아예 뉴스룸을 만들어서 가짜정보에 적극 대응하고 있다. 사이비 언론과 가짜정보의 위협으로부터 금전적 피해와 평판 리스크를 줄이려는 시도다. 회사의 경영 활동을 있는 그대로 자세히 알리고, 누구든지 접근해서 정확한 정보를 알 수 있게 하자는 의도다. 많은 기업에서 이런 제도를 도입하면 기업을 협박하는 사이비 언론이나 가짜정보는 상당히 줄어들 것이다.

음모론 기반의 가짜정보가 파시즘 확산의 중요한 수단이기 때문에 세계 각국은 서둘러 대안을 마련하고 있다. EU, 독일, 싱가포르는 가짜뉴스 판정 시 신속한 삭제와 정정 보도, 그리고 징벌적 처벌을 규정하기 시작했다. 핀란드는 5년 연속 탈진실 정치에 대한 저항력 및 국민 행복도 측정에서 유럽 국가 중 1위를 차지했다. 2015년부터 유치원부터 노년에 이르기까지 미디어 사용 방법과 비판적 사고를 높이기 위한 교육을 지속한 결과다. SNS를 원천적으로 차단하기 어렵다면 보다 나은 정보 소비자가 될 수 있게 해줄 방법을 찾고 있는 것이다.[24]

덴마크 정부 위원회는 13세 미만 어린이가 스마트폰이나 태블릿을 소유해서는 안 된다는 결론을 내렸다. 최근에는 7세부터 17세 학생이 학교에 휴대전화를 가져오는 것은 금지시키는 법안을 마련 중에 있다. 호주는 2025년 12월부터 16세 미만 청소년의 SNS 사용을 금지시켰다. 페이스북, 인스타그램, X, 유튜브 등 9개다. 이 금지 조치를 위반하면 처벌은 기업이 받는데, 반복 위반 시 벌금은 한화로 최대 약 470억 원이나 된다. 프랑스도 만 15세 미만 청소년의 SNS 접근 금지를 위해 2026년 시행을 목표로 법안을 만들고 있다. 앞으로 AI에 대한 교육과 통제를 통해 정보 제공자의 책임성을 강화하는 것은 인류 전체의 정신 건강 차원에서 다뤄야 한다.

이이제이: AI는 AI로 잡는다

2026년 초반 미성년자 나체 이미지를 자동 생성한 그록Grok에 대해 각국이 규제에 나서면서 소유자인 테슬라의 일론 머스크가 곤경에 처하기도 했다 가짜정보와 AI가 생성한 정보를 판별하기는 매우 어렵다. 우선 정보의 양이 너무 많다. 유튜브는 하루에 72만 시간 정도의 동영상이 올라온다고 한다. 페이스북, 인스타그램, 트위터는 얼마나 많은 정보가 올라오는지 가늠조차 어렵다. 한국인의 1인당 평균 하루 유튜브 사용 시간은 약 2시간 이상으로 조사되어 세계 최고 수준을 기록하고 있다. 엄청난 양의 정보 중에서 가짜정보를 사람이 판별하는 것은 현실적으로 불가능하다.

미국 콘텐츠 마케팅 기업 그라파이트Graphite 보고서에 따르면, 2025년 5월을 기점으로 새로 게시된 영어권 웹 문서의 52%가 AI에 의해 작성됐다고 한다. 챗GPT가 출시된 2022년 말엔 10%였다. 콘텐츠 분석 플랫폼 캡윙Kapwing의 보고서는 유튜브 신규 계정 추천 영상의 21%를 AI가 생성한 것으로 판단하고 있다. 또한 인스타그램 등 SNS 이미지의 약 70%는 AI 도구를 거친 것으로 추정한다.[25] 사람이 만든 것인지 AI가 만든 것인지 구별이 불가능해지고 있다. 그래서 지금을 '탈진실'의 시대라고 하는 것이다.

미국에는 'Resemble AI'라는 딥페이크를 탐지Deepfake Detection하는 기업이 있다. 첨단 AI를 기반으로 오디오, 비디오,

이미지, 텍스트 중 AI가 생성했거나 조작한 콘텐츠를 탐지한다. 이 회사는 기업과 정부 기관 등이 실시간으로 가짜 콘텐츠를 식별할 수 있도록 설계되었다. 금융기관의 본인 인증, 보이스피싱 방지에도 활용된다. 노르웨이의 스타트업 팩티버스Factiverse는 온라인 정보에 대한 실시간 사실 확인을 제공하는 서비스를 개발했다. 추가로 선거 관련해서 가짜정보를 실시간으로 검색해서 제공하는 서비스도 시작했다.

AI로 만든 영상이나 이미지의 경우 AI로 만들어졌다는 '워터마크(식별 표시)'를 넣는 것을 의무화하고 미부착시 처벌을 강화해야 한다. 오픈AI의 소라 등 AI 영상 제작 툴은 영상마다 워터마크를 자동으로 삽입한다. 유튜브와 메타, 틱톡 등도 AI로 생산된 저품질 콘텐츠의 수익 창출을 금지하고, 영상 하단에 '#AI' 등 표시가 나타나도록 했다. 그러나 일부 제작자는 AI 영상에 달린 워터마크를 편집해 없애는 등 AI 표시를 제대로 하지 않는다. 소비자들이 AI 콘텐츠인지 알아차리기 어렵게 하는 것이다.

한국은 AI로 만든 콘텐츠를 명백히 밝히도록 한 표시 의무제 제도를 시행하기 시작했다. 마치 사람과 바이러스와의 대결과 같이 규제 장치를 만들면 바로 그 규제를 회피하는 방법이 나올 것이다. 그럼에도 우리는 가짜정보와의 전투에서 공세적 태도를 유지해야 한다.

앞으로 '이이제이以夷制夷'식으로 AI가 만든 가짜정보를 AI를 이용해 찾아내서 규제하는 방법도 효과적일 것이다. 방송통신위원회와 같이 가칭 'AI 가짜정보 대응위원회'를 만들어서 공적 시스템 차원에서 체계적으로 관리하는 것도 고민해봐야 한다. AI 기술을 이용해서 가짜정보를 판정한 후, 경찰 등 사법기관에 통보해서 수사, 삭제 혹은 정정을 요구하게 하는 것이다. 언론사 역시 가짜뉴스를 판별해서 없애는 것이 언론의 신뢰성을 높인다. 언론사 공동으로 AI 가짜정보를 걸러내고 규제하는 기관도 고려해볼 만하다.

논란의 소지가 많은 선거 과정에서 후보의 가짜정보와 주장을 실시간으로 팩트 체크하는 것도 AI로 가능하다. 가짜정보 이외에도 불공정 금융 거래를 적발하는 금융정보분석원(FIU), 국세청, 관세청은 자금 흐름을 보다 정확하고 광범위하게 감시할 수 있다. 경찰 역시 흉악범 추적이나 범죄 예방 등에 활용할 수 있다. 이렇게 되면 기술 기업, 공공 기관, 정부로 구성되는 AI 3중 보호 장치를 통해 가짜정보를 걸러낼 수 있지 않을까?

물론 이런 방안은 개인정보 보호 문제가 대두될 수 있다. 또 다른 감시사회가 될 수도 있다. 따라서 중요한 것은 신뢰받을 수 있고, 정치권으로부터 독립된 기관(거버넌스)을 만드는 것이다. AI 자정 기구를 정치적으로 이용하면 오히려 더 큰 피해가 예상된다. 투명하고 공정한 AI 감시자는 AI의 긍정적 활용을 촉진하고 궁극적으로 파시즘을 방어하는 방패가 될 것이다.

6. 교육 체계 개편

교육은 학문과 과학기술의 출발점이다. 인격과 사회성을 학습시켜 민주주의와 시장 경제가 공정하게 가동되도록 한다. 따라서 교육은 현재를 지키고 미래를 비추는 등대다. 그러나 대전환의 시대에 교육은 가장 뒤처지고 있다. 우리 자손 세대의 미래까지 암울한 이유다.

교육과 기술의 동시 발전

긴 중세 암흑기를 끝내고 18세기 산업혁명이 세계 전역으로 확산하면서 오늘날까지 이어지는 장기 발전의 시대가 시작되었다. 산업혁명은 학문의 진보와 산업 기술의 발전이 결합되어 나타났다. 다양한 자연법칙이 과학으로 관리 가능하게 되었다. 또한 학문의 발전은 산업 기술인에게 전파되어 응용기술로 확산된다.

문제는 이 학문과 기술이 교육을 통해 사회 전체로 확산되지 못한 점이다. 19세기에 들어 발전하는 학문은 이를 산업화하는 일부 기업에만 이전되었다. 교육 기관들은 이전 시대 교육만 지속하고 있었다. 교육은 답보상태였지만 신기술을 접목한 기업만 성장하는 불균형 상태가 되면서 사회적 고통이 심화되고 불평등은 일상화되었다. 이른바 도금시대였다. 산업혁명의 혜택이 소수에게 집중되고 독점화된 것이다.

산업혁명과 교육 간의 격차는 20세기 초반 국민 교육이 확산하면서 상당히 완화되었다. 제2차 세계대전 이후 보편 교육의 확산으로 과학기술과 교육은 균형 성장했다. 20세기 후반부의 디지털 혁명 시대에는 누구나 핸드폰과 인터넷을 사용하게 되었다. 디지털 혁명의 성과는 능력 있고 노력하는 사람들에게 확산되었다. 여기서 중요한 것이 '누구나'다. 교육을 통해 모두가 동참했다는 의미다.[26] 21세기에 새로 출현한 기업은 선대로부터 물려받은 것이 아니라, 거의 디지털 기술을 학습하고 현실에 응용한 기업이라는 점에 주목해야 한다.

그러나 지금 다시 산업혁명 초기와 비슷한 상황이 재연되고 있다. AI 기술은 끝모르게 발전하고 있지만 교육은 과거에 머물면서 격차가 벌어지고 있다. 새로운 형태의 사회적 고통이 기다리고 있는 것이다. 인구구조의 대변혁, AI 등 첨단기술이 태동하는 역사적인 전환의 시대에 과거 내용만 암기하고 있다. 교육 시스템과 교과 내용을 새로운 상황에 맞게 바꿔야 한다. AI 기술의 특징은 소수 기업에게만 거의 모든 것이 집중되기 때문에 AI 세계에서는 소외자가 없어야 공평해진다. 이재명 정부가 주장하는 '모두의 AI' 정책에는 이런 철학적 의미가 담겨져 있지만 실행은 쉽지 않을 것이다.

과거형 교육 투자

2020년 이후 4년간 국립대 9곳 교수 323명이 대학을 떠났다고 한다. 이들 중 상당수는 홍콩 등지의 대학으로 이동했다. 서울대에서 1억 원 가량의 연봉을 받던 교수들이 홍콩에서 33만 달러(한화 약 4억 5,000만 원) 수준의 연봉을 제안받은 것으로 알려졌다. 박사까지 최소 10년 이상 공부한 교수 초봉이 대기업 과장 수준이었던 것이다.

2009년부터 16년째 대학등록금이 사실상 동결되고 있다. 재정 부담으로 사립대 정교수의 평균 급여는 2019년 약 1억 62만 원에서 2024년 1억 139만 원으로 5년간 77만 원밖에 오르지 않았다. 세금 부담과 물가 상승을 감안하면 오히려 급여가 깎인 것이다.

2022년 한국의 GDP 대비 공교육비 지출 비율은 5.6%로 OECD 평균인 4.7%보다 높다. 학생 1인당 공교육비 지출액을 보면 한국은 1만 9,805달러로 OECD 평균 1만 5,023달러를 웃돌았다. 학생 1인당 지출액은 초등학생은 2,743만 원, 중등은 3,509만 원으로 OECD 평균보다 상당히 높다. 반면 대학 교육에서는 학생 1인당 지출액이 1만 4,695달러(2,041만 원)로 OECD 평균인 2만 1,444달러의 69% 수준에 그쳤다.

더군다나 여타 OECD 국가와 정반대로 대학생 교육비가 초중고교보다 적은 유일한 국가가 되었다. 사교육비까지 감안한 실질 교육비를 포함하면 격차는 더 벌어질 것이다. 2024년 기준 초등학교 사교육비는 월평균 50만 원, 연간 13조 원을 넘기고 있다. 현재 초중고 교육비는 내국세의 20.79%로 연동되어 있다. 세수가 늘어나면 초중고교는 더 많은 예산을 가져가게 된다.

　베이비부머 자녀 세대가 학령기에 진입하던 1980년대 후반, 초중고 학생 수는 약 1,100만 명, 교원 수는 33만~36만 명 수준이었다. 그러나 2025년 기준 초중고 학생 수는 502만 명으로 절반 이하로 감소한 반면, 교원 수는 50만 명 이상으로 늘었다. 학생 수는 불과 6년 뒤인 2031년에는 약 381만 명까지 줄어들 전망이다. 현재 연간 출생아 수 약 25만 명이 유지된다고 보면, 2040년 전후 전체 초중고 학생 수는 300만 명 안팎으로 축소될 것이다.

　이런 상황에서 세계는 과학기술 전쟁이 벌어지고 있다. 그리고 전쟁의 승패는 대학 교육의 수준에 달려 있다. 대학은 학문의 요람이고 신기술의 이론적 기반이 된다. 교수들이 한국을 떠나 중국이나 홍콩 대학으로 이동하면 적군에게 장수를 넘기는 꼴이 된다. 이미 중국은 높은 급여를 무기로 한국의 학자, 과학자, 기술자, 연구원을 대거 영입하고 있다. 한국 대학의 수준 향상이 어려워지면 우수 인재는 해외 대학으로 떠날 것이다. 결국 교육 시스템의 전면 개혁이 미래 한국의 핵심 변수다. 특히 대학과 교수, 연구 비용에 대한 과감한 지원이 시급하다.

　학생 수 감소로 외국 유학생에 의존하는 대학, 경쟁력을 상실해서 적정 인원마저 채우지 못하는 대학 등은 과감하게 구조조정해야 한다. 한국대학교육위원회(KCUE)에 따르면, 2026학년도 대학의 총 등록 정원은 34만 5,179명이라고 한다.

최근 25만 명 정도 태어난 아이들이 대학에 갈 때까지 이 정도 입학 인원을 유지하면 정원의 딱 절반만 채우게 된다(70% 대학 진학률 가정). 확정된 미래이지만 대학 교육에 대한 구조 조정은 전혀 이루어지지 않고 있다. 악화가 양화를 구축하듯이 기존 제도를 유지하면 할수록 대학 교육의 질은 떨어지고 우수 인재는 한국 대학을 외면할 것이다.

AI 시대의 교육

AI 시대의 교육은 과거와 완전히 다른 교육이어야 한다. 가장 중요한 것은 가짜정보 기반의 파시즘 시대에 맞서 사람의 가치를 찾을 수 있는 인간성 교육이다. 삶의 가치는 무엇인지? 사회 속에서 자신의 역할은 무엇인지? 공동체의 중요성과 같은 사람과 사회의 중요성에 대한 교육이 선행되어야 한다. 그러기 위해서는 인문학, 예술, 민주주의 등 사람만이 가진 특수성을 자각하는 교육이 우선되어야 한다.

다음으로 핀란드와 같이 가짜정보를 구별하기 위한 사회의 구성 체계, 작동 원리, 가짜정보의 구별 방법과 폐해 등을 체계적으로 가르쳐야 한다. 정보 판별에 대한 인식의 틀을 갖추어야만 가짜정보로부터 자신의 영혼과 사회를 지킬 수 있기 때문이다. 또한 나르시시스트 성향이 강화되기 때문에 타인과 협업하는 능력, 협업에서 얻는 행복감을 느낄 수 있는 기회를 마련해줘야 한다.

이제 누구나 스마트폰이나 PC를 통해 AI 기기와 연결된 상태임을 인정하고 교육 시스템을 바꿔야 한다. 학교에서 과제물이나 시험에 AI를 활용하는 부정행위가 더욱 늘어날 것이다. 그렇다면 책을 펴놓고 시험을 치는 오픈북과 같은 형식으로 PC 앞에서 AI 정보를 응용해서 새로운 결론에 도달하고 이를 토론하고 발표하는 형태의 평가도 시도해볼 만하다.

이런 준비 단계를 거친 후 새로운 기초 과학과 미래 기술에 대해 집중적으로 교육시켜야 한다. 과도한 문과 비중을 줄이고 STEM(Science, Technology, Engineering, Mathematics) 교육 비중을 비약적으로 늘려야 한다. 이러려면 교육계, 학부모, 학생들이 현실을 제대로 이해하고 대응해야 한다. 1980년대까지 고교의 문과 대 이과 비중은 3:7 정도였다. 그러나 지금은 반대로 문과 비중이 더 높다.

내가 아는 한 벤처캐피탈(VC) 대표에 따르면 연간 1,000개 정도의 기업에 대해 투자를 검토해서 약 30여 개 기업에 투자한다고 한다. 그런데 최근 몇 년간 검토할 기업 숫자가 답보상태에 빠지고 있고, 투자할 기업을 찾기도 더욱 어려워지고 있다고 한다.

이런 현상은 수십 년간 이어진 교육 시스템의 붕괴를 보여주는 현실적인 위기다. 이재명 정부는 국민성장펀드 150조 원, AI 100조 투자, 연간 30조 원 이상의 벤처 투자를 추진하고 있다. 그런데 투자할 기업이 없다면? 더군다나 알짜 기업들은 실리콘밸리에서 창업하거나 외국계 투자가를 찾고 있다.

국가 전체 차원에서 20~30년 후를 내다보고 인재 비중을 조절해야 한다. 이공계 STEM 비중을 확 늘리지 않으면 한국의 미래는 없다. 유치원부터 의대나 외국어 시험을 준비하는 나라의 미래는 없다. 후진적인 교육 시스템과 문화는 우리 사회 모두의 책임이다.

7. 사회적 자본

설계도가 없으면 길을 잃고 혼란만 가중된다. 지금까지 논의한 내용은 100년 전 파시즘 사회로 후퇴하는 것을 막고 번영을 재건하기 위한 일부 방법이다. 결론적으로 어떤 사회를 만들 것인지 사회적 자본 관점에서 다시 정리한다. 파시즘을 막아내기 위한 미래 사회의 기초 골격이라고 보면 좋을 듯하다.

파시즘이 준동하는 지금과 같은 시기에 국가는 과감하고 적극적으로 수축사회 탈출 전략을 세우고 실천해야 한다. 동시에 법치가 일상생활 속에 자리 잡아야 한다. 그러나 민주주의 강화나 경제 성장만으로 복잡한 전환에 대응하기 어렵다. 나는 그 해법을 '사회적 자본'의 재충전에서 찾고자 한다.

사회적 자본social capital은 사회 구성원 사이에 만들어진 신뢰의 네트워크를 의미한다. 개인과 개인 간에, 개인과 사회 간의 소통이 활발해지면서, 개인의 문제를 사회가 보듬어주고, 사회적 문제를 상호 협력과 연대로 풀어나가는 사회 분위기로 보면 될 듯하다. 사회적 자본으로 개인과 집단이 밀접하게 협력하면 민주주의는 더 잘 작동된다. 경제성장을 이어갈 수 있고 공동체의 회복력이 높아진다. 반대로 지금과 같이 사회적 자본이 부족하면 불신과 분열이 커지고 사회 제도는 형식으로만 존재하게 된다.

정치 영역뿐만 아니라 경제 분야도 사회적 자본은 중요하다. 경제는 자본(기술) 투자, 일하는 사람을 늘리는 인적 자본 투하, 그리고 생산성 향상이 합쳐져서 작동한다. 앞으로 인구 감소로 인적 자본은 줄어든다. 따라서 향후 성장은 자본 투자와 생산성 향상만으로 이루어야 한다. 그러나 자본 투자는 경제 상황에 따라 변동한다. 결국 앞으로 경제성장은 전적으로 생산성(TFP) 향상에 달려 있다. 생산성은 기술개발, 노사 관계, 경영 혁신같이 눈에 보이지 않는 사회 심리에 절대적인 영향을 받는다. 사회적 자본은 혐오, 소외, 배제와 같은 부정적 분위기를 완화한다. 사회 구성원 간에 협력을 높여 4不을 치료하면서 궁극적으로 경제의 생산성을 높이는 한방韓方적 면역 강화제다.

훌륭한 리더가 경영하고 직원 간에 소통이 활발한 회사는 어떤 어려움도 돌파할 수 있고 늘 성장한다. 반면 노사 갈등이 장기간 이어지고, 직원 간 제로섬 문화가 강한 회사는 스스로 자멸한다. 나는 국가를 포함한 모든 조직, 기업의 흥망성쇠는 사회적 자본의 구축 여부에 달려 있다고 본다.

진짜 리더가 필요해…

미국과 독일은 비슷한 혼란 속에서 루스벨트와 히틀러라는 상반된 선택으로 국가의 운명이 완전히 갈렸다. 루스벨트는 위대한 리더였지만 히틀러는 파시즘 독재자였다. 사회적 자본을 축적하는 최우선 조건은 훌륭한 리더를 선택하는 것에서 출발한다. 루스벨트에 비견되는 다른 리더를 찾아보자. 앞서 살펴보았듯이 지금 스웨덴의 복지 모델은 점점 한계에 도달하고 있지만, 과거에 스웨덴의 복지국가 시스템을 만든 리더는 누구였을까?

제2차 세계대전 후 스웨덴은 가난, 실업, 빈부 격차, 좌우 갈등, 극심한 노사 분쟁으로 그야말로 절망적인 상황에 처해 있었다. 특히 노동손실일수가 세계에서 가장 높을 정도로 노사 갈등이 심각했다. 스웨덴의 성공을 이뤄낸 중심에는 1946년부터 무려 23년간 총리를 지낸 타게 엘란데르Tage Erlander가 있다. 그는 재임 중 11번의 선거를 모두 승리로 이끌었다. 그러나 그는 독재자가 아니라 민주주의자였다.

엘란데르는 보편적 복지universal welfare 체제인 '스웨덴 모델'을 완성했다. 무상 저비용 교육, 보편적 의료, 연금과 실업 보험을 확대했다. 노사협력 모델을 추진해서 완전고용을 정착시켰다. 고성장과 평등주의를 동시에 추진해서 성공한 것이다. 냉전 시기임에도 중립 비동맹 노선을 유지했다. 아마 지금 한국이 꿈꾸는 미래일 것이다.

높은 세금을 기업과 국민이 부담하는 복지국가 모델을 설득하기란 무척 어려웠을 것이다. 그는 청년 시절 좌파 정치인이었지만, 집권 후 야당 인사를 내각에 참여시켰다. 기업, 노조 대표와 함께 3자회의로 노사 문제를 해결했다. 사회 갈등 해소를 위해서 매주 목요일 총리 별장에 정·재계, 노조 인사를 초대해 저녁식사를 하면서 대화를 나눴다. '목요회의'라고 불리는 이 회의에는 정치인뿐 아니라 노사 대표 등 스웨덴의 거의 모든 리더 그룹이 초대되었다. 루스벨트의 '노변담화'는 일방적인 라디오 연설이었지만, 그는 직접 대화를 통해 공감대 형성, 즉 스웨덴의 사회적 자본을 축적한 것이다.

그는 검소한 삶을 살았다. 총리 시절에도 20년이 넘은 외투를 입고, 신발도 구두 밑창을 갈아가며 오래도록 신었는데 부인도 비슷했다고 한다. 총리 시절에도 관저 대신 임대 주택에서 월세를 살았다. 출퇴근도 관용차 대신 아내가 직접 운전하는 차를 이용했다. 그가 총리를 그만두었을 때 거처할 집조차 없었다.[27]

양극단으로 갈라진 세상에서 기존의 상식을 깨는 정책을 실행하는 것은 매우 어렵다. 몇 개의 정책이 아니라 사회 전체를 바꿔야 하기 때문에 국민적 공감대 형성이 선행되어야 한다. 앞으로 과감하게 사회를 바꾸려면 대통령뿐 아니라 정치 지도자의 리더십부터 강화해야 한다. 특히 정책적 이상주의자보다 그 이상을 구체적으로 실천하는 행동가가 필요하다.

엘리트 사회의 재구축

영국의 《이코노미스트》는 2024년 올해의 단어로 '카키스토크라시Kakistocracy'를 선정했다. 의미는 '가장 저열한 자들의 지배The rule of the worst' 정도로 번역된다. 그리스어 형용사로 '나쁜, 못된'이란 의미인 카코스Kakos의 최상급 '카키스토Kakisto'에 지배와 통치를 뜻하는 '크라시cracy'를 결합한 용어다. 현대 사회의 엘리트 계층 수준을 한마디로 가장 '저열하다'고 표현한 것이다.

루스벨트와 엘란데르의 성공은 당시 엘리트들의 헌신과 애국심이 없었으면 불가능했다. 엘리트들이 기득권을 내려놓았기 때문에 가능했다. 높은 소득세율을 받아들였고, 사회보험, 노동권 보장 등 자신들의 이해가 침해되는 정책을 받아들였다.

현재의 엘리트는 사회와의 관계에 대해 깊이 생각하지 못한 채 성장한 경우가 많다. 80년 동안 이어진 장기 평화시대와 시장 논리에 충실한 신자유주의 이념 속에서 성장한 것이 이유일 듯하다. 거의 모든 국가에서 엘리트의 과도한 사익 추구는 4不이 고착화되고 개혁을 저지하는 중요한 이유가 되고 있다.

국가나 공동체가 붕괴되면 엘리트가 축적한 재산이나 권위를 상실할 수 있다는 생각을 전혀 하지 못한다. 마틴 울프는 "약탈적이고 근시안적이며 부도덕한 엘리트가 지배하는 사회 역시 언제나 가능하지만 장기적으로 공화국은 붕괴한다. 엘리트의 부패, 불의, 거짓말은 시민들을 하나로 묶어주는 유대감을 녹여버리고, 결국 냉소주의가 애국심을 대체한다. 상층부의 자기이익 추구와 중하층의 분노가 결합되어 금권주의적 포퓰리즘 연합이 만들어진다"[28]면서 엘리트의 각성을 촉구했다.

우리는 엘리트에게 민주주의와 정의, 공동체의 책무 등에 대해 거의 교육을 시키지 못했다. 그들의 부모뿐 아니라 사회 전체의 문제다. 제로섬 사회에서 오직 돈 벌고 출세하는 방법만 주입했다. 또한 엘리트는 자신들의 기득권을 지키기 위해서 많은 안전장치를 만들어놨다. '불법만 아니면 괜찮다'는 의식이 만연해 있음을 부인하기 어렵다. 부패하고 자기 이익만 추구하는 정치인, 전문가, 학자, 3세 기업 총수가 존재하는 상황에서 사회적 자본을 기대하기는 불가능하다.

역사적으로 엘리트 계층의 몰락은 기존 시스템의 붕괴와 더불어 새로운 세계로 전환하는 신호였다. 현재 엘리트 계층은 공급 과잉 상태이지만, 이들이 구축한 특권은 비교하기 어려울 정도로 견고해졌다. 브루킹스연구소의 리처드 리브스Richard Reeves는 상위 20%가 중산층 혹은 하류층으로 떨어지지 않기 위해 마련한 유리 바닥The Glass Floor이 있다고 주장한다. 상류층은 "3루에서 태어났으면서도 자기가 3루타를 친 줄 안다"고 비꼬았다.

상류층 부모가 자녀를 위해 하는 많은 활동들(책을 읽어주고, 숙제를 도와주고, 영양가 있는 음식을 만들어주고, 스포츠 등

학과 외 활동을 지원해주는 것 등)은 아이가 세상을 성공적으로 살아가는 데 필요한 것들을 갖추게 해준다. 이는 아이가 성인이 되어서도 상류층 지위를 유지할 가능성을 높여준다.[29] 지금 엘리트 계층은 계급을 고착화시키는 다양한 장치를 마련해놓고 있다. 개천에서 용이 나오지 못하는 것이 아니라 개천을 완전히 '복개공사'한 것이다.

그럼에도 불구하고 지금과 같이 복잡한 사회에서 엘리트의 역할은 오히려 강화되고 있다. 2025년 가을, 한국의 대미 관세 협상은 재벌 총수들과 유능한 관료조직의 합작품이었다. 국가총력전 시대 최고의 무기는 기업가이고 엘리트 집단이다. 반엘리트 주의가 사회 저변에 깔리게 되면 국가총력전에서 전쟁 무기와 지휘자가 무력화되는 것이다.

엘리트 계층 중에는 자신들의 특권이 영원히 지속되기 어렵다고 판단하는 사람들도 많아지고 있다. 이들 중 소극적으로 대응하는 부류는 강남 좌파와 같이 가면을 쓰고 사회 기여에 일부 참여하는 것이다. 반면 특권을 적극적으로 지키기 위해 스스로 파시즘을 선택하는 엘리트가 증가하고 있다. 문제는 적극적으로 파시즘에 동조하는 엘리트들은 자신이 어떤 생각과 행동을 하고 있는지 이해하지도, 인식하지도 못한다는 점이다. 현재 엘리트가 파시즘에 자발적으로 복종하는 경향은 100년 전과 다소 차이가 있다. 당시에는 공산주의에 대한 두려움이 가장 컸다. 그러나 지금은 개인적인 야망과 도덕적 타락의 산물인 경향이 강하다.[30]

수천 년 동안 우리는 개인의 욕망을 억제해 사회적 균형을 맞추기 위해 노력했다. 그러나 산업혁명 이후 탐욕은 성장의 원동력이므로 선한 힘이라는 확신을 불어넣기도 했다. 그래서 더 많이 원하라고 사람들을 부추기고, 탐욕을 억제하던 오래된 규율들을 없애 버렸다.[31] 지금은 개인의 욕망을 억제할 방법을 찾기도, 사회적 압력을 행사할 방법도 여의치 않다. 그럼에도 엘리트 집단이 알아야 할 것은 공동체의 안정과 지속 가능성 없이 엘리트는 존재할 수 없다는 사실이다.

100년 전 루스벨트 대통령과 미국 진보 세력은 파시즘 세력에게 사회적 패권을 넘겨줄 만큼 호락호락하지 않았다. 이들은 기존 19세기식 자유주의라는 것이 낡아 더 이상 대공황 이후의 세상을 설명할 수도, 거기에 대처할 수도 없다는 것을 이해했다. 이런 이해를 바탕으로 정책과 이념을 과감하게 혁신할 수 있었다. 결국 뉴딜로 대표되는 이른바 '새로운 자유주의'를 버려낼 수 있었다.[32] 엘리트 특히 진보 엘리트의 각성과 실행력, 그리고 사회 리더십이 중요한 이유다.

사회적 자본은 강력한 안전장치가 필요한 헌법이나 법률상의 문구가 아니다. 중요한 것은 국민의, 특히 엘리트들의 마음과 생각에 담겨 있어야 한다. 자유롭고 민주적인 사회는 궁극적으로 시민들 간의, 그리고 시민과 공공 영역 간의 연결에 달려 있다.

강력한 리더십으로 과감한 정책을 펴야 할 시기에 엘리트가 위치 감각을 상실하면 어떤 정책도 수행이 불가능하다.

특권을 유지하려는 이기적인 노력을 사회적 자본 확충을 위한 긍정적인 노력으로 바꿔야 한다.

중간지대의 복원

2025년 12월 홍콩에서 8기 입법위원 선거가 있었다. 전체 투표율은 32%도 되지 않았다. 많은 사망자가 발생한 아파트 화재 참사 이후라서 투표율이 낮았다는 언론 보도가 많았다. 그러나 홍콩의 투표율은 2021년 선거제도를 개편해서 출마 자격을 '애국자'로 제한한 후, 모든 당선자가 친중 성향 인사로만 구성되면서 급속히 낮아졌다. 선거 결과를 바꿀 수 없으니 투표를 하지 않는 것이다.

사회적으로 4不 현상에 시달리면서 생존이 중요하고 시급한 당면 과제가 된 현대인들은 정치 문제에 대한 참여가 낮아지고 있다. SNS 등 온라인 속에서 나르시시스트가 된 사람들 역시 관심은 있으나 투표와 같은 직접적인 정치 행위를 기피한다. 정치가 양극화되어 아무것도 못 하는 상황이 되면, 사람들은 중간지대로 숨어 정치적 무관심 계층이 된다.

그러나 중간지대 사람들은 눈에 띄지 않을 뿐 다양한 의견이 있다. 의도적으로 중간에 머무는 사람들은 앞으로 정치적 양극화 압력에 저항하는 세력이 되어야 한다. 희생양이 아니라 더 적극적으로 다양한 논쟁에 참여해야 한다. 언론인 조지 패커George Packer는 "민주주의에서 시민이 되는 것은 필수적인 일이며, 연대의 대안은 죽음뿐이다"라고 했다.[33] 공동체의 한 사람으로서 시민의 책임을 자각해야 한다는 의미다. 중간지점이 필요한 이유는 양극단의 균형을 맞춰야 하기 때문이다. 그 지점으로 인해 사회가 통합되고 문명적으로 공존할 기회가 생긴다.[34]

중간지대가 강해지면 아령의 양극단이 약화된다. 정치적 무관심 계층이 줄어들 때 비로소 극단주의자들의 행동을 제어할 수 있다. 결국 시민의 상당 비중이 중간지대에서 사회 문제에 참여하는 것을 수축사회 시민의 의무로 재인식해야 한다. 역사는 사람에 대한 희망과 믿음의 끈을 놓지 않는 것, 그리고 지금 이 순간 자유를 위해 투쟁하는 이들을 돕는 것이 얼마나 중요한지 여실히 보여준다.[35] 강력하고 건강한 중간지대의 존재는 파시즘과 포퓰리즘의 서식지를 파괴한다.

고독한 군중

과도한 국가주의도 문제지만 이기주의 경향이 강화되면 그 공동체의 건전성은 하락한다. 사회적 소외도 증가한다. 한국에서 '많은 사람보다 소수와 만나는 것이 좋다'는 여론조사 결과는 충격적이다. 소수만 만나는 것을 선호하는 비중이 무려 83%나 되었다. 거의 모든 연령대에서 관찰된다.[36] 개인주의와 이기주의의 가장 큰 차이인 사회성이 극단적으로 낮아지고 있는 것이다. 사회적으로 고립된 사람들은 이기주의로 흐를 가능성이 높아진다. 인터넷 효과로 자신이 믿는 것에 대한 근거 없는 자신감이 커지면서 새로운 정보를 배우려는 동기마저 사라진다.[37]

현실 세계에서 다양해진 개인의 욕구를 달성하기는 거의 불가능하다. 주어진 현실과 생각과의 차이가 벌어지면 사람들은 고독해진다. 전통적인 가족 관계도 약화되고 있다. 2024년 한국의 고독사 사망자는 3,924명으로 전체 사망자 100명당 1명을 넘겼다. 일본은 더 심하다. 일본 지자체 캐비닛에는 무연고 유골이 6만 구나 있다고 한다. 인수할 상속인, 친척이 없거나 나타나지 않기 때문이다.

지금까지는 경제 문제가 고독사와 자살의 주요 원인이었다. 그러나 앞으로는 사회와 철저히 격리된 고독한 군중의 세상에 대한 포기 즉, '절망사' 비중이 높아질 것이다. 영국은 2018년 '외로움 담당 장관Minister for Loneliness'을 임명했다. 외로움 문제를 국가 정책과제로 정식 인정한 것이다. 일본은 대통령비서실이나 국무조정실과 같은 역할을 하는 내각관방에 고독·고립 대책 담당실을 설치했다. 단일 부처만으로 해결이 불가능해서 정책 조정이 중요하기 때문이다.

AI의 등장으로 사람들은 더 고독해지고 있다. AI 사용자와 AI의 관계는 1:1의 관계로 이들이 주고받는 정보는 외부에 공개되지 않는다. 개인의 모든 고민과 의문은 AI 외부에서는 해결이 불가능해진 것이다. '혼밥·혼술·혼영'처럼 혼자 하는 활동과 AI가 결합되면서 사람들은 사회와 단절해서도 살아갈 수 있게 되었다. 특히 한국은 AI의 업무 활용도에 있어서도 압도적인 세계 1위 국가다.

고독이 증가하면 '이상 행동'과 같은 범죄, 자살 등 반사회적 경향이 증가한다. 바로 파시즘이 발아하기 좋은 환경이 된다. 이들을 치유하는 것은 병원이 아니라 사회가 되어야 한다. 그래서 사회적 자본은 수축사회 기반의 파시즘과 AI 시대의 면역 체계다.

다시 사회 속으로…

700만~800만 명에 이르던 프로야구 유료 관중 숫자가 2025년 1,200만 명을 돌파했다. 흥행의 중심에는 2030 여성 팬이 있다. 티켓링크 집계에 따르면 2025년 시즌 온라인 예매자의 57%가 여성으로, 2023년보다 약 6%포인트 증가했다. 특히 전체 예매자의 약 60%를 차지하는 20~30대 예매자 중 여성이 차지하는 비율은 2025시즌 20대 64%, 30대가 57%대로 증가했다. 야구만이 아니다. 거의 모든 스포츠에서 발견되는 공통 현상이다. 취미 공동체의 참여도 활발하다. 1인 가구, AI와 살고 있는 고독한 군중이 사회로 나오기 시작한 것인가?

나는 파시즘 집회에 적극 참여하는 사람들이 고독하다고 생각한다. 이들은 AI 알고리즘이 불어넣어준 망상을 확신하지만 주변에서 동의를 받기란 쉽지 않다. 가족이나 친지에게서 배척당하는 경우도 많다. 사회 속에서 어울리면서 자신의 존재를 확인하지 못하니 고독하고 삶에 절망하고 있을 것이다.

이들은 주로 SNS를 통해 연결되어 서로의 존재를 확인하고 논리를 보강한다. 광화문 집회에 나가서 자신과 비슷한 생각을 가진 사람들을 보면서 자신이 옳다고 생각하고 위로받는다. 자신과 같은 생각을 얘기하는 정치인에 열광하면서 고독을 치유하려 한다.

2025년 말 여론조사에 따르면 우리 시민의 81%가 정치적 분열이 심각하다고 응답했다. 진보, 중도, 보수층 모두 비슷한 비율로 정치적 분열을 우려하고 있다. 분열 원인은 정당과 이념 대립이 54%, 정치 문제로 다툰 경험이 40%나 된다고 한다.[38] 사회 분열이 지속되면 우리는 되돌리기 어려울 정도로 갈라지고 치유도 불가능해질 수 있다.

사회 분열에 대한 인식은 높아지고 있지만 어떤 대응도 못 하고 있는 것이 현실이다. 파시즘 집회에 나가는 고독한 군중, 소외된 군중에게 다른 세계가 있음을 알리고 이끌어가는 것이 우리 사회의 당면 과제가 되었다. 개인의 이기심과 정치적 무관심을 버리고, 미국이 포기한 DEI(다양성·포용성·형평성)와 PC주의(정치적 올바름)를 강화하는 것 이외에 달리 대안은 없다.

고독한 채 절망하고 있는 사람들이 다시 사회로 나와야 한다. 사회성은 사람의 본능이다. AI 알고리즘에 빠진 사람, 파시즘에 빠진 사람, 4不에 절망하는 사람 모두 사회로 나와 미래를 함께 토론하고 대안을 만들어야 한다. 호모 사피엔스가 다른 모든 동물들보다 경쟁에서 우위를 보이고 마침내 지구의 주인이 될 수 있었던 것은, 인간 개인의 합리성이 아니라 대규모로 함께 사고할 수 있는 전례 없는 능력 덕분이었다.[39]

여기서 중요한 점이 있다. 파시즘은 이성이 아닌 감정에 호소한다. 파시즘에 중독된 사람들은 이성으로 설득하기 어렵다. 오히려 감정적으로 보듬는 것이 효과적이다. 감정적으로 이해하고 함께할 수 있는 것을 찾아보면 사회적 자본이 충만해지고 함께 공동체의 미래를 논의할 수 있다.

어떤 사회를 만들 것인가?

남아프리카 공화국에서 흑인과 백인 간의 갈등이 격심해지자 1986년 주요 무역 대상국인 미국, 유럽, 일본은 경제 제재를 단행했다. 내전의 우려가 커졌지만, 흑인이 전체 인구의 4분의 3이나 되어서 내전이 일어나면 백인이 승리하기 어려운 상황이었다. 이때 백인 지도자들은 경제와 사회가 붕괴하면 백인의 부도 함께 붕괴할 것이라고 생각했다.

남아공 백인 집권 세력은 아프리카 민족회의를 비롯한 흑인 정당을 금지하는 제도를 폐기했다. 언론의 자유를 복원하고 만델라 등 정치범을 석방했다. 장기간 이어진 백인 착취 사회의 체제 유지비용이 너무 커지자 백인들은 모든 기득권을 내려놓은 것이다.[40]

1994년 르완다에서는 후트Hutu 극단주의 정권과 민병대에 의해 약 80만~100만 명의 투치Tutsi족과 온건 후트족이 집단 학살당하는 비극이 발생했다. 벨기에 식민지 시절부터 누적된 민족 갈등 속에서, 라디오와 신문을 통한 조직적인 선전·선동과 국제사회의 무관심이 학살을 부추겼다. 선전 매체들은 "투치족이 나라를 다시 지배하려 한다", "지금 죽이지 않으면 우리가 죽는다"는 메시지를 반복해서 퍼뜨리면서 투치족을 바퀴벌레나 뱀에 비유했다.

학살 사건이 종료된 후 집권한 폴 카가메Paul Kagame 대통령은 99% 내외의 득표율로 장기 집권을 이어가고 있다. 21세기 들어 연평균 7~8%대의 높은 경제성장을 기록하고 있다. 정치적으로는 야당 활동이 크게 제한된 권위주의 체제지만, 사회적으로는 국민 통합을 강조하면서 사회적 자본을 확충해왔다. 신분증에서 민족 표기를 폐지하고, 법과 제도를 통해 화해와 통합을 추진했다. 여성의 정치 참여 확대(여성 국회의원 비율 약 60% 이상) 등도 주목할 만하다.

남아공과 르완다는 엘리트의 각성과 국민들의 참여로 사회적 난제를 어느 정도 해결했다. 가장 해결하기 어려운 인종주의를 극복하고 있는 것이다. 히틀러는 파시즘에 중독되어 국가를 자멸로 이끄는 제2차 세계대전으로 몰아갔다. 유대인 인종 청소와 같은 반인류적 범죄를 저질렀다. 반면 루스벨트는 내부의 많은 저항에도 불구하고 미국이 세계 패권을 만드는 초석을 다졌다.

파시즘을 억제하고 번영하는 미래 사회로 가는 방법은

무엇인가? 그 방법을 독자들도 모두 인지하고 있을 것이다. 수축사회로의 전환을 인정하고 사회 전체 시스템을 교체하는 것이다. 사회적 자본을 확충해서 모든 국민이 함께 참여하는 것이다.

새로운 전환은 기존 상식에 반하고 국민 개개인의 재산과 사회적 지위에도 영향을 준다. 당연히 기득권 계층은 두려울 것이다. 중산층이나 그 아래 계층도 익숙했던 과거와의 결별은 두려울 것이다. 그럼에도 불구하고 우리는 두려움을 떨쳐버리고 새로운 미래로 뚜벅뚜벅 나아가야 한다. 그렇지 못하면 인권, 자유, 민주주의는 상실되고, 경제는 무너지면서 새로운 형태의 파시즘의 노예가 될 것이다.

마지막으로 루스벨트의 취임 연설(1933년 3월 4일)을 다시 음미해보자. 사회 시스템 전환과 파시즘으로 향하는 지금, 우리에게 용기를 주는 구절이다.

"지금은 무엇보다 진실, 있는 그대로의 진실을 솔직하고 거리낌없이 말해야 할 때입니다. 현재 이 나라가 당면한 상황을 정직하게 직시하는 것 또한 회피해서는 안 됩니다. 이 위대한 나라는 지금까지 그래왔듯이 참아낼 것이고 소생할 것이며 번영할 것입니다.

그런 의미에서 본인은 우선 '우리가 두렵게 생각해야 할 유일한 것은 두려움 그 자체The only thing we have to fear is fear itself' 라는 저의 확고한 신념부터 말씀드리고자 합니다. 후퇴를

진보로 바꾸는 데 필요한 노력을 무력화시키는 공포, 이름
도 없고, 이치에 닿지도 않고, 정당화되지도 않는 그 공포
말이지요."

진보로 바꾸는 데 필요한 노력을 무력화시키는 공포, 이름
도 없고, 이치에 닿지도 않고, 정당화되지도 않는 그 공포
말이지요."

20여 년째 《수축사회》를 주제(과거에는 디플레이션deflation)로 글을 써오고 있다. 외형적인 성장의 이면에 있는 미래의 과제를 주제로 삼았다. 이번 아홉 번째 작업에서는 파시즘 세상으로 향하는 정치와 사회 심리를 AI 등 미래의 변화와 연결했다.

우리 사회를 분석하고 대안을 제시하는 주장과 이론은 늘 무성하다. 그러나 정치 분석가는 경제 현상이나 고령화, AI가 만드는 세상의 변화는 깊게 고려하지 않는다. 경제 분석가는 오직 경제만 바라본다. 즉 자신의 영역 이외에는 고정된 것으로 보고 분석한다.

우물 안에서 좁은 영역을 깊게 분석하는 모양새다. 그러나 세상은 상호의존interdependent적으로 거의 모든 것이 연결되어 있다. 특정 영역에만 함몰되면 전체를 보지 못한다. 지금과 같이 사회가 맹렬히 변화하는 시기에는 전체적인 흐름 속에서 각 분야의 전환 요인을 찾아야 한다. 따라서 부문별로는 깊이가 다소 미흡할지 모르지만, 전체를 아우르고 사회를 구성하는 각 요소 간의 상호 작용을 중심으로 기술하려고 노력했다.

나는 지난 30여 년간 격동의 시대에 정치와 경제 전쟁의 현장에 있었다. 여기서 느낀 것은 우리 사회 전체가 집단적으로 길을 잃고 있다는 점이다. 멀리 봐야 해법이 보이지만, 눈앞의 이해관계에 빠져 세상은 제로섬 사회, 지속 불가능한 사회가 되었다. 세상을 구성하는 모든 것이 과거와 단절되고 있음에도 불구하고, 우리는 관성적인 생각과 잣대로만 국가의 발전 모델을 논의하고 대응해왔다.

지금 나타나고 있는 변화는 사회 모든 영역과 사람들에게 예외 없이 영향을 준다. 그럼에도 과거의 인식으로 대응했을 때 응축된 전환의 기운이 일거에 나타날 수 있다. 이런 파국적 상황을 막고 번영을 이어 나아가기 위한 방법은 우리 사회 시스템을 완전히 바꾸는 것이다(system transition). 그러나 구조 전환은 고통이 따르고 성과는 오랜 시간이 지난 후 확인된다.

이재명 정부는 출범 후 1년간 시급한 과제 중심으로 상당한 성과를 냈다. 그렇다면 2년 차 이후의 과제는 구조 전환이다. 지금 한국을 뜯어고치지 못하면 파시스트가 지배하는 계급사회는 불가피하다. 경제는 침체하고 사회 갈등은 심화될 것이다. 이런 위기 의식에서 이 책을 서둘러 집필했다. 나의 작은 노력이 사회가 한 발짝 앞으로 가는 데 밀알이 되었으면 하는 소망이다.

앞으로 책을 더 쓸 수 있을지 고민이다. 빠른 AI의 도전으로 책이 사라질지 모르겠다. 진짜 파시즘 세상이 온다면 글을 쓸 수 없게 될지도 모른다. 그럼에도 나는 수축사회 돌파 전략을 주제로 계속 집필을 이어갈 것이다.

본문의 주

프롤로그

1   이병철, 《K-반도체 초격차전략》, 더봄, 2025, p. 56.

1장 우리 안의 파시즘

1   박상훈, 〈추미애의 팬덤 정치〉, 《서울신문》, 2025년 10월 23일.

2   로런스 리스, 조행복 옮김, 《나치 마인드》, 책과함께, 2025, p. 510.

3   로런스 리스, 앞의 책, p. 519.

4   로런스 리스, 앞의 책, 표지.

5   케빈 패스모어, 이지원 옮김, 《파시즘》, 교유당, 2016, p. 20.

6   홍기빈, 〈수정된 '말발굽 이론'〉, 《경향신문》, 2025년 12월 2일.

7   이양승, 〈극좌와 극우…극단주의의 말발굽 이론〉, 《한국NGO신문》, 2025년
     11월 23일.

8   에리히 프롬, 김석희 옮김, 《자유로부터의 도피》, 휴머니스트, 2012, pp.
     244~245 정리.

9   에리히 프롬, 앞의 책, p. 246.

10   벤저민 카터 헷, 이선주 옮김, 《히틀러를 선택한 나라》, 눌와, 2022, p. 300.

11   로런스 리스, 앞의 책, p. 77.

12   케빈 패스모어, 《파시즘》, p. 32.

13   로런스 리스, 《나치 마인드》, p. 532.

14   로런스 리스, 앞의 책, p. 378.

15   에리히 프롬, 《자유로부터의 도피》, p. 247.

16   《경향신문》, 〈미 국토안보장관 "살인자·기생충 전면 입국금지"〉, 2025년 12월
     3일.

17   최정균, 《유전자 지배사회》, 동아시아, 2024, p. 210.

18   로런스 리스, 《나치 마인드》, pp. 357~362 정리.

19   바버라 월터, 유강은 옮김, 《내전은 어떻게 일어나는가》, 열린책들, 2025, p. 70.

20   유발 하라리, 김명주 옮김, 《넥서스》, 김영사, 2024, pp. 204~206 정리.

21   미치코 가쿠타니, 김영선 옮김, 《거대한 물결》, 돌베개, 2024, p. 140.

22 루스 벤 기앳, 박은선 옮김, 《극우, 권위주의, 독재》, 글항아리, 2025, pp. 165~169.

23 크리스천노컷뉴스, 〈국가조찬기도회 60년 흑역사…"정교유착의 핵심 고리"〉, 2025년 9월 3일.

24 스티븐 레비츠키. 대니얼 지블랫, 박세연 옮김, 《어떻게 극단적 소수가 다수를 지배하는가》, 어크로스, 2024, p. 77, p. 87.

25 스티븐 레비츠키. 대니얼 지블랫, 앞의 책, p. 211.

26 유발 하라리, 《넥서스》, p. 353.

27 마이클 베클리, 할 브랜즈, 김종수 옮김, 《중국은 어떻게 실패하는가》, 부키출판, 2023, p. 99.

28 《경향신문》, 《국가는 어떻게 무너지는가》, 2025년 10월 23일.

29 미치코 가쿠타니, 《거대한 물결》, p. 47.

30 《조선일보》, 〈구글 AI, 트럼프 치매 질문에 '무응답'〉, 2025년 10월 4일.

31 유발 하라리, 《넥서스》, p. 272.

32 로런스 리스, 《나치 마인드》, p. 253, p. 459.

33 벤저민 카터 헷, 《히틀러를 선택한 나라》, p. 79.

34 유발 하라리, 《넥서스》, p. 234.

35 한병철, 《투명사회》, 문학과 지성사, 2014, p. 137.

36 루스 벤 기앳, 《극우, 권위주의, 독재》, p. 167.

37 로런스 리스, 《나치 마인드》, pp. 154~155.

38 유발 하라리, 《넥서스》, p. 256, p. 267.

39 댄 왕(Dan Wang), 《브레이그 네(Break Neck)》, 웅진지식하우스, 2026, p. 318.

40 《한국일보》, 〈이승만 업적쓰기 수행평가, 군사훈련…〉, 2025년 9월 1일.

41 벤저민 카터 헷, 《히틀러를 선택한 나라》, pp. 199~201 정리.

2장 100년 전 파시즘 VS. 오늘날의 파시즘

1 케빈 패스모어, 《파시즘》, pp. 145~147.

2 케빈 패스모어, 앞의 책, pp. 162~168 정리.

3 양동휴, 《대공황 시대》, 살림, 2009, p. 56.

4 양동휴, 앞의 책, p. 61, p. 67.

5 양동휴, 앞의 책, p. 73.

6 벤저민 카터 헷, 《히틀러를 선택한 나라》, p. 175.

7 배덕만, 《전광훈 현상의 기원》, 뜰임, 2025, p. 26.

8 케빈 패스모어, 《파시즘》, p. 149.

9 한겨레, 〈한국에 하느님 20명, 재림예수 50명 있다〉, 2020년 3월 6일.

10 《한국경제신문》, 〈점집 몰려가는 2030〉, 2026년 1월 19일.

11 《동아일보》, 〈통일교 간부, 대선 앞 목표는 靑 진출, 2027년 대권 도전도 가
    능〉, 2025년 12월 20일.

12 강준만, 《미국사 산책 6》, 인물과 사상사, 2010, p. 35.

13 전성권, 《누가 우리의 일상을 지배하는가》, 인물과 사상사, 2012, p. 38.

14 양동휴, 《대공황 시대》, p. 18.

15 디트마르 로터문트, 양동휴, 박복영, 김영완 옮김, 《대공황의 세계적 충격》, 예
    지, 2003년, p. 177, p. 178.

16 벤저민 카터 헷, 《히틀러를 선택한 나라》, p. 175.

17 벤저민 카터 헷, 앞의 책, p. 122.

3장 수축사회가 파시즘을 소환하다

1   유발 하라리, 김명주 옮김, 《호모 데우스》, 김영사, 2017, p. 15.

2   에리히 프롬, 《자유로부터의 도피》, pp. 41~49 정리.

3   에리히 프롬, 앞의 책, pp. 155~156 정리.

4   바버라 월터, 《내전은 어떻게 일어나는가》, p. 220.

5   최정균, 《유전자 지배사회》, p. 11.

6   에리히 프롬, 《자유로부터의 도피》, pp. 227~229.

7   마틴 울프, 고한석 옮김, 《민주주의적 자본주의의 위기》, 페이지2북스, 2024,
    p. 510.

8   최정균, 《유전자 지배사회》, p. 134, p. 210.

9   최정균, 앞의 책, p. 120, p. 121.

10 최정균, 앞의 책, p. 131, p. 132.

11 최정균, 앞의 책, p. 145.

12 최정균, 앞의 책, p. 144.

13 강양구, 〈보수와 진보, 뇌부터 다를까? 문제는 '생각의 벽'이다〉, 《조선일보》,
    2025년 10월 27일.

14 지그문트 바우만, 이일수 옮김, 《액체 현대》, 필로소픽, 2022.

15 홍성국, 《닫힌 세계와 생존게임》, 메디치, 2023, pp. 73~94 정리.

16 피터 터친, 유강은 옮김, 《국가는 어떻게 무너지는가》, 생각의힘, 2025, pp.
    95~97 정리.

17 이진우, 《우리 안의 파시즘 2.0》, 휴머니스트, 2022년, pp. 31~51 정리.

18 《조선일보》, 〈MZ세대의 75% "10년 후 산업·고용 침체"…53% "韓, 주변국 밀
    려날 것"〉, 2026년 1월 12일.

19 《경향신문》, 〈"AI가 등장하기 전부터…이미 인간은 AI를 흉내 내고 있었다"〉,
    2025년 6월 19일.

20 최정균, 《유전자 지배사회》, p. 83.

21 마크로밀엠브레인, 《2025 트렌드 모니터》, 시크릿하우스, 2024, p. 9.

22 《조선일보》, 〈독재하려 헌법 고쳐도 지지율 80%인 부켈레〉, 2025년 8월 5일.

4장 100년 전보다 지금이 더 위험하다

1 마크로밀엠브레인, 《2025 트렌드 모니터》, p. 180, p. 181.

2 《매일경제신문》, 〈마약에 취한 대한민국, 올해 적발량 3배 급증〉, 2025년 12월 6일.

3 한병철, 《투명사회》, p. 219.

4 《한국경제신문》, 〈넷플보다 7배 비싸도 지갑 연다〉, 2026년 1월 19일.

5 유발 하라리, 《호모 데우스》, p. 451.

6 유발 하라리, 《넥서스》, pp. 301~303.

7 마크로밀엠브레인, 《2025 트렌드 모니터》, p. 11.

8 조 피에르, 임성수 옮김, 《집단 망상》, 21세기북스, 2025, p. 88.

9 조 피에르, 앞의 책, p. 187, p. 188.

10 스콧 갤러웨이, 이상미 옮김, 《표류하는 세계》, 리더스북, 2022, p. 140.

11 한병철, 《투명사회》, p. 117.

12 조 피에르, 《집단 망상》, p. 98.

13 《조선일보》, 〈한국은 'AI 슬롭' 천국… 가장 많이 보고, 만들고, 퍼뜨려〉, 2025년 12월 15일.

14 임현석, 〈AI 슬롭의 시대, 검증에 투자하라〉, 《동아일보》, 2025년 12월 29일.

15 바버라 월터, 《내전은 어떻게 일어나는가》, p. 180.

16 바버라 월터, 앞의 책, p. 195.

17 피터 터친, 《국가는 어떻게 무너지는가》, pp. 51~57 정리.

18 피터 터친, 앞의 책, pp. 14~19 정리.

19 강양구, 〈대중의 궁핍화, 과잉생산 엘리트의 분노, 국가가 무너진다는 신호다〉, 《조선일보》, 2025년 12월 1일.

20 남윤호, 〈상류층 진입 막힌 '백인 은수저들', 급진 좌파에 매력 느껴〉, 《중앙일보》, 2025년 11월 29일.

21 피터 터친, 《국가는 어떻게 무너지는가》, p. 151.

22 송용진, 〈변호사 공화국 사람들은 행복할 수 없다〉, 《경향신문》, 2025년 12월 9일.

23 피터 터친, 《국가는 어떻게 무너지는가》, p. 206, p. 277.

24 유발 하라리, 《호모 데우스》, p. 80.

25 야니스 바루파키스, 노정태 옮김, 《테크노퓨달리즘》, 21세기북스, 2024, p. 24.

26 야니스 바루파키스, 앞의 책, p. 87.

27 유발 하라리, 《호모 데우스》, p. 509.

28　스테판 해거드, 〈오웰이 돌아왔다〉, 《경향신문》, 2025년 5월 5일.

5장　20년 후 미래 세계를 상상하다

1　국가데이터처, 〈세계와 한국의 인구현황 및 전망〉, 2022년 9월 5일.
2　NEAR재단, 《시진핑 新시대 왜 한국에 도전인가》, 21세기북스, 2023, pp. 29~35 정리.
3　《조선일보》, 〈중, 출생아 급감 '발등의 불'… 피임용품에 세금 붙였다〉, 2026년 1월 16일.
4　마틴 울프, 《민주주의적 자본주의의 위기》, p. 413.
5　주석: UNIDO, 〈Special Competitive Studies Project〉, 메리츠증권 리서치 센터.
6　《조선일보》, 〈원자력·위성·AI… 전략 기술 논문 中이 1위 싹쓸이〉, 2025년 12월 15일.
7　김상배, 《인공 지능과 국제정치 전환》, 한울 아카데미, 2025년, p. 7.
8　이병철, 《K-반도체 초격차전략》, 더봄, 2025, p. 41.
9　《한국경제신문》, 〈친미 경제 블록 구축… 美 우선주의 속도낸다〉, 2026년 1월 17일.
10　바버라 월터, 《내전은 어떻게 일어나는가》, p. 216.
11　바버라 월터, 앞의 책, p. 212.
12　유발 하라리, 전병근 옮김, 《21세기를 위한 21가지 제언》, 김영사, 2018, p. 325.

6장　루스벨트인가, 히틀러인가?

1　맥세계사 편찬위원회, 정유희 옮김, 《독일사》, 느낌이 있는 책, 2015, p. 232.
2　강준만, 《미국사 산책 6》, 인물과 사상사, 2010, p. 90.
3　차현진, 《금융 오디세이》, 메디치미디어, 2021, pp. 395~402 정리.
4　홍성국, 《닫힌 세계와 생존게임》, p. 6.
5　바버라 월터, 《내전은 어떻게 일어나는가》, p. 39, p. 46.
6　로런스 리스, 《나치 마인드》, p. 288.
7　마틴 울프, 《민주주의적 자본주의의 위기》, p. 182.
8　루스 벤 기앳, 《극우, 권위주의, 독재》, p. 407, p. 416.
9　마틴 울프, 《민주주의적 자본주의의 위기》, p. 170.
10　스티븐 레비츠키. 대니얼 지블랫, 《어떻게 극단적 소수가 다수를 지배하는가》, pp. 36~39 정리.
11　송현숙, 〈이 괴물 엘리트들을 어찌해야 할까〉, 《경향신문》, 2025년 4월 24일.
12　박상훈, 〈정치적인 것과 민주적인 것의 분열〉, 《경향신문》, 2025년 12월 29일.
13　벤저민 카터 헷, 《히틀러를 선택한 나라》, p. 60.

14 유발 하라리, 《넥서스》, p. 191.

15 유발 하라리, 앞의 책, p. 171, p. 186.

16 조 피에르, 《집단 망상》, pp. 212~232 내용 발췌.

17 조 피에르, 앞의 책, p. 213.

18 루스 벤 기앳, 《극우, 권위주의, 독재》, p. 186, p. 193.

19 김석재, 〈머릿속까지 해킹되는 시대, '신경권'이 필요하다〉, 《한국일보》, 2025년 12월 29일.

20 유발 하라리, 《넥서스》, p. 306.

21 박종면, 〈유튜버의 난(亂), 유발 하라리의 경고〉, 블로터, 2025년 1월 20일.

22 전상진, 〈음모론에 빠진 지도자, 어떻게 나라 어지럽히나〉, 《중앙일보》, 2025년 1월 11일.

23 한국 포브스, 〈대한민국 상위 유튜버 100인〉, 2025년 8월 27일.

24 조 피에르, 《집단 망상》, p. 410.

25 임현석, 〈AI 슬롭의 시대, 검증에 투자하라〉, 《동아일보》, 2025년 12월 29일.

26 OECD, 〈OECD Future of Education and Skills 2030 OECD Learning Compass 2030〉, 2019년.

27 미디어한국, 〈세계 최고의 복지국가 스웨덴. 명총리 '타게 엘란데르'〉, 2022년 3월 11일.

28 마틴 울프, 《민주주의적 자본주의의 위기》, pp. 514~515.

29 리처드 리브스, 김승진 옮김, 《20 VS 80의 사회》, 민음사, 2019, pp. 27~30 정리.

30 마틴 울프, 《민주주의적 자본주의의 위기》, p. 509.

31 유발 하라리, 《호모 데우스》, p. 303.

32 홍기빈, 〈'해도에 없는 바다'로 들어선 세계〉, 《경향신문》, 2025년 1월 29일.

33 루스 벤 기앳, 《권극우, 권위주의, 독재》, p. 407.

34 바르트 부란트스마, 안은주 옮김, 《우리는 왜 극단에 서는가》, 한스미디어, 2024, p. 11.

35 루스 벤 기앳, 《극우, 권위주의, 독재》, p. 416.

36 한국리서치, 2024년 10월 조사, 18세 이상 남녀 1,000명 대상.

37 조 피에르, 《집단 망상》, p. 84.

38 《중앙일보》, 〈바보야! 문제는 정치야!〉, 2026년 1월 7일.

39 유발 하라리, 《21세기를 위한 21가지 제언》, p. 325.

40 바버라 월터, 《내전은 어떻게 일어나는가》, p. 242, p. 243.

더 센 파시즘

100년 만에 귀환한 글로벌 파시즘 돌파 전략

초판 1쇄 2026년 3월 27일 발행

지은이 홍성국
펴낸이 김현종
기획총괄 배소라 출판본부장 안형태
편집 최세정 진용주 김남혁 황정원 김수진 장진경 안선희
디자인 조주희 김연주 마케팅 김예리 신잉걸
방송사업·미래전략본부 정태준 문상철 이주리 백범선 남궁주철 김대준

펴낸곳 (주)메디치미디어
출판등록 2008년 8월 20일 제300-2008-76호
주소 서울특별시 중구 중림로7길 4
전화 02-735-3308 팩스 02-735-3309
이메일 medici@medicimedia.co.kr 홈페이지 medicimedia.co.kr
페이스북 medicimedia 인스타그램 medicimedia
유튜브 medici_media

© 홍성국, 2026
ISBN 979-11-5706-545-5 (03300)